·彩图版·

龚书铎⊙主编

编话二十四史

卷·三国志 晋书

巴蜀书社

白话精编二十四史

第三卷 三国志 晋书

图书在版编目（CIP）数据

白话精编二十四史／龚书铎主编．—成都：巴蜀书社，2016.10

ISBN 978-7-5531-0739-4

Ⅰ．①白… Ⅱ．①龚… Ⅲ．①中国历史－古代史－纪传体②二十四史－译文 Ⅳ．①K204.1

中国版本图书馆 CIP 数据核字（2016）第 231862 号

白话精编二十四史 第三卷 **龚书铎 主编**

策划组稿 林建

责任编辑 施维 张照华 肖静 封龙 童际鹏 张亮亮

出　　版 巴蜀书社

成都市槐树街2号 邮编610031

总编室电话：（028）86259397

网　　址 www.bsbook.com

发　　行 巴蜀书社

发行科电话：（028）86259422 86259423

经　　销 新华书店

制　　作 日知图书（www.rzbook.com）

印　　刷 天津市光明印务有限公司

版　　次 2016年10月第1版

印　　次 2016年10月第1次印刷

成品尺寸 165mm×230mm

印　　张 160

字　　数 3000千字

书　　号 ISBN 978-7-5531-0739-4

定　　价 298.00元（全十卷）

前言

三国志·晋书

鲁迅先生曾说："历史上写着中国的灵魂，指示着民族的未来。"中国的历史，无疑是我们国家和整个华夏民族的灵魂所在。从有文字以来，中国人就对历史的记述有着浓厚的兴趣。"左史记言，右史记事"滥觞于前，孕育了中国几千年来持续不断的历史记述制度，不仅"世有史官"，而且设立专门的著史机构；除了国家专门组织的著史工作之外，大量的私人著史活动也是风起云涌，从不同的角度，以不同的观念并在不同的深度和广度上反映了历史的真实，从而形成了一股汹涌澎湃的文化思潮，影响深远。

在这样的制度和文化背景下，几千年来，中国产生的历史著作可谓汗牛充栋，为了有所区别，于是产生了"正史"和"野史"之分。在浩如烟海的历史著作中，就正史而言，"二十四史"无疑是其中的佼佼者，是中国历史文化遗产中的璀璨明珠。

作为正史总集的"二十四史"是中国史学主干，由清乾隆帝钦定后，正史遂成为"二十四史"的专有名称。它从《史记》（司马迁著）至《明史》（张廷玉等著）共计24部、3243卷，约4000万字。"二十四史"的著作年代前后相差计1800年，是世界图书史上独有的巨著。

"二十四史"全部按照纪传体的形式，采取以人物为中心、以时间为顺序的方式记事，完整、系统地记录了从传说中的黄帝到明朝末年四千多年间中华民族形成、发展、融合、兴旺的历史轨迹，全面展示了历代王朝的兴亡盛衰规律，翔实而细致地记载了各个历史时期的经济、政治、文化、科技、军事、疆域、民族、外交等多方面内容以及宝贵的历史经验教训。

为了让读者能够轻松阅读这一皇皇巨著，我们编撰出版了这部《白话精编二十四史》，从24部史书中选取具有代表性的精华篇章编译为白话，遵循"信达雅"的原则，保持原书风貌，浓缩原著精华。为了适应现代读者的审美需求，本书打破了传统正史读物的条条框框，版式设计新颖别致，书中插配了近千幅与史书内容相关的绘画、书法、建筑、陶瓷、金银器等精美图片，通过这些元素的完美结合，将读者带进一个真实而多彩的历史空间，让读者全方位、多角度地去感受中华文明和华夏民族智慧之所在。

目录

白话精编二十四史（第三卷）

- 三国志
- 晋书

三国志

晋书

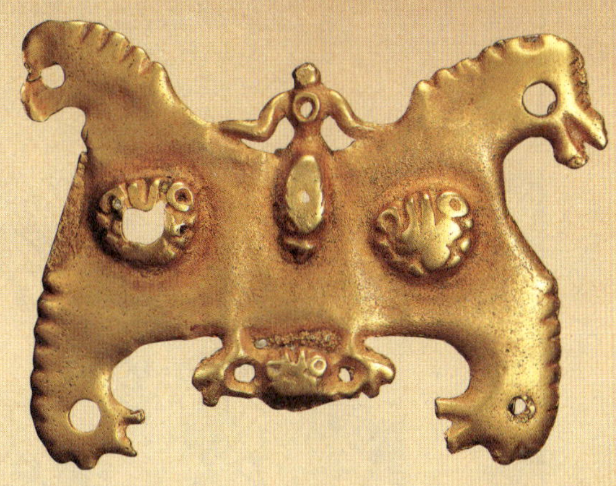

三国志

中国社会科学院历史研究所研究员
童超

《三国志》是一部纪传体史学名著，与《史记》《汉书》《后汉书》合称“前四史”。作者陈寿，巴西安汉（今四川南充）人，一生经历蜀汉、曹魏、西晋三朝。280 年，西晋平吴，陈寿时任著作郎，职掌修史，遂“鸠合三国史事，著魏、蜀、吴三书”。

《三国志》共 65 卷，包括《魏书》30 卷、《蜀书》15 卷、《吴书》20 卷。该书内容主要记述魏、蜀、吴三国鼎立的历史，但在年代断限上并不株守封建王朝的起止，而是从东汉末年写起，以董卓之乱作为三国历史时期的开端。该书在修史体例上亦别具匠心：为三国各立一书，使之自成体系，全书则可分可合；虽然不得不以曹魏为正统，蜀、吴两国君主有列传而无本纪，但其列传却以编年为序，撮述各君主在位期间的政治、经济、军事等大事，与《魏书》本纪写法名异而实同。《三国志》具有很高的史学价值和传记文学价值。该书的突出优点在于：取材谨慎，剪裁得体；文笔简约爽洁；记人叙事，精彩动人；品评人物，画龙点睛，寥寥数笔，已跃然纸上。缺陷与不足是：时有曲笔，为魏晋统治者的不端行为迴护；有纪传而无表志，有的主要人物也没有立传；内容比较简略，《蜀书》尤甚。

在《三国志》成书后的 130 余年，刘宋文帝命裴松之作注。裴注通过补缺、备异、惩妄、论辩，增补与匡正了大量的三国史事。后世刊行《三国志》时，遂将正文与裴注合为一书。

卷一

武帝纪

被称作千古第一枭雄的魏武帝曹操起兵于乱世，称雄于诸侯，南征北战，靖平北方，威震天下。虽然曹操生前未能称帝，但他以堂堂文治、赫赫武功终结东汉末年中原地区的战乱，开创一代魏晋风流。正如曹操所说，假使没有他，天下不知几人称帝，几人称王。

【乱世枭雄】

魏武帝曹操，字孟德，祖籍沛国谯县（今安徽亳州）。这位声名显赫的千古第一枭雄，虽然是汉初名相曹参的后代，可他的出身并不高贵——父亲曹嵩是东汉末年大宦官曹腾的养子。

曹操自幼聪明机敏，智谋百出，但因为性行不羁，终日游荡，因此当时的人并未在意他，唯独梁国的桥玄、南阳的何颙慧眼识珠。桥玄曾对曹操说：“当今天下即将大乱，只有天纵奇才才能拯救乱世。天下之大，只有你才能当此重任。”

曹操20岁举孝廉，踏入仕进之路。此时的东汉正是风雨飘摇的动荡时期，汉灵帝驾崩，年幼的太子刘辩即位，太后垂帘听政。针对宦官专政、为患庙堂的现象，大将军何进与袁绍谋划除掉干政的宦官，却遭到太后的反对，于是何进将远在边关的董卓召进洛阳城来胁迫太后就范。不想这一做法竟然引狼入室，董卓带兵进入洛阳后废黜少帝，另立汉献帝，京都大乱。为拉拢曹操，董卓推荐他为骁骑校尉。曹操当然不会与暴虐成性的董卓为伍，他改名换姓，偷偷离开洛阳，向东而去。没想到刚出虎牢关，便被中牟的一个亭长抓获，碰巧当地有人认识曹操，便放了他。很多野史生动地记录了曹操的这段惊险历程，这就是我们耳熟能详的捉放曹的故事原型。

曹操一路东行，回到陈留（今河南开封东南）后听说董卓谋反，竟然杀害太后和废帝，于是散尽家财，招兵买马。中平六年（189），曹操在己吾（今河南宁陵西南）起兵，讨伐董卓。

初平元年（190）元月，天下诸侯云集，组成联盟讨伐董卓，推举家世显赫的袁绍为盟主，曹操代理奋武将军。

董卓放火焚烧洛阳宫殿，胁迫天子西迁。诸侯们为了各自的利益，都不出兵攻打董卓。曹操劝大家说：“我们举义兵诛灭暴乱的逆臣，如今大家聚众联盟，为什么还迟疑不肯进兵

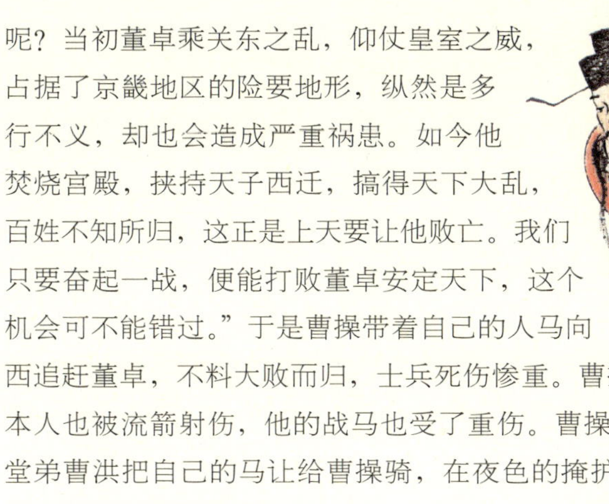

呢？当初董卓乘关东之乱，仰仗皇室之威，占据了京畿地区的险要地形，纵然是多行不义，却也会造成严重祸患。如今他焚烧宫殿，挟持天子西迁，搞得天下大乱，百姓不知所归，这正是上天要让他败亡。我们只要奋起一战，便能打败董卓安定天下，这个机会可不能错过。”于是曹操带着自己的人马向西追赶董卓，不料大败而归，士兵死伤惨重。曹操本人也被流箭射伤，他的战马也受了重伤。曹操的堂弟曹洪把自己的马让给曹操骑，在夜色的掩护下，曹操才得以逃脱。

此后，曹操重整旗鼓，招兵买马，屯兵河内。从此，曹操东征西讨，先后讨伐袁术、陶谦等军阀，在戎马征战中逐渐壮大实力。

曹操

在三国历史上，曹操无疑是最有争议的人物，他一生文治武功，身后却又谤满天下；人称治世能臣，又称乱世奸雄。

【挟天子以令诸侯】

建安元年(196)，曹操迎来了他政治生涯的春天。这一年，曹操奉迎了在外颠沛流离多年的献帝。由于洛阳屡遭战火，曹操将天子迎接到许（今河南许昌东）。献帝赐给曹操象征礼仪的节钺，加封录尚书事，随后又加封大将军、武平侯。至此，开始了历史上曹操挟天子以令诸侯的时代。

当时，诸侯中实力最强的是冀州的袁绍。献帝封袁绍为太尉，袁绍以官位在曹操之下而耻辱，因而不肯接受册封。曹操于是辞去大将军的职务，让给袁绍。献帝又封曹操为司空、车骑将军。就在这一年，曹操采纳枣祗、韩浩等人的建议，开始屯田。

不久，刘备败于吕布，前来投奔曹操。程昱对曹操说：“刘备看起来有雄才大略，又很得人心，终不会居于人下，不如早日将他除掉。”曹操却说：“当今正是收揽英雄的大好时机，不可以因为杀一个人而失掉人心。”

建安二年正月，曹操兵发宛城（今河南南阳），讨伐军阀张绣。张绣先是投降，而后又反悔，再次反叛。曹操与之交战失利，被流箭射伤。在这场战役中，曹操的长子曹昂、侄子曹安民战死。曹操于是引兵回到舞阴。张绣派骑兵偷袭，被曹操击败。张绣带兵逃往穰县，与刘表会合。曹操对诸将说：“张绣投降，我错在没向他索要人质，以至于此。请各位看着，我今后再也不会有这样的失败了。”

建安三年三月，曹操再次攻打张绣。刘表派兵救张绣，切断曹军后退之路。曹操将要退兵，张绣便来追赶，曹操进退维谷，只得慢慢向前。即便如此，曹操在给荀彧的信中仍这样写道：“贼来追我，虽然我每日只能行数里，但我谋划，到了安众，一定可以击败张绣。”到了安众，张绣和刘表两军相合，据守要津，使得曹军腹背受敌。曹操趁着夜色，在险要的地方挖掘地道，运输辎重粮食，设置奇兵。天亮后，张绣、刘表以为曹操已逃遁，于是率全军来追。曹操率步骑两军起兵突袭，夹攻敌人，大获全胜。七月，曹操回师许。荀彧问：“为什么您事前就能预计到胜利？”曹操回答：“敌人阻遏我的退路，是把我军置之死地然后与我军决战，所以我知道我军必胜。”

为了平定东方，曹操又多次出兵征讨吕布，互有胜负。建安三年，曹操兵至下邳（今江苏睢宁北），吕布亲自率军迎战。曹军打败吕布，俘虏了其手下猛将成廉，之后又乘胜追击，兵临城下。吕布惶恐，便打算投降，被陈宫等人劝阻了，于是向袁术求助。袁术让吕布继续出战，结果吕布再次战败，只得固守城池。曹操屡次攻城，久攻不下，士卒疲乏，便起了班师回朝的念头。这时，谋士荀攸、郭嘉向曹操献计，掘断泗水和沂水的河堤，引河水灌下邳城。就这样又围困了一个多月，吕布的部将宋宪、魏续等人绑了陈宫，献城投降。曹操下令杀了吕布和陈宫。

汉献帝

中平六年（189）九月，董卓废少帝，立刘协为帝，即汉献帝。董卓被诛后的建安元年（196）八月，曹操迎献帝至许，并从此“奉天子以令不臣”。献帝自继位就是一个傀儡皇帝，到建安二十五年（220），曹操死，曹丕逼献帝禅位，献帝被废为山阳公。

这时，荡平诸侯的曹操迎来了北方最大的敌人——袁绍。

【官渡之战】

诸侯中势力最大的袁绍兼并了公孙瓒，势力范围略四州之地，拥兵十余万，下一个目标便是进攻许都，统一北方。曹操手下将领都认为袁绍强大，不可与之争锋。曹操说："我深知袁绍的为人，志大才疏，色厉内荏，多猜疑而少威严，兵士虽然多却不能有效指挥，而且他手下部将骄傲，政令又不统一。他广大的土地，丰富的粮食，正好是送给我们的礼物。"

建安五年（200），董承刺杀曹操的密谋败露，曹操决定亲自东征刘备。诸将劝阻曹操说："与公争天下的人是袁绍，现在袁绍即将到来，公却要东征刘备，如果袁绍乘势袭击我们的后方，怎么办？"曹操说："刘备是人中豪杰，现在不打败他，必成后患。袁绍虽然有大志，却见事迟钝，一定不会动兵。"谋士中只有郭嘉支持曹操。曹操出兵，大破刘备，关羽兵败，刘备逃走，投奔袁绍。直到曹操回军官渡（今河南中牟北），袁绍也没有出兵。

同年二月，袁绍派郭图、淳于琼、颜良进攻白马（今河南滑县东北）。曹操亲自领兵救白马。荀攸对曹操说："如今我方兵少，敌不过袁绍，如果能分散敌方势力，还可以一战。公可以到延津佯装渡河，以攻其后。袁绍见状必然引兵向西，这样我们可以轻兵突袭白马，乘其不备，可擒颜良。"曹操听从荀攸的计策，袁绍果然中计，曹操引兵速袭白马。白马守将颜良领兵出战。曹操派张辽、关羽为先锋，解了白马之围，关羽斩杀颜良。

曹操将白马的居民西迁。袁绍渡黄河追赶，追到延津。曹操的探报禀告袁绍有五六百骑，过了一会儿又报骑兵稍多，步兵多到数不清。曹操下令骑兵解鞍下马。此时，白马的粮草辎重正在运输途中。曹操手下诸将认为敌方骑兵多，应该退回营垒，弃掉辎重。荀攸则说："粮草辎重是诱敌的诱饵，怎能弃掉？"袁绍的大将文丑和刘备领兵来袭，曹操手下部将请求出战，曹操安之若素。过了些时候，袁绍的骑兵愈来愈多，并开始争抢曹操的粮草。曹操下令上马进攻，结果大破敌人，斩杀文丑。

八月，袁绍连营数十里，与曹操对峙官渡。当时曹兵不到万人，而且十分之二三负伤。袁绍堆起土山，挖掘地道。曹操也作土山掘地道。袁军的箭射到曹营，曹军恐惧。此时又正逢曹军粮食短缺。曹操写信给荀彧，流露出回师许都之意。荀彧回信说："袁绍的全部兵马集结在官渡，要与公一决胜负。公以极弱之兵抵挡至强之师，如果不能克制袁绍，则必然反受其制。如今是天下大势变化之机，成败关键。袁绍只是普通人中的英雄罢了，虽然有人才却不能尽用人才。公英明神武，又有上天庇佑，何愁大事不成？"曹操于是坚持对阵。

袁绍运送粮草的车辆多达数千，曹操听从荀攸的计策，派大将徐晃、史涣拦截，烧毁袁军粮草。曹操与袁绍对峙两个月，虽然多次斩杀袁绍部将，但曹军粮食短缺，士兵疲乏。曹操对运粮官说："再有15天，我一定大破袁军，就不用辛苦你们运粮了。"

袁绍手下谋士许攸贪财，袁绍不能满足他，于是许攸投奔了曹操，劝曹操出兵攻击运送袁军粮草的大将淳于琼。曹操留下曹洪守营，亲自率领骑兵、步兵5000人奔赴乌巢（今河南延津南），夜袭淳于琼。淳于琼见曹操兵少，便出兵布阵。曹操急进突袭，淳于琼退守。袁绍得到消息，派兵增援淳于琼。曹操身边的人说："敌人快到了，请分兵抗敌吧。"曹操怒道："等袁军到了我背后再来报告！"于是将士们奋勇作战，大破淳于琼。

袁绍在刚刚听到曹操袭击淳于琼的消息时，对长子袁谭说："现在趁曹操攻淳于琼，我们可以偷袭他的大本营，他就没有归路了。"于是派张郃、高览攻击曹洪。这两个人在行军途中听说淳于琼战败，知道袁绍大势已去，便投降了曹操。袁绍部队溃败，袁绍和袁谭弃大军逃走。于是曹操取得了官渡之战的胜利。

曹操收获袁军的全部粮草和图书档案，俘虏大批袁军。曹操在袁绍遗留的书信中发现许多许都和军营中的人暗

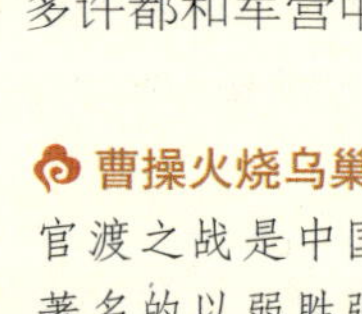

曹操火烧乌巢

官渡之战是中国历史上著名的以弱胜强的战役之一。建安五年（200）曹操军队与袁绍大军在官渡相持，曹操奇袭袁绍停放在乌巢的粮车，将其粮草全部烧毁。前线袁军得知消息后军心动摇，不断溃退。

中交结袁绍的信函。曹操并未追究，而是下令将这些书信全部烧掉。

【平定北方】

建安六年（201），曹操再次击破袁绍，袁绍吐血而亡。之后，曹操又兴兵征讨刘备、袁谭。

建安八年三月，曹操攻打袁氏，袁绍之子袁谭、袁尚连夜逃走。八月，曹操亲自率兵攻打刘表。这时，袁谭、袁尚同室操戈，袁谭为袁尚所败，求救于曹操。

建安九年，曹操兵进邺城（今河北临漳），大破袁尚，斩审配。曹操亲临袁绍墓拜祭，为之流涕。从前，袁绍和曹操共同起兵时，袁绍曾问曹操："如果我们举事失败，就占据一方以图将来东山再起。什么地方是可以占据的呢？"曹操问："足下的意见呢？"袁绍说："我南据黄河，北占燕代，兼有戎狄，向南以争天下，这样便可以成事。"曹操说："我依仗天下有智之士，运用王道，至于领地，哪里都可以。"

曹操兵围邺城的时候，袁谭攻取了很多地方，并趁势追击袁尚。曹操写信指责袁谭违约，进兵讨伐袁谭，并于建安十年斩袁谭，平定冀州。袁绍的儿子袁尚、袁熙远走乌丸，投奔辽西乌丸首领蹋顿单于。

曹操打算亲自率兵征讨，诸将领劝谏："袁尚不过是一个亡命之徒。况且夷狄之人贪婪而不尊重父母，怎么能为袁尚所用？现在为了这些人远征塞外，刘备一定会说服刘表袭击许。"只有郭嘉料定刘表不会采纳刘备的意见，支持曹操北征乌丸。

曹操一路北上，跋山涉水，穿过鲜卑庭，又东进柳城（今辽宁朝阳西南），一直到了距柳城200里，蹋顿才得到消息。袁尚、袁熙联合蹋顿、辽西单于和右北平单于，率兵数万人迎战。曹军粮草辎重在后，重装兵少，大家都很恐惧。曹操登高瞭望，见乌丸兵阵容不整，便出兵袭击，结果大获全胜，斩蹋顿及单于以下多人，胡汉兵将降者有二十余万人。辽东单于速仆丸及辽西、北平各胡人头目和袁尚、袁熙只带了数千兵士逃往辽东，投奔公孙康。

曹操身边的人建议曹操征讨公孙康。曹操说："我已命公孙康送上袁尚、袁熙的头颅，不必等我出兵。"后来，公孙康果然送来袁尚、袁熙的首级。曹操手下的人询问，曹操解释说："公孙康素来怕袁尚等人，我若急着攻他，他就会联合袁尚抵抗；我若不攻，他们便各有所图，自相残杀。"

至此，曹操荡平北方，迈出了统一大业的第一步。

【魏武挥鞭】

建安十三年（208），曹操南征刘表。刘表病死，其子刘琮领荆州牧。刘备屯兵樊城（今湖北襄樊）。曹操兵至新野，刘琮投降，刘备败走。

这一年的十二月，孙权助刘备攻合肥。曹操从江陵进军，派部将张憙

领兵救合肥，孙权于是退兵。曹操兵至赤壁（今湖北赤壁），与刘备交战。适逢曹营中疫病流行，很多士兵染疫病而死，曹操只得回师。于是刘备占据了荆州。

建安十四年，曹操在谯地打造轻舟，操练水军。这年七月，曹操水军从涡水出发，入淮水，至淝水，兵抵合肥，十二月回师。

建安十五年，曹操下求贤令："自古以来受命于天或是肩负中兴重任的人，哪有不得到贤者相助同治天下的呢？不出巷子，便能得到贤者，这不是幸运么？有地位的人是会得到贤者的。如今天下未定，正是求贤的迫切之时。从前孟公绰为赵、魏两国治事，老而有优良治绩，但不可以做滕国和薛国的大夫。如果必须先求其为廉士，而后才以为可用，那么齐桓公就不会用管仲，那他怎么能成就霸业呢？当今天下，能说在穿着布衣的平民百姓中没有姜尚那样怀金玉之质，垂钓在渭水之滨的人吗？又能说没有像陈平那样因与嫂子偷情和收受不义之财而受到讥讽，因此得不到推荐的人吗？你们应该帮我在鄙陋的地方发掘人才，无论多么微贱的人，只要有才干，就可以推荐给我，不必拘泥于他是否是孝廉，我只希望得到他们的才能罢了。"

曹操兵退斜谷

斜谷是终南山（即今秦岭）中的一处山谷，为褒斜谷的北段。山谷两旁山势险峻，扼关陕而控川蜀，历来是兵家必争之地。建安二十二年（217），刘备出兵欲攻取汉中，曹操亲自率兵出斜谷前来争夺，结果兵败而归。

建安十六年，献帝封曹操的世子曹丕为五官中郎将、副丞相。同年，曹操派大臣钟繇征讨汉中张鲁。

这时，关中马超怀疑钟繇会袭击他们，便与杨秋、李堪、成宜等人一同叛变。曹操派曹仁征讨。马超屯兵潼关（今陕西潼关），曹操亲自带兵西征。曹军与马超军队对峙潼关，曹操急于攻克，派徐晃、朱灵夜渡蒲阪津，在黄河西岸扎营。曹操从潼关向北渡河，还没上岸，马超便派出战船袭击。曹军校尉丁斐放出牛马诱敌，使得马超军队中的士兵都来争抢。曹军因此顺利渡河登岸，沿着黄河向南行军。马超退兵，据守渭口。曹操设疑兵，暗

中却用船载士兵在渭水搭建浮桥，夜里又分兵扎营在渭水之南。马超夜袭曹营，反被曹军击破。之后，马超屡次挑战，曹操都不出战。马超要求曹操割地言和，遣子为质。曹操听从贾诩的计策，佯装许和，离间马超和韩遂，大破马超。

建安十七年正月，献帝赐曹操觐见时不称姓名，入朝时不必趋步，佩剑着履上殿的殊荣，如汉高祖时的萧何一样。一年之后，献帝又册封曹操为魏公，建魏国宗庙，聘曹操的三个女儿为贵人。第二年再次下诏，魏公的地位在诸王侯之上，改授金玺、赤绂、远游冠。这一年的十一月，曹操废黜皇后伏氏。翌年，献帝册封曹操的女儿为皇后。建安二十一年，曹操被封为魏王，打破了汉代非刘姓不能称王的制度。一年后，曹操再次僭越礼仪，献帝下令曹操出入仪仗使用天子的旌旗，设“警跸”（天子出行时清道，规避路人）。同年，献帝准许曹操的王冕上可以有十二旒（天子规格），出入卤簿为金根车，六匹马为驾，配置五时副车，册封曹丕为魏太子。

此时的曹操位极人臣，权倾朝野，距君临天下只有一步之遥。

为了实现最终的统一大业，曹操开始对南方的割据势力用兵。建安二十年三月，曹操西征张鲁。张鲁溃败，引兵逃到巴中。曹军进入南郑，巴、汉一带的人纷纷投降。

回师之后，曹操改变战略，出兵征讨孙权。建安二十二年春，曹操驻兵居巢（今安徽居巢），孙权在濡须口筑城据守。曹操逼攻孙权，孙权败走。曹操于是班师，留下大将夏侯惇、曹仁、张辽等人屯守居巢。后来，曹操又先后出兵征刘备、伐夷狄、讨关羽。

在与刘备的交锋中，曹操一度失利，刘备斩杀曹军大将夏侯渊。曹操亲自兵出斜谷（今陕西郿县西南秦岭），兵临汉中，与刘备兵戎相见。刘备凭借险要地势，固守汉中，曹操只得回师长安。

建安二十五年（220）春正月，曹操死于洛阳，终年66岁。他死前遗命：“天下未能安定，不能遵照古法。葬礼之后，你们就除去孝服。在各地屯兵的人不要离开岗位，其他官员也都不要影响工作。下葬时，我就穿当季的衣服好了，不要随葬金玉珍宝。”

曹操谥武王，葬高陵。

曹操去世的同一年，献帝被迫禅位，曹丕称帝，追尊曹操为武皇帝，是为魏武帝。

论赞

评曰：东汉末年，天下大乱，群雄并起，袁绍虎踞四州，强盛无敌，而曹操却能运筹帷幄，扬鞭宇内，运用申不害、商鞅之术，兼备韩信、白起之谋，对于人才不拘一格，唯才是用，不嫌旧恶，最终能成就大业，全凭他无出其右的明智谋略。曹操当真是盖世之豪杰。

卷二

文帝纪

曹操挟天子以令诸侯，踏平北方，位极人臣，独揽大权，被后世称为奸雄，然而终其一生却未能称帝。真正结束了汉朝400年江山的，是曹操的继承者，魏文帝曹丕。正是这位在中国文坛上有着不可替代地位、开启一代建安风骨的帝王，同样正式开启了鼎足而立的三国历史。

【废汉称帝】

文帝曹丕，字子桓，魏武帝曹操的太子。曹丕出生于中平四年（187）冬天，当时天有异象，人们都说这是至贵之征，不是人臣之气。

建安十六年（211），曹丕被封为五官中郎将、副丞相，建安二十二年被立为魏太子。曹操去世后，曹丕接任曹操为丞相、魏王，尊母亲为王太后。

建安二十五年（220），改元延康。早在东汉熹平五年（176），谯县（今安徽亳州）曾出现黄龙。当时的光禄大夫桥玄问太史令单飏：“这是什么祥瑞？”单飏回答：“将来一定会有王者在这个地方兴起，50年内一定还会出现这样的景象。天象就是这样，只是顺应天时罢了。”果然，45年之后的延康元年（220）三月，黄龙再次出现在谯县，单飏的预言应验，曹丕在这一年登基称帝。这一年的十月，由于曹丕众望所归，献帝只得召集朝堂上的公卿大臣来到汉高祖庙祭祀，然后派遣御史大夫张音带着皇帝的符节玉玺，将皇位禅让给曹丕。禅让的册表这样写道：“魏王：从前唐尧禅位给虞舜，虞舜又禅位给大禹，没有谁能永远在最高位，只有有德的人才能居帝位。汉朝的气数将尽，社会失了原有的秩序，等到我即位之后，更是天下大乱，群雄肆虐，天下为之颠覆。幸好武王（曹操）英明神武，拯救四方危难，肃清四海，保护我汉朝宗庙的安宁太平，受惠的不仅仅是我一个人，天下人的福祉都是拜他所赐。如今魏王继承武王衣钵，将武王的美德发扬光大，振兴文武大业，彰显武王的弘大和英烈。现在天降福瑞，上天和人间都有征兆，来告知我你就是虞舜，而我要效法唐尧，将皇位禅让给你。天数在你，你就顺应天意吧。”献帝在繁阳修造禅让坛。之后，曹丕受禅让，登帝位，改年号为黄初，并大赦天下。

黄初元年（220）十一月，曹丕将河内的山阳（今河南焦作附近）的一万户采邑封给献帝，封号为山阳公，

允许他上书的时候不必称臣，并封他的四个儿子为列侯。同时，曹丕还追封祖父为太皇帝，父亲曹操为武皇帝，母亲为皇太后，同年营造洛阳宫殿。

【乱世基业】

曹丕称帝之后，继续开拓并稳定曹操留下的基业。

黄初二年（221），曹丕下诏修葺孔子旧庙，彰显孔子德行，祭祀孔子。同时，恢复汉武帝时开始使用的五铢钱。就在这一年，曹丕加封辽东太守公孙恭为车骑将军，孙权派遣使者送回先前被关羽俘虏的于禁。

黄初三年三月，曹丕广封宗室。七月，冀州闹蝗灾，百姓饥馑，曹丕派尚书杜畿开仓赈灾。八月，蜀将黄权投降。九月，曹丕下令，禁止后宫和外戚干政。十月，曹丕下诏书，陈述自古以来厚葬的弊病，倡导薄葬。

这时，孙权起兵反叛。曹丕亲率大军自许昌出发，讨伐孙权，孙权则领兵在长江实施防御。

黄初五年，曹丕设立太学，设置春秋谷梁博士，开设五经课试。

曹丕本人喜好文学，早年以著书为己任，写下了文章百余篇，还组织儒生们编写经传，将文章分门别类收集，共有一千余篇，这就是著名的《皇览》。

黄初七年正月，曹丕本来要去许昌，可是许昌城门无缘无故塌了。曹丕心中忌讳，就没去许昌，而是回到洛阳。三月，曹丕在洛阳修建九华台。

魏文帝曹丕

曹丕（187 ~ 226）是三国时著名的文学家，魏国第一位皇帝，在位七年，死后葬于首阳陵（今河南偃师首阳山上）。

五月丙辰日，曹丕病重，召集中军大将军曹真、镇军大将军陈群、征东大将军曹休、抚军大将军司马懿并受遗诏托孤，辅佐曹叡。同时下令让后宫中淑媛、昭仪以下的妃嫔离宫回家。丁巳日，曹丕在嘉福殿驾崩，终年40岁，葬于首阳陵。整个殡葬过程真的就像他生前所说的那样，一切从简。

论赞

评曰：魏文帝曹丕天生文采出众，下笔成章，博闻强识，才艺兼备。如果能更加旷达大度，真诚地展现公平，磨砺意志，存养大道，并广施仁德之心，那便和古代的贤主差不多了。

卷六

董卓 袁绍 袁术 刘表传

东汉末年，豪杰并起，他们瓜分天下，逐鹿中原，成为这个乱世的始作俑者。这些军阀，有的冠绝一世，有的权倾朝野，有的残忍暴戾，有的格调高雅，他们风光一时，在乱世中留名。这些豪杰中，最著名的当属董卓和袁绍、袁术两兄弟，以及汉室的宗亲刘表。

【祸国殃民的权臣】

董卓，字仲颖，陇西临洮（今甘肃临洮）人。少年时喜好游侠，在羌地的时候结识了很多少数民族豪帅。董卓在习武方面很有才华，力气过人，后来做官，屡次升迁，先后做过广武令、蜀郡北部都尉、并州刺史、河东太守、中郎将等，黄巾起义时还率兵镇压过黄巾军，最后做到并州牧，爵位为乡侯。

董卓真正的发迹，却是缘自东汉末年的宦官外戚之争。当时的大将军何进不满宦官外戚之争，要诛杀宦官，却遭到何太后的反对，何进于是召董卓带兵进京清君侧。可董卓还没到洛阳，何进的谋划便失败了。中常侍段珪劫持了汉少帝，何进被杀。何进和他弟弟何苗的部下便归附了董卓。董卓又让吕布杀了执金吾丁原，于是，京都的兵权全部落在董卓一个人手中。

董卓先是被封为司空，后升为太尉，假节钺虎贲。后来，董卓废少帝为弘农王。没过多久，便杀了少帝和何太后，改立灵帝的小儿子陈留王为帝，就是汉献帝。董卓被封为丞相、郿侯，入朝觐见时不必称名字，上殿时带剑着履，他的母亲被封为池阳君。

当时天下大乱，董卓生性残忍，以严刑峻法威迫人们就范，为人睚眦必报，人人都感到朝不保夕。董卓派士卒到阳城抢劫妇女和财物，看到男人就斩断头颅，还把断头系在车辕上。赶着车回洛阳后，再烧掉男人的头颅，把抢来的妇女分给士卒为姬妾，甚至还纵容士卒污辱宫人和公主。

初平元年（190），董卓胁迫献帝迁都长安，并焚烧了洛阳的宫殿，临行前又挖掘了前代皇帝的陵墓，将随葬宝物抢劫一空。来到长安后，董卓被封为太师，称作尚父，一门封赏，宗族并列朝堂。公卿见到董卓都要下车拜谒，而董卓则不还礼。三台尚书以下的官员都要到董卓家中请示公事。

董卓修建了一座郿坞，城墙和长安城的城墙一样高，城中贮存的粮食可以吃 30 年。董卓曾经说：“我若能

成大事，就雄踞天下；如果不能，守在这郿坞中也能终老。”

董卓宴饮的时候，将北方的反叛者有的割掉舌头，有的斩断手足，有的凿瞎眼睛，有的放在大锅里煮，在场的人无不恐惧战栗，吓得勺子、筷子落在地上，只有董卓吃喝自若。当时的卫尉张温与董卓关系不好，董卓心存怨恨，便派人诬陷张温和袁术往来，将张温杖毙。董卓当政时的法令严苛而残酷，常有冤狱。百姓们敢怒而不敢言，只能在路上相遇时以眼色表示心中的怨恨。为了进一步聚敛财富，董卓废除五铢钱，重新铸造钱币，导致物价上涨，一斛谷子要卖数十万钱。

董卓大闹凤仪亭

在小说《三国演义》中，司徒王允巧施连环计，让貂蝉周旋于董卓与其义子吕布之间，最后使这二人反目成仇。图中描绘的就是董卓撞见貂蝉与吕布在凤仪亭中私会而大怒。

董卓倒行逆施，使得天怒人怨。初平三年（192）四月，司徒王允、尚书仆射孙瑞和董卓手下大将吕布共同策划诛灭董卓。此时正赶上献帝生病痊愈，在未央殿大会群臣，吕布让董卓的同乡都尉李肃带十几个士兵伪装成卫士守在掖门，吕布则身揣诏书。董卓来到时，李肃上前抓住董卓。董卓大惊，呼唤吕布。吕布大声宣读诛杀董卓的圣旨，董卓当场被杀，并被灭了三族。在杀了董卓的几个党羽后，其他人也就不敢轻举妄动了。长安城内人们无不庆贺，曾经依附过董卓的人全部下狱而死。

董卓死后，他手下的大将李傕、郭汜起兵叛乱，杀了王允，赶走吕布，把持朝政。董卓死后遭到暴尸，李傕、郭汜收敛董卓的尸体，葬在郿县，结果风雨大作，大水冲入董卓墓内，将棺椁冲出，董卓再次暴尸。

【领袖群伦的诸侯盟主】

袁绍，字本初，汝南汝阳（今河南周口西南）人。他的高祖父袁安曾任司徒，之后，袁家四世三公，权倾天下。袁绍本人生得英俊威武，很得人心，当时很多士人依附他。

汉灵帝去世后，大将军何进与袁绍一同密谋诛杀宦官，

但何太后不同意，结果导致董卓祸乱。

董卓有废立之心，便找袁绍商议。袁绍假装同意，但是提出要和太傅商量。董卓说："刘氏一族用不着留下。"袁绍不应，横刀长揖，离开董卓。袁绍离开后，逃往冀州。侍中周毖、城门校尉伍琼、议郎何颙等人深得董卓信任，他们都为袁绍说话，于是打消了董卓讨伐袁绍的念头。

袁绍在勃海（郡治在今河北南皮北）起兵，联合天下诸侯讨伐董卓。袁绍自称车骑将军，并被推举为各路诸侯的盟主。袁绍与冀州牧韩馥想推举幽州牧刘虞为皇帝，刘虞本人不敢。冀州牧韩馥是袁氏的故吏，且畏惧袁绍势大，于是将冀州让给袁绍，因此袁绍领冀州牧。

听说袁绍得到了关东，董卓一怒之下杀了朝廷中袁氏的宗亲。当时，很多豪侠都依附于袁绍，愿意为他效力，地方州郡起兵反抗董卓的，也都打着袁绍的旗号。

当初，汉献帝被立为皇帝，这是董卓单方面的意思，袁绍并不同意。献帝流亡在外的时候，谋士郭图建议袁绍迎奉天子，袁绍没有采纳。后来，曹操迎奉天子，在政治上获取了巨大利益。袁绍这才后悔，想让献帝从许搬到邺城来。许是曹操的地盘，邺城是冀州的首府，这一提议当然遭到了曹操的反对。

袁绍派长子袁谭戍守青州，谋士沮授反对，袁绍没采纳，说："我想让我的每个儿子都占据一个州。"然后又派二儿子袁熙守幽州，外甥高干守并州。此时，袁绍手下有士卒数十万，以审配、逢纪统领军事，田丰、荀谌、许攸为谋士，颜良、文丑为大将，

袁绍

袁绍与袁术为堂兄弟（一说为亲兄弟），二人出身于东汉名门袁氏家族。汉章帝时，袁安为司徒，他的儿子袁敞后来做了司空，孙子袁汤为太尉，曾孙袁逢为司空，袁隗为太傅，袁氏家族四代位居三公，所以人称"四世三公"。出自袁氏门下的门生故吏更是数不胜数，袁氏一门在当时显贵无比，权倾天下。

率领精兵10万、骑兵1万攻打许都。

开始时，曹操派刘备去徐州抵挡袁术。袁术死后，刘备杀徐州刺史车胄，引兵屯守沛县。袁绍派骑兵支援刘备。曹操派人攻打，未能成功。建安五年（200），曹操亲自东征刘备，田丰建议袁绍乘机袭击曹操后方。这时正赶上袁绍儿子生病，因此袁绍没有采纳田丰的建议。田丰以杖击地，说："现在是为难之时，他却因为儿子生病而错失良机，真是太可惜了。"

袁绍进军黎阳（今河南浚县），派颜良攻打白马，结果颜良被关羽斩杀。袁绍渡过黄河，在延津派刘备、文丑挑战，又被曹操击破。袁军震惊。

曹操回到官渡后，沮授建议袁绍说："我们人多，但劲力不如曹兵；曹操人少，但财物不如我们。曹操要想胜利就要急战，我们要想胜利就要打持久战。所以我们要尽量拖得久一些。"但是袁绍未能采纳，趋兵逼近官渡，双方开战，曹操失利，只能固守。袁绍修建土山，往曹营中射箭，曹兵用盾牌抵挡，无不恐惧，后又用发石车打袁绍营楼。袁绍挖地道，曹操就挖堑壕抵挡，然后派奇兵偷袭袁军，烧了袁军粮草。

曹操与袁绍相持日久，百姓疲乏，很多人都归顺了袁绍，曹营中军粮匮乏。袁绍派大将淳于琼运送军粮，沮授建议："可以派遣蒋奇支援，防止曹操从背后偷袭。"袁绍还是不听。

结果，曹操连夜偷袭淳于琼，袁绍派骑兵驰援，结果还是被曹操打败，大将高览、张郃也投降了曹操。袁军溃败，其主力七万多人被消灭，袁绍与其长子袁谭带数百亲随渡河逃回河北。

在袁绍起兵攻曹之前，谋士田丰曾经对袁绍说过："曹操善于用兵，不拘常理变化，虽然他的兵少，但也不能轻视，最好是打持久战。将军您占据了地利，拥有四个州，在外联合其他诸侯，在内鼓励生产，然后挑选精锐，出奇兵乘虚骚扰曹操，他救右边我们就攻击左边，他救左边我们就攻击右边，使他疲于奔命，人民不能安居乐业。我们这边没什么劳顿，他们却已经疲惫，不出两年，就能克曹。如今出兵就是放弃胜利的方式，一战决胜负，一旦失败后悔莫及。"但袁绍并没有听从。田丰苦劝，袁绍大怒，将其下狱。官渡之战后，有人对田丰说："你一定会被重用的。"田丰回答："如果我们胜利了，我还能安全，可如今我军败北，我必死无疑。"结果袁绍回来后，对身边的人说："我不听田丰的话，现在被他笑话了。"于是杀了田丰。袁绍就是这样一个人，表面宽厚，有风度，喜怒不形于色，其实内心猜忌。

官渡之战失败后，冀州的很多城邑背叛袁绍，袁绍只得一一平叛。经此大败，袁绍郁愤致病，七年之后病死。

【志大才疏的军阀】

袁术，字公路，司空袁逢的儿子，袁绍的堂弟。他以侠义闻名，曾经被举为孝廉，后任职郎中、折冲校尉、虎贲中郎将等。董卓废少帝的时

候，袁术为避祸来到南阳。当时正赶上长沙太守孙坚杀了原来的南阳太守，袁术就占据了南阳。南阳有户口几百万，袁术来了之后骄奢淫逸，横征暴敛，百姓深受其苦。袁术与袁绍向来不和，就联合了公孙瓒；袁绍与公孙瓒不和，就联合了刘表。袁术兵进陈留的时候，被曹操和袁绍联合打败。袁术带领余部来到九江，杀了扬州刺史，占领了扬州。

袁术曾经写信给儿时好友陈珪，说天下形势就如秦朝末年一样，他想起兵，希望得到好友的帮助。可陈珪却写信回复袁术，说天下虽然不太平，可还没达到秦末的暴乱，曹操又是个有德行的治世能臣，所以他绝对不会背叛朝廷。

兴平二年（195），汉天子的护送部队被李傕、郭汜在曹阳战败。袁术对手下人说："刘氏王朝衰弱，导致天下大乱。我们袁家四世三公，百姓归附，我想顺应天命和百姓的要求代汉称帝，各位意下如何？"大家谁也不敢回话。主簿阎象说："从前，周室从后稷到文王，积累了那么多的功绩，三分天下有其二，还以臣子的身份侍奉殷商。您祖上虽然也有功，但还不像昔日周室那么兴盛；汉室虽然没落，却没像殷商那么暴虐。"袁术听了十分不高兴，还是称了帝，奉九江太守为淮南尹，设置公卿，祭祀南北郊。袁术称帝后更加奢侈，后宫几百人都穿绮服，吃上好的稻谷和肉，而军中的将士却受冻受饿，江淮两地饥馑，出现了人吃人的现象。

袁术先后败于吕布和曹操，后来投奔他的部曲雷薄、陈兰又遭拒，他既害怕又担忧，不知道该怎么办。后来他想把皇帝的称号让给袁绍，还打算去青州投奔袁谭，结果病死在途中。

【一时才俊的汉室宗亲】

刘表，字景升，山阳高平（今山东邹城）人，年少的时候就远近闻名，与其他七位名士并称"八俊"。

刘表身高八尺有余，容貌伟岸。灵帝驾崩的时候，代王刘睿为荆州刺史。当时各地起兵，刘表也带着部队来到襄阳。袁术在南阳与孙坚联合攻打刘表，战斗中，孙坚被流箭射中身亡，袁术也不能胜刘表。李傕、郭汜把持朝政的时候，想拉拢刘表，就封他为镇南将军，领荆州牧，授予符节。

献帝被曹操迎奉到许后，刘表虽然也遣使朝贡，却私下里勾结袁绍。张

刘表

刘表是汉末群雄之一，拥兵十余万称雄荆州。他死后，其子竟举荆州降了曹操。

济率兵攻打荆州，结果中箭而死。荆州的官员来向刘表道贺，刘表却说：“张济潦倒而来，我却对他动武。两军交锋并不是我的本意，我只接受吊唁，不接受道贺。”于是收编了张济的部队。张济的旧部听说后十分高兴，便降服于刘表。后来，刘表收复长沙、零、桂、汉川等地，其下所辖数千里，士卒十余万。

官渡之战时，袁绍派人向刘表求助。刘表答应了，却迟迟不发兵，两不相帮，只想保住江汉的土地，坐观天下风云变化。他手下的侍从中郎韩嵩、别驾刘先劝谏刘表：“如今各路豪强并争天下，最强大的两个在对峙，这天下形势的走向就全在您了。您如果想有所作为，只要趁机起兵就行了。如果不这样，您就跟随袁绍和曹操中的一个人吧。您现在白白有十几万兵力，却作壁上观，不去帮助有贤德的，这样他们两方都会埋怨您的，恐怕到时候您想中立也难了。以曹操的明智，天下的人才都归附他了，他一定能战胜袁绍，然后再挥兵江汉，到时候恐怕您可抵挡不住。所以，您现在不如归附曹操，曹操必然会尊敬重用您。这是您坐享福祉、子孙绵延的万全之策。”刘表思虑了很久，决定派韩嵩为使者去见曹操。韩嵩回来后说了曹操很多好话，还劝刘表送儿子去许作人质。刘表怀疑韩嵩是在为曹操说话。刘表此人表面儒雅，其实内心多疑。

后来，刘备投奔刘表。刘表虽然对他很好，但却不肯重用。

刘表和他的妻子喜爱小儿子刘琮，想让这个孩子继承荆州牧。刘表手下的大将蔡瑁、张允也支持刘琮，于是刘表就支开大儿子刘琦，派他做江夏（郡治在今湖北安陆）太守。

建安十三年（208），曹操征讨刘表。曹军还未到，刘表就病死了。刘表死后，他的小儿子刘琮继任为荆州牧。在部将的劝说下，刘琮投降，荆州终归曹操。

论赞

评曰：董卓恶戾残忍，暴虐不仁，青史以来，前所未有。袁术骄奢淫逸，最后不得善终，自取其祸。袁绍、刘表二人有威仪，有气量，闻名当世。刘表占据汉水以南，袁绍扬威黄河以北，但这两个人外表宽厚，内心多猜忌，好谋划却不能决断，有人才却不能善用，听到好的建议也不善于采纳，废嫡立庶，舍弃礼仪重私爱，导致后代之祸，基业尽毁，而并非不幸。当年项羽不听范增的计策，尽失王业，袁绍杀田丰，比项羽更过分。

吕布传

自古以来，人们都视吕布为三国第一猛将，“人中吕布，马中赤兔”的赞誉千古流传。他曾杀董卓、领徐州、战袁术，也称得上一时之雄。吕布一生骁勇绝世，却有勇无谋，反复无常，这便注定他最终功败身死。

【诛杀董卓】

吕布，字奉先，五原郡九原（今内蒙古包头西北）人，骁勇善战。当时并州刺史丁原屯兵河内，任用吕布为主簿，对他十分亲善。汉灵帝驾崩时，丁原带兵来到洛阳，与大将军何进一起谋划铲除宦官。何进败亡后，董卓带兵进入洛阳，意欲杀死丁原。他见丁原很信任吕布，便诱惑吕布，利用他杀了丁原。之后，董卓封吕布为骑都尉，对他非常信任、喜爱，并认他为义子。

吕布弓马娴熟，力气过人，号称飞将。董卓自知得罪人太多，怕人谋害，出入常常把吕布带在身边。可是董卓性格刚猛又偏私，生气的时候什么都不考虑，曾经因为一件小事竟然将戟扔向吕布，吕布身手敏捷躲避开了。后来，两个人言归于好，但是吕布心中还是有怨恨。董卓经常带吕布出入中阁，吕布便与董卓的侍婢私通，常常担心董卓发现，心中很是不安。

司徒王允与人谋划诛除董卓，见吕布勇武，便与他结交。一次，吕布拜访王允，说他差一点被董卓杀了的经历。王允便把他们诛杀董卓的计划告诉了吕布，并请吕布加入。吕布说：“奈何我们是父子。”王允说：“你姓吕，你们并不是骨肉。现在你自身难保，还管什么父子？”于是吕布加入计划，并手刃董卓。

董卓死后，其部将李傕、郭汜带兵进攻长安。吕布守不住长安，便带着几百骑兵出武关，想投奔袁术。吕布自以为杀了董卓，算是为袁术报了仇，就

吕布

吕布勇力有余，谋略不足，身死之后，既留下了辕门射戟的佳话，也留下了三姓家奴的骂名。

想向袁术显示恩德。袁术厌恶吕布的反复无常，拒绝了他的投靠。吕布只得向北投奔袁绍。袁绍和吕布联合击败张燕后，吕布势力壮大。袁绍开始猜忌吕布，派刺客暗杀他，但未能得逞。吕布逃往河内，袁绍的刺客一路追赶，可是他们忌惮吕布骁勇，没一个人敢上前。

【驰名乱世】

吕布离开袁绍后，投奔了河内的张杨。曹操手下的陈宫离开曹操，投奔陈留太守张邈，并劝张邈联合能征惯战的吕布共守兖州。张邈听从了陈宫的建议。在陈宫的拥戴下，吕布占据濮阳，成了兖州牧，周围多数郡县都投降了吕布。曹操亲自带兵与吕布交锋，作战不利。这一年正赶上大旱、虫灾，粮食短缺，出现人吃人的现象，吕布和张邈便向东屯兵山阳。之后的两年，曹操重新收复了那些投降吕布的郡县，并在巨野（今山东巨野）大破吕布。

战败的吕布向东投奔刘备。当时刘备正与袁术作战，吕布趁机偷袭下邳（今江苏睢宁北），反过来让刘备屯兵小沛（今江苏沛县），吕布则自称徐州刺史。袁术派大将纪灵率领步兵、骑兵 3 万攻打刘备，刘备只能向吕布求救。吕布手下将领劝说吕布借袁术之手除掉刘备，吕布不同意，说："如果袁术打败刘备，我就要陷于袁术的包围中。唇亡齿寒，我不得不救他。"吕布带着步兵一千、骑兵二百赶往小沛救援刘备。纪灵听说吕布来了，不敢轻举妄动。吕布宴请纪灵，说："玄德（刘备）就像我的弟弟一样，现在弟弟有难了，我是来救他的。我不喜欢斯斗，只喜欢解围。"吕布命人在营中立一支戟，说："请各位看我射箭，如果我一箭能射中戟，那你们就不要在这里打仗了。"吕布引弓射戟，正中小支。在场诸人无不吃惊，感叹吕布威猛，并各自罢兵。

吕布与袁术反目后想联合曹操，曹操却认为吕布狼子野心，难以相处长久。

建安三年（198），吕布攻打刘备。曹操先是派大将夏侯惇救助刘备，后来又亲自领兵攻打吕布。吕布打算投降，他手下的陈宫自觉得罪曹操很深，所以力劝吕布不降。吕布一面派人向袁术求救，一面固守城池，不敢出战。

吕布虽然骁勇善战，但驭下无方，手下将领各怀鬼胎，打起仗来常常失利。曹操围困吕布三个月，吕布军中上下离心离德，最后吕布部将侯成等人绑了陈宫投降。吕布无奈，只得投降。

曹操拿不定主意该不该杀吕布，刘备说："您想想他是如何侍奉丁原和董卓的。"于是曹操下定决心斩杀吕布。

论赞

评曰：吕布虽有猛虎之勇，却无英雄的谋略，且反复无常，唯利是图。自古以来，没有像他这样却不失败的先例。

夏侯惇 夏侯渊 曹仁 曹洪 曹真传

曹操一生唯才是举，手下人才济济，得以开创一代帝业。曹操麾下，能征惯战的将领无数，而早期追随曹操，立下赫赫战功的，多数都是曹操的宗族以及曹氏姻亲夏侯氏。这其中最著名的，当属夏侯惇、夏侯渊兄弟，以及曹姓族兄弟曹仁、曹洪、曹真。

【独目猛将夏侯惇】

夏侯惇，字元让，沛国谯县人，是西汉开国功臣夏侯婴的后代。夏侯惇14岁拜师学习，曾有人侮辱他的老师，夏侯惇就把这个人杀了，他也因此以义气闻名。

曹操起兵的时候，夏侯惇便开始跟随。后来曹操东征陶谦，夏侯惇留守濮阳。陈留太守张邈反叛曹操后，夏侯惇曾经与吕布交战。当时吕布派人假装投降，趁机挟持了夏侯惇。夏侯惇军中上下无不震惊惶恐，大将韩浩屯兵在营门前，召集军吏将领们严阵以待，这样人们才稍稍安定。韩浩来到夏侯惇的居所，对挟持者说："你们这样穷凶叛逆，竟然敢挟持大将军，别想再活了。我受命讨贼，怎么能为了一位将领而放过你们？"又转身哭着对夏侯惇说："奈何国法啊。"然后迅速派士兵攻击挟持者。挟持者吓得叩首，说："我们只求要点钱就离开。"最终，韩浩还是把他们都杀了。曹操知道这件事后，对韩浩说："你可以成为万世法典了。"然后下令以后再碰到这种情况，大家不用顾及人质。于是从那之后，再没有绑架事件发生。

夏侯惇跟随曹操南征北战，在一次与吕布的战斗中被流箭射伤了左眼。由于战功卓著，夏侯惇屡受封赏。曹操驻军摩陂（今河南郏县东南）的时候，曾让夏侯惇与之同车出行，平时可以出入其卧室，这种特殊待遇是其他将领没有的。

魏文帝即位后，封夏侯惇为大将军。不久，夏侯惇便去世了。

夏侯惇虽然常年身在军旅，却会亲自迎接老师学习课业。他性情清静，生活节俭，有了多余的钱财便分施给其他人，生平收入都来自俸禄，没有其他营生。

【将才夏侯渊】

夏侯渊，字妙才，是夏侯惇的族弟，曹操起兵的时候便开始跟随。官渡之战后，夏侯惇奉命管理兖州、豫州、徐州的军粮。当时军中粮食匮乏，

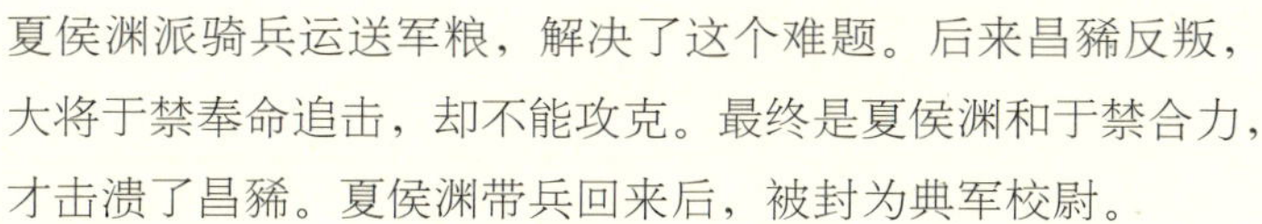

夏侯渊派骑兵运送军粮，解决了这个难题。后来昌豨反叛，大将于禁奉命追击，却不能攻克。最终是夏侯渊和于禁合力，才击溃了昌豨。夏侯渊带兵回来后，被封为典军校尉。

赤壁之战后，曹操派夏侯渊率领所有大将追击庐江一带的反叛者雷绪，并大获全胜。

建安十七年（212），曹操回到邺城（今河北临漳西），以夏侯渊兼任护军将军，统领朱灵、路招等人屯守长安，攻破了南山贼刘雄；在鄠县（今陕西户县）斩杀韩遂、马超的余党梁兴。马超在冀州围攻凉州刺史韦康，夏侯渊前往救援韦康，援兵还没到，韦康却被击败了。后来氐族人造反，夏侯渊率军返回。

建安十九年（214），曹操手下大将姜叙被马超围困，请求支援，将领们想等待曹操的符节命令，再采取行动。夏侯渊却说："丞相在邺城，往返需 4000 里，等到批示到了，姜叙也一定战败了，这不是救急之道。"夏侯渊于是发兵救姜叙，以张郃为先锋，自己亲自指挥押运粮草，迎战马超。结果还没开战，马超便逃走了，张郃收取了马超军队留下的各种器械。夏侯渊率兵到达时，周边县城已经投降，韩遂也逃窜，夏侯渊随后追赶。这时，夏侯惇手下将领中，有的认为应该乘胜袭击韩遂，有的认为应该先攻打氐族人。夏侯渊认为韩遂兵精粮足，并非仓促之间能够攻克的，不如先突袭长离一带的羌族。这些羌人很多都在韩遂军中，如果攻打他们的家族，他们一定会回去救援。这时的韩遂，如果独守，则势单力孤，如果驰援长离，则可与之一战。结果韩遂去救长离，夏侯渊一举击溃韩遂。之后，夏侯渊又兴兵攻打氐族人，迫使他们或归顺马超，或投降。

夏侯渊先后收服了陇右、黄河以西一带的羌族。曹操西征张鲁时，夏侯渊率领凉州的将领、官员在休亭与曹操会师。曹操每次接见羌人和胡人的时候，都以夏侯渊的战功向他们炫耀，使这些人心生畏惧。

夏侯惇

夏侯惇是西汉王朝开国功臣夏侯婴的后代，曹操部下的重要将领之一。

张鲁投降后，曹操回师，留夏侯渊镇守汉中，并封其为征西将军。

建安二十三年（218），夏侯渊与刘备在阳平关对峙。建安二十四年正月，刘备乘夜色火烧夏侯渊营盘。夏侯渊派遣大将张郃护守东围，自己守住南围。张郃对刘备作战失利，夏侯渊分兵救援张郃，却被刘备袭击。在这场战役中，夏侯渊战死，谥号愍侯。

【忠侯曹仁】

曹仁，字子孝，曹操的堂弟，年少时喜欢弓马打猎。东汉末年，天下大乱，曹仁集结几千人跟随曹操起兵。曹操攻打袁术的时候，曹仁颇有斩获。后来，曹仁跟随曹操东征西讨，在征陶谦、伐吕布等战役中屡立战功。

官渡之战时，刘备在曹操后方扰乱，很多郡县反叛曹操。曹操很担忧，曹仁献计说："刘备以强兵逼近，他们反叛也是可以理解的。刘备刚到袁绍那里，还没有受到重用，只要出击，就能打败他。"曹操听从他的建议，派兵攻打刘备，曹仁则收复了叛变的郡县。袁绍派大将韩荀切断西路，曹仁在鸡洛山大破韩荀部队，使得袁绍再也不敢分兵出动。

官渡之战后，曹操出兵围困壶关（今陕西东南部），并下令说攻下城池后，城中将士一律坑杀，结果几个月都没能攻下壶关。曹仁对曹操说："围城一定要为城中的人留活路，您现在告诉他们城破必死，他们自然死守。而且城中囤积了很多粮食。我方攻城则士卒受伤，守在这里则必会旷日持久。现在我们对抗那些必死的敌人，实在不是好主意。"曹操听从了这个建议，这才使得壶关守将投降。

曹操收服荆州后，封曹仁为征南将军，屯兵留守江陵，抵抗东吴的周瑜。曹仁亲冒矢石，以少胜多，三军无不佩服他的勇猛。

曹操征马超的时候，派曹仁驻守潼关。这期间，曹仁在渭南大破马超。后来，曹操又派曹仁屯兵樊城。关羽出兵围困樊城，城中几乎断绝粮草，可救兵却迟迟不至。曹仁以必死之心激励将士，将士们感念，各个绝无二志。最后救兵来到，解了樊城之围。此后，曹仁又先后屯兵临颍、乌江、合肥等地。

黄初四年（223），曹仁去世，谥号忠侯。

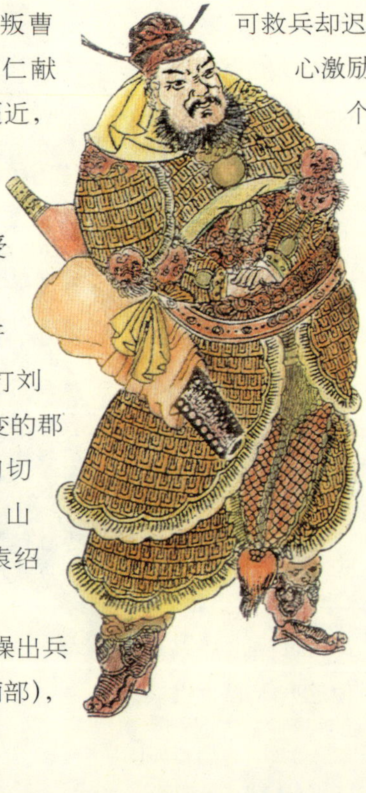

曹仁

曹仁被誉为曹氏首将，战功累累，死后谥号忠侯。按《史记·谥法解》中的说法，"危身奉上曰忠。险不辞难"。以"忠"赞誉曹仁，毫不为过。

【曹魏宗室将领曹洪】

曹洪字子康，也是曹操的堂弟。

曹操起兵伐董卓的时候，兵败荥阳，乱军中，曹操失了马匹，在敌军就快追到的紧要关头，曹洪把自己的马让给曹操。曹操不肯，曹洪说：“天下可以没有曹洪，但是不能没有您。”于是曹洪步行，跟随曹操逃到汴水（今河南荥阳汴渠）。汴水水深，曹操不能渡河，曹洪沿着河找到船只，曹操这才成功渡河，逃回谯县（今安徽亳州）。曹操征徐州的时候正赶上饥荒，曹洪便带兵行在大部队前边，占据东平、范城两地，聚集粮草。在后来征伐刘表时，曹洪也立了战功。

曹洪很富有，但性格吝啬。魏文帝少时曾对他有所求借而遭拒，由此怀恨在心。后来，曹洪门下舍客犯法。魏文帝借此将曹洪下狱，论罪要处死。多亏卞太后出面，说服郭皇后求情才免去一死。

太和六年（232），曹洪去世，谥号恭侯。

【统帅之才曹真】

曹真，字子丹，是曹操族兄弟的儿子。曹操起兵的时候，曹真父亲被州牧所杀。曹操怜惜曹真少年丧父，便收养了他，待他如亲生儿子一般。曹真在打猎的时候曾经猎杀猛虎，曹操十分欣赏他的胆识，派他统率精锐部队，他先后战胜了灵丘和刘备。曹操亲征汉中的时候，派曹真率兵迎接曹洪等人戍守陈仓。

魏文帝黄初三年（222），曹真被封为上军大将军，督领所有军事。黄初七年（226），魏文帝在弥留之际托孤曹真等人。魏明帝即位，进封曹真为邵陵侯，大将军。

诸葛亮出岐山的时候，曹真的军队在郿县。他派大将张郃袭击蜀将马谡，大获全胜，收复失地。诸葛亮退兵之后，曹真判断他以后将会改由陈仓出兵，于是派遣大将郝昭、王生驻守陈仓，修固城池。果然，翌年春天，诸葛亮出兵围攻陈仓。

太和四年（230），曹真升为大司马，入朝觐见时可以带剑着履，出入朝堂不必趋行。

曹真建议兵分几路攻打蜀国，他亲自率军向西，由子午道（从西安穿秦岭到汉中的通道）向南攻入蜀国。适逢雨季，魏明帝下令曹真回师。

曹真出征时一定与将士同甘共苦，军中封赏不足时，则以家财赏赐将士，因此将士们都甘愿为他效命。

后来，曹真生病返回洛阳，魏明帝亲自到他家中探望慰问。太和五年（231），曹真病逝，谥号元侯。

论赞

评曰：夏侯氏、曹氏世代姻亲，所以夏侯惇、夏侯渊、曹仁、曹洪、曹真等都是曹操的亲戚故旧，心腹之人，在当时受到重用。曹氏建立基业，他们功不可没。

卷十

荀彧 荀攸 贾诩传

曹操平定北方，奠定曹魏王朝一代帝王基业，被后世称为三国时期第一枭雄。他之所以建立了赫赫的文治武功，在于他用人得法，不拘一格，唯才是举。曹操手下能征惯战的将士和足智多谋的谋士不可胜数，其中，为曹操建立不世之功的谋主有三人——荀彧、荀攸、贾诩。

【曹操的张子房】

荀彧，字文若，颍川颍阴（今河南许昌）人，其祖父荀淑曾任朗陵令，是汉末的名士，父亲荀爽曾任司空。

年少时，南阳的何颙认为荀彧异于常人，说他有治国安邦、辅佐君王的经天纬地之才。东汉永汉元年(189)，荀彧举孝廉，后来又当了亢父的县令。董卓作乱时，荀彧弃官而去，对父老说："颍川是兵家必争之地，一旦天下有变，这里就会成为战场，不如现在就离开。"但是乡人们留恋故土，迟疑不决。这时候，韩馥派人来迎接荀彧，乡里没人跟随他，他便带着家人前往冀州。

当时袁绍取代韩馥占据冀州，并以上宾之礼款待荀彧。但是荀彧认为袁绍不是能成大事的人，于是在初平二年（191）离开了袁绍，投奔曹操。曹操大悦，说："荀彧就是我的张子房（西汉张良，字子房）！"荀彧当即被授予司马之职。这一年，他 29 岁。

当时正是董卓如日中天之时，荀彧对曹操说："董卓太过暴虐，一定会因乱而死，不会有什么作为。"初平三年（192），曹操领兖州牧，后为镇东将军，荀彧常任司马之职。

【谋国咨政】

兴平元年（194），曹操东征陶谦，留荀彧掌管事务。当时，张邈和陈宫欲举兖州投降吕布。吕布到的时候，张邈派人对荀彧说："吕布是来帮助曹操打陶谦的，应该供给他们军粮。"荀彧知道张邈作乱，当即分兵防备，派人召回东郡太守夏侯惇。

当时，曹操的主力部队都去攻打陶谦了，而留守的将领又多数跟随张邈、陈宫。豫州刺史郭贡带兵数万来到兖州的鄄城之下，人们以为他是吕布的同谋，无不畏惧。郭贡求见荀彧，夏侯惇等人阻止说："您现在是一州的镇守者，去了一定有危险，不能去。"荀彧说："郭贡与张邈从前没什么交情，现在这么快就来了，一定是还没拿定主意。趁着他没定的时候我去说

服他，就算他不肯帮我们，也可以保持中立；如果我们现在怀疑他，他一怒之下就会站在吕布一边了。”后来，荀彧面见郭贡，毫无惧意地告诉他：“鄄城并不是好攻打的！”郭贡便带兵离开了。接着，荀彧听从程昱的计策，又保住了范城和东阿。

陶谦死后，曹操再次计划攻取徐州，然后再对付吕布。荀彧建议道：“从前汉高祖占据关中，光武帝占据河内，这都是稳固根基，然后收复天下的做法，进可以制胜，退可以坚守，所以他们虽然一时失利，却能取得最终的胜利。对于您来说，兖州是最重要的。河、济是要地，如今虽然破败，但还可以自保，这是您的关中、河内，一定先要安定这里。现在若是分兵东击陈宫，陈宫一定不敢向西。打败吕布后，我们向南联合扬州，共同讨伐袁术，势力可及淮水、泗水。如果您现在东征，多留兵则前线不够用，少留兵则势必导致人民守戍，没有人砍柴收获。吕布乘虚而入，民心涣散，除了鄄城、范、卫之外，其余都难保，兖州就再不是您的了。如果这个时候您还不能攻克徐州，那您该在何处安身？再者，陶谦虽然死了，但徐州也不是那么好攻克的，他们记得曾经败于将军您之手，则必然相互结盟。现在徐州的麦子成熟了，他们一定固守城池，烧光粮食来抗拒您。您若是攻城不克，又得不到什么，不出十天，则十万将士未战先疲。您先前征讨徐州，对当地人过于威严苛刻，徐州人想着父兄的耻辱，一定各个死守，不肯投降。凡事要弃此得彼，以大易小，以安易危。权衡形势，现在三者对我们都不利，您还是再考虑考虑吧。”最终曹操听取荀彧的意见，放弃进攻徐州的计划，抓紧战机，抢收麦子，储备粮食，积蓄实力。

荀彧

论起曹操手下的谋士，荀彧当排在第一位，他为曹操规划了统一北方的蓝图，多次修正战略方针，是曹操得以建立功业的最大功臣之一，最后却因反对曹操称国公而受到猜忌，忧郁而死。

献帝从河东回归洛阳的途中遭遇劫难，荀彧建议曹操说：“从前，晋文公逢迎周襄王，于是诸侯无不跟随他；汉高祖与项羽争锋时，为义帝戴孝，而得到天下人心。当今天子遇难以来，

您首先起义兵，因为山东的兵乱未能去关右迎奉天子，但还分派将领冒险见天子，您的心无时无刻不在天子那里，您素来的志愿便是匡扶天下。天下百姓思念天子，因此逢迎天子是顺应民心的事情，至公至德，那些叛逆的人就不会有什么大的作为。”于是，曹操逢迎天子到许。

曹操将与袁绍决战，却又担心力有不逮，荀彧便对曹操说：“自古以来，决定成败的因素是人的才智和度量。袁绍表面宽厚，内心猜忌，您豁达不拘泥，唯才是用，在度量上，您胜过袁绍；袁绍迟疑少决断，后知后觉，您能决断大事，随机应变，智谋上，您胜过袁绍；袁绍治理士兵宽大松弛，没有军法，人数虽多，但很难调动，您治军严明，赏罚分明，士兵虽少，却都能赴死，在武这方面，您胜过袁绍；袁绍发迹靠的是家世，装作很有智计的名士模样，所以归附他的也都是没有真本事的人，您以仁义待人，以诚心相待，不伪饰，恭谨俭朴，而对有功的人却毫不吝啬，所以天下真正有本事的人都能为您所用，在德这方面，您胜过袁绍。您有这四个优势辅佐天子，正义之师，谁敢不从，袁绍再强也是枉然。”曹操听后很高兴，之后又听从荀彧的建议，先平张绣，再灭吕布，剪除后顾之忧。

建安三年（198），曹操与袁绍对峙。孔融提出袁绍手下谋士猛将无数，难以战胜，荀彧则分析道：“袁绍谋士田丰刚烈而容易犯上，许攸贪婪，审配专断无谋，逢纪刚愎自用。审配和逢纪留守，如果许攸的家人犯法，他们绝不会纵容，这样许攸就会变节。至于颜良、文丑都是匹夫之勇，一战可擒。”后来的官渡之战，果然像荀彧预料的一样。

曹操平定北方后，有人建议曹操恢复上古时期的九州，荀彧力阻，曹操便作罢了。

建安十七年（212），董昭等人奏请曹操称国公，加九锡。荀彧认为曹操本来兴的是义兵，怀的是忠贞赤诚之心，不该如此僭越，这使得曹操对他心生不满。当时正值征孙权，曹操让荀彧前往谯县劳军。曹操兵至濡须（今安徽无为北），荀彧因病留在寿春（今安徽寿县），不久因忧虑而亡，终年 50 岁。

【抚宁内外的谋士】

荀攸，字公达，是荀彧的侄子。

何进当权的时候，曾经广招天下名士，荀攸便在其中。董卓作乱，荀攸与议郎郑泰、何颙等人密谋刺杀董卓，后来事情败露，何颙和荀攸被捉。何颙忧惧，在牢中自杀，荀攸说话饮食却和平常一样。董卓被杀后，荀攸也得以免罪。此后，荀攸一度弃官，不久再次征辟公府，自求为蜀郡太守，上任途中，却因路途险阻交通断绝而滞留在荆州。

曹操奉迎献帝于许后，征荀攸为汝南太守，入为尚书。曹操久慕荀攸大名，和他交谈后十分高兴，对荀彧和钟繇说：“公达不是一般人，我能和他一起谋划大事，还忧虑什么天下？”

建安三年（198），曹操征张绣，荀攸对曹操说：“张绣和刘表互相依靠才得以强大，但张绣的军队是流动的，军粮都仰仗刘表，刘表却不能供给他充足的军粮，这样下去，他们迟早会分开。我们不如用兵慢慢对付张绣，诱使他投靠我们。如果现在急迫地攻击他，刘表一定会去救他。”曹操并未听从这个建议，结果在张绣危难的时候，刘表真的来救他，曹操在这场战役中失利。后来，曹操对荀攸说：“不采纳你的计划才有这次失败。”

这一年，曹操攻打吕布，吕布败退至下邳。曹军久攻不下，士卒疲乏，曹操便想撤兵。荀攸与郭嘉劝阻道：“吕布有勇无谋，三战皆败，锐气衰竭。三军以大将为主，诸将气势衰，士兵则不会奋战。陈宫虽然有智计，但很迟缓。如今趁着吕布士气没恢复，陈宫还犹疑未定，我们立即攻击他们，吕布一定会被打败。”于是曹操引沂水、泗水灌城，最后生擒吕布。

荀攸

荀攸是三国时期杰出的战术家，被称为曹操的谋主，最后死在曹操伐吴的路上。

官渡之战时，曹操斩杀颜良的计策也是荀攸出的。曹操离开白马时，袁绍渡河追击，曹操手下诸将无不恐惧，纷纷劝说曹操退保营寨。荀攸却说：“这正是擒敌的好机会，为什么要离开呢？”曹操看着荀攸笑了起来，于是以粮草辎重为诱饵，扰乱袁军，然后以骑兵突袭，斩杀大将文丑。

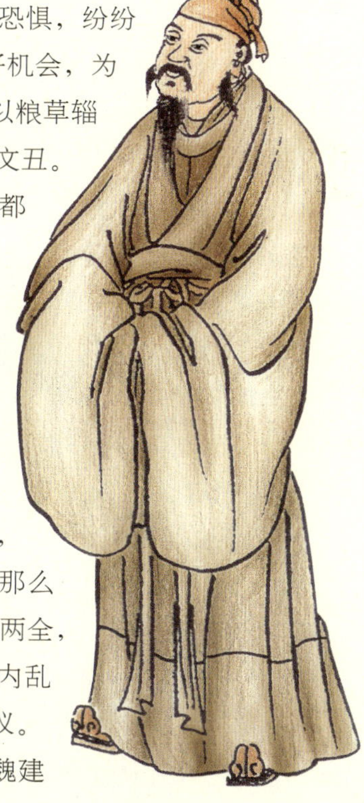

曹操与袁绍对峙官渡，许攸前来投降。大家都不相信，只有荀攸和贾诩劝曹操采纳许攸的建议。

建安八年（203），袁绍长子袁谭与三子袁尚争夺冀州，袁谭求救于曹操。这时正逢曹操出兵荆州攻打刘表，大家认为应该先铲除相对强大的刘表，袁氏兄弟不足为虑。荀攸却说：“刘表坐保江、汉，并无吞并四方的志向。袁氏拥有四个州的地盘，士卒10万。袁绍为人宽厚，很得人心，如果他的两个儿子和睦相处，守住袁绍的基业，那么天下的战乱还不能平息。如今他们兄弟反目，势不两全，一旦他们合并，那便不好对付了。所以要乘他们内乱的时候除掉他们，机不可失。”曹操听从了他的建议。

在曹操看来，荀攸是仅次于荀彧的谋士。曹魏建国的时候，荀攸被封为尚书令。曹操对儿子曹丕说："荀公达是人之师表，你一定要礼遇他啊。"荀攸生病时，世子曹丕前来探病，并拜于床下，可见对荀攸的尊重。

建安十九年（214），曹操征孙权，荀攸随行，在途中去世。后来，曹操每说起这事就想哭。

【计无虚设的高参】

贾诩，字文和，武威姑臧（今甘肃武威）人，他年少时并不出众，只有汉阳的阎忠认为他有张良、陈平的才能。一次，贾诩在出行的途中遭遇叛乱的氐族人打劫，贾诩便对他们说："我是段公（当时的太尉段颎）的外孙，我家人会出重金来赎我。"其实贾诩并不是段颎的外孙，可氐族人却信以为真，不敢伤害贾诩，把他送了回去。

后来，贾诩在董卓手下做官。董卓败亡之后，他手下的大将李傕、郭汜、张济等便想解散，回归乡里。贾诩对他们说："听说长安现在正在商议杀尽凉州人，你们如果解散单独离开，就算是一个亭长也能抓住你们，不如率众西行，招集人马攻打长安，为董公报仇。如果能够成功，那就能奉皇命征天下；如果不成功，再走也不迟。"这些人听从了他的建议，最终得到长安。李傕想封贾诩为侯，贾诩推辞了。李傕等人对贾诩言听计从，又亲近又忌惮。不久，由于母亲去世，贾诩离开了朝廷。

之后，贾诩投靠了南阳的张绣，并建议张绣与刘表联合。曹操攻打张绣的时候，一度引兵而退。张绣乘胜追击，贾诩警告张绣不能追，追则必败。张绣不听，结果大败。败后，贾诩却又建议张绣赶快追击。张绣疑惑地问："先前不听您的话，才会吃了败仗，为什么现在还要去追？"贾诩说："如今兵势改变，赶快追一定会成功。"这次张绣听了贾诩的话，再次追赶曹操，与之大战，果然大获全胜。张绣百思不得其解，问："我以精兵追赶曹操的退兵，你却说我一定战败；后来我用败兵追击曹操的胜师，你又说我一定获胜。结果真的和你预料的一样，为什么你这些有悖常理的预言都应验了呢？"贾诩说："道理很简单。您虽然善于用兵，却不是曹操的敌手。曹操懂得这个，所以退兵时亲自断

贾诩

作为谋士，贾诩先跟随李傕、张绣，后追随曹操，他善于审时度势，在当时复杂的政治环境下保全了自身和全家，这也是一种智慧。

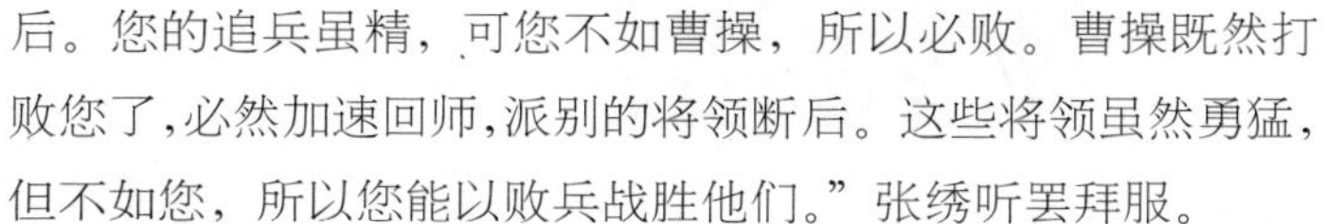

后。您的追兵虽精，可您不如曹操，所以必败。曹操既然打败您了，必然加速回师，派别的将领断后。这些将领虽然勇猛，但不如您，所以您能以败兵战胜他们。”张绣听罢拜服。

【归服曹操】

官渡之战时，袁绍有意招纳张绣，张绣便动了心。贾诩则当着张绣的面对袁绍使者说：“回去告诉袁本初，连自家兄弟都不能相容，还能容得下天下的国士吗？”张绣大惊失色，贾诩规劝他不如归顺曹操。张绣说：“袁强曹弱，况且我曾经与曹操为敌，怎么能归降他呢？”贾诩说：“就是因为这个才应该投降曹操。曹操奉天子以令天下，师出有名，况且此时袁绍强，我们人少投降他，他也不会重用我们。曹操势力弱，我们归顺便是雪中送炭。曹操这个人有霸王之志，不会记恨当初的小怨，所以您不要疑虑了，还是投降曹操吧。”于是张绣率部归顺曹操。曹操果然大喜，厚待张绣。

在立储这件事上，曹丕和曹植两兄弟曾一度抗衡。曹丕问计于贾诩，贾诩说：“保持德行，本本分分就可以了。”曹操也因立储之事烦恼，当他就此事询问贾诩时，贾诩默然不语，沉思良久。曹操一再追问他在想什么，贾诩才说：“我在想袁绍和刘表父子。”袁绍和刘表都因儿子们争夺世子之位而内乱。曹操听罢大笑，终于决定立最大的儿子曹丕为世子。

贾诩深知自己不是最早追随曹操的人，而且深谋远虑，因此害怕曹操猜忌，于是他闭门谢客，离开朝堂后便绝不私下结交大臣，儿女成亲也不选择高门。当时的人们都认为贾诩是真正的智者。

曹丕即位后，便想出兵平定蜀、吴，他询问贾诩应该先灭哪国。贾诩说：“蜀、吴虽小，但他们的君臣都是人才。我们这边的人，很难有人是刘备、孙权的敌手，不如先以文德安抚，等他们发生变故后我们再出兵。”曹丕不听，出兵伐吴，结果惨败。

贾诩高寿，直到77岁时才去世，谥号肃侯。

论赞

评曰：荀彧清俊不俗，通达雅正，有治国安邦、辅佐君王的才能。然而他虽然有明察事理、预知判断的能力，却最终没有完成自己的志向。荀攸、贾诩的谋划，几乎没有失策的。他们筹策时能够随机应变，大概仅次于西汉时期的张良、陈平吧。

卷十三

钟繇 华歆 王朗传

如果说荀彧、荀攸、贾诩、郭嘉是曹操南征北战、荡平北方的股肱谋主，那么钟繇、华歆、王朗就是曹丕靖平魏国、安邦治世的守业栋梁。曹丕一朝，这三人位极人臣，执掌朝纲，名耀魏初。曹丕曾这样评价这三人："一代之伟人也，后世殆难继矣。"

【太傅钟繇】

钟繇，字元常，颍川长社（今河南长葛）人。

钟繇少年时，有个算命人说他有富贵之相，但会遭遇水难。后来，钟繇在去洛阳的途中果然马惊落水，险些丧命。于是家族中的长辈相信了算命人说钟繇富贵的预言，出资让他安心学业。学有所成的钟繇举孝廉，入朝为官。

献帝西迁长安之后，李傕、郭汜把持朝廷。曹操上书献帝，这二人便要断绝朝廷与曹操的往来。钟繇劝说李傕、郭汜道："如今天下英雄并起，各个都想假冒皇命专权，只有曹操忠心于汉室，如果不与这样的忠臣来往，将来谁还能投靠你们呢？"李傕、郭汜觉得有道理，便继续与曹操交往，这样，曹操便可以准确获取献帝的消息。后来，在钟繇等人的努力下，献帝终于离开了长安。先前，荀彧便在曹操面前屡次称赞钟繇，因此可以说曹操和钟繇神交已久。

马腾、韩遂拥兵自重，曹操为此深感忧患。钟繇写信给马腾、韩遂，向他们陈述时局的利害福祸，二人便将儿子送入朝廷为质子，这一行为解除了曹操的后顾之忧。

官渡之战时，双方相持日久，钟繇为曹操送来战马两千匹。曹操写信答谢："你送来的马正好是我们急需的。如今平定关右，解除了朝廷西顾之忧，这都是你的功劳啊。这

钟繇

作为三国时大书法家，钟繇以楷书名世，他的书法真迹历代皆被奉为墨宝，其中《荐季直表》一直流传了1780多年，直到清末被盗者埋入地下并腐烂不可收拾，今仅存照片一张。

堪比昔日萧何镇守关中，为前方的将士提供丰足的衣食。”

后来，匈奴单于在平阳作乱，钟繇率军解围。不久，袁尚旧部河东太守郭援率兵赶到河东，气势很盛。钟繇的部下便想退兵以避锋芒。钟繇则说：“袁氏正值强大之时，郭援此来，关中暗自与他联络，只是顾忌我的威名，才没反叛。如果我们现在离开，便是向他示弱。再者，这里的百姓也都恨郭援，纵然我们离开了，难道百姓还能离开吗？如果这样，我们就是不战而败。况且郭援此人刚愎好胜，一定轻敌，如果他们渡过汾水安营，我们可以乘他们渡河时突袭，便可取胜。”这时，马腾派儿子马超率领精兵迎战郭援。一切如钟繇所料，郭援果然因轻敌渡过汾水，在队伍过河到一半时，钟繇派兵截击，大破郭援。

自从献帝西迁长安，洛阳地区人口锐减，钟繇将关中的居民迁入洛阳的同时，又招纳流亡之人。短短数年间，洛阳户口丰实。后来，这些都成为曹操征关中的丰厚储备。

魏文帝曹丕即位之前，赐给钟繇一口五熟釜，以表彰钟繇兢兢业业，为百官楷模。曹魏建国后，钟繇被封为大理寺卿，后改封廷尉，与当时的司徒华歆、司空王朗并称为当时名臣。曹丕曾说：“这三个人都是一代伟人，再难找到可以接替他们的人了。”魏明帝时期，钟繇又被封为太傅。

为了减少死刑，增加人口，钟繇曾多次上疏魏明帝曹叡，建议恢复肉刑，但最终被司徒王朗等人反驳并推翻。曹叡也因为蜀吴两国未灭，而搁置了恢复这项残忍刑罚的建议。

钟繇不仅是一代名臣，国之股肱，同时也是魏晋时期杰出的书法家。他的书法博采众家之长，承蔡邕、曹熹等名家，又自成一体，尤其精于隶书和楷书，与晋代的王羲之并称为“钟王”。

曹魏太和四年（230），钟繇去世，谥号成侯。魏明帝为他素服凭吊。

【司徒华歆】

华歆，字子鱼，平原高唐（今山东高唐）人。

汉末，王芬与当地豪强预谋废除灵帝，请华歆和同郡的陶丘洪共同谋划这件事。陶丘洪便欲前往，华歆阻止了他：“废立皇帝这种事情，伊尹、霍光都为难。王芬资质不能成事，反而会祸及他人，你千万别去。”后来，王芬事败，陶丘洪拜服。

大将军何进掌权时，征辟华歆为尚书郎。董卓祸乱时，华歆从蓝田赶往南阳，路过穰（今河南邓县），被袁术挽留。华歆便劝说袁术发兵讨董卓，袁术却不采纳。华歆正要离开时，又被太傅马日磾任命为掾，后为豫章太守。

当时，孙策虎踞江东，长于用兵，准备进军豫章，于是先派虞翻劝说华歆。华歆对虞翻说：“我在江表住了很久，常常想北归，如果孙策能到会稽来，我便随他去。”虞翻把华歆的

话转告孙策，孙策立即进兵。华歆头戴葛巾，迎接孙策。孙策对年长的华歆恭敬谦逊，待以上宾之礼。

孙策去世之后，曹操上表天子，征召华歆。孙权本不愿放华歆去许都，华歆劝说道：“您现在是奉王命的，应该和曹操搞好关系。现在我去曹操那里，内心却是为您效力，这对您不是也有好处吗？您现在留着我，也没什么用处，对您无益。”于是孙权同意华歆去许。华歆离开时，送行的故人竟有千人之多，大家赠送的礼品有数百金。华歆收下了这些礼物，暗中作了标识，临行前将这些礼物如数送还给大家，并说：“本来不想拒绝大家的美意，奈何大家送得太多。我单车出行，如果带这么多财物，必然招摇，请大家为我考虑一下。”经过这件事，大家无不钦佩华歆之德。

王朗

王朗是周灵王太子晋的后裔，三国时期著名经学家，曹操手下军师。

华歆在江东的时候，很多贤德的人也在这里避难，这些人无不敬重华歆。孙策每次与众人会谈，大家谁也不敢先发言，华歆更衣离开的时候，大家才开始议论纷纷。华歆酒量很大，饮酒一石而不醉。后来大家发现他不失仪态，整理衣冠，于是称他为“华独坐”。

华歆到了许都，拜议郎，参司空军事，入为尚书，后来又接替荀彧成为尚书令。曹丕即位后，封华歆为相国，后改封为司徒。华歆为人素来清廉，所得俸禄都用来接济亲戚故人，家中一贫如洗，举家食素，绝不敛财。

魏明帝曹叡时，年迈的华歆几次称病辞官，但都被曹叡竭力挽留。

曹魏太和年间，大将军曹真伐蜀，华歆上疏，劝谏以百姓衣食为本，不要劳民伤财，远伐西蜀。太和五年（231），华歆去世，谥号敬侯。

【司空王朗】

王朗，字景兴，东海郯（今山东郯城北）人，因通晓经史而被朝廷拜为郎中。王朗拜太尉杨赐为师，杨赐死后，王朗为之弃官穿孝服居丧。后来，王朗先后举孝廉、察茂才，做了徐州牧陶谦的治中。董卓祸乱时，王朗曾劝说陶谦勤王。陶谦派人送奏章到长安，献帝嘉奖陶谦，各有封赏，封王朗为会稽太守。

孙策坐拥江东，势力日渐强大，王朗手下的功曹虞翻认为以他们的实力不能抗拒孙策，不如趋避。王朗认为自己是汉室官员，有守卫城邑的责任，于是发兵与孙策交战，最终战败。此时的王朗穷困潦倒，朝不保夕，可他在逆境中仍然周济亲戚故友。

后来曹操上表，征召王朗。王朗从曲阿出发，辗转江海，历经一年的漫长颠簸才来到许都。王朗累迁谏议大夫、魏郡太守，位列九卿。他为官大理时，处理案件从轻判决，务求宽恕。

曹丕即位魏王后，封王朗为御史大夫，安陵亭侯。曹丕称帝后，王朗改迁司空。当时，曹丕经常外出游猎，有时很晚才回宫。王朗上疏劝谏道："自古以来，帝王的行止居住都有古法，用以彰显帝王的尊严。现在天子车驾出巡游猎，日落方归，有违天子警跸（古代帝王出入时，所经路途都须侍卫警戒，清道止行，谓之"警跸"）的常规，不符合您万乘之尊的慎戒。"曹丕看罢，回报称赞，并采纳了王朗的提议。

建安末年，孙权上表遣使称藩的同时，与刘备交战。曹丕与臣下商议是否与孙权联合攻打刘备。王朗说："天子之军何其重要，不能轻易出兵。假如孙权与刘备交战，双方势均力敌，不能在短期内决出胜负。这时我们再根据他们的形势，派遣持重的大将，相时而动，便能事半功倍，不留后患。现在孙权还没出兵，我们不能先征。而且现在正值雨季，不是出兵的好时机。"曹丕采纳了王朗的建议。

魏明帝即位后，大修其母文昭皇后的陵墓，又营葺宫室，使得百姓困苦。王朗于是上疏道："陛下即位以来，恩布天下，百姓无不欣然。我刚刚北上，在路途上听说现在百姓徭役繁重，其实很多都可以减除。愿陛下体恤民力，用以对抗蜀吴。从前大禹有拯救天下的志向，便先让自己的宫室简陋，衣食从简，所以大禹拥有九州，弼成五服。约身及家，俭家施国。汉文帝、汉景帝节俭持本，汉代由此强盛。名将霍去病因匈奴未灭，而不治家宅。当今之势不宜修建宫室，应该修建城池防御，形成险要。国家当以农业为本，休养生息，百姓安居乐业，滋生户口，国富民强。"

王朗自幼经史咸通，生平所作注疏颇丰，传世有《易》《春秋》《孝经》《周官传》等。曹魏太和二年（228），王朗去世，谥号成侯。

论赞

评曰：钟繇开明豁达，办事干练；华歆为人清正，品德高洁；王朗博学，才华横溢，他们都是当时的人杰才俊。魏氏刚刚建国的时候，他们开始位列三公，这是值得赞美的事啊。

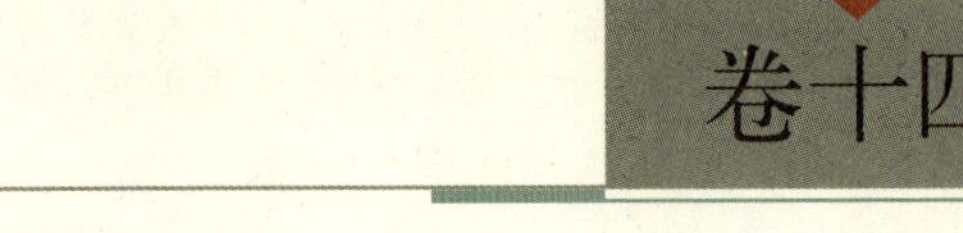

卷十四

程昱 郭嘉 董昭 刘晔传

曹操一生南征北战，每遇危难之时，总有运筹帷幄的谋士为他出谋划策，令他履险如夷。这些当世的奇才，性情各异，却各负雅量，在曹操盖世无俦的丰碑上，留下浓墨重彩的一笔。

【多谋善断的程昱】

程昱，字仲德，东郡东阿（今山东阳谷）人，身高八尺三寸，须髯很美。黄巾起义中，东阿在程昱的率领下得以保全。

初平年间，兖州刺史刘岱想征用程昱，但程昱没答应。后来，刘岱在袁绍和公孙瓒之间不能抉择，是程昱帮他出了主意，因此刘岱举荐程昱为骑校尉，但程昱以生病为由推辞了。后来曹操占领兖州，同样也征辟程昱，程昱却答应了。乡里们问程昱原因，程昱笑而不答。

曹操与吕布大战于濮阳之后，袁绍派人游说曹操，让曹操将家眷迁往邺城。当时曹操刚刚失去兖州，军粮也快用尽，就想同意。程昱坚决反对，他说：“袁绍占据燕、赵之地，有吞并天下的野心，您会屈居其下吗？您有龙虎之威，会像韩信、彭越一样吗？如今兖州虽然丢失，但您还有三座城池，能征善战的勇士不下一万人。凭借您的神武，再加上我们，一定能成大业。”曹操这才打消迁往邺城的念头。

刘备丢了徐州之后，就归顺了曹操。程昱劝曹操杀了刘备，曹操没有采纳。曹操派刘备攻击袁术，程昱和郭嘉劝阻。后来刘备果然背叛曹操。

袁绍挥师南下的时候，程昱有士兵七百人镇守鄄城。曹操想要给他多派两千人，程昱不肯，说：“袁绍拥兵十万，自以为所向无敌，他见我兵少，一定不把我放在眼里，不会来进攻。可一旦我的兵多了，他就会来攻打，那样我势必会被打败，兵力也会白白遭受损失。”后来，袁绍果然因程昱兵少而没去袭击。曹操对贾诩说：“程昱的胆子比孟贲、夏育还要大。”

曹操征荆州的时候，刘备投靠东吴，人们都认为孙权会杀了刘备，程昱却认为孙权刚刚即位，还没什么威信，曹操无敌于天下，刚得到荆州，威震江表，孙权虽然有谋略，可不能独自抵挡曹操，而刘备有英名，又有关羽、张飞这样万人难敌的猛将，孙权一定会借助他的力量抵挡曹操。事情果然如程昱料想的那样，孙权给了刘备很多兵共同抵御曹操。

程昱性情刚戾，和很多人都有过节，有人告发他谋反，曹操却待他更好。后来曹丕即位，要封程昱为公，可他却在这个时候去世了。曹丕为之悲泣，追封程昱为车骑将军，谥号肃侯。

【运筹帷幄的郭嘉】

郭嘉，字奉孝，颍川阳翟（今河南禹州）人。

早年，郭嘉曾北上去见袁绍，但很快就离开了。后来，荀彧将郭嘉推荐给曹操，两人畅谈天下大势。曹操说："如果有人能助我成就大业，那一定就是这个人。"郭嘉也很高兴地说："曹公正是我要辅佐的人。"

曹操征吕布时，吕布退而固守。当时将士疲惫，曹操便想退兵。郭嘉力劝要以急兵攻打，最后生擒吕布。

曹操与袁绍对峙官渡的时候，江东的孙策想要在背后袭击许都。曹操手下人无不惊惧，郭嘉却说："孙策刚刚得到江东，他杀的人都是能得人死命效力的英雄豪杰，而孙策却毫无防备，纵然统领百万之众，却好像一个人独行一般。如果有人行刺，一个人就能威胁他。依我看他一定会死在一介匹夫手中。"结果孙策真的被刺客杀害。

曹操打败袁绍后，袁绍病死，袁谭、袁尚也节节退败。曹操手下将领都想乘胜追击，郭嘉却说："袁绍喜欢这两个儿子，不知道该立谁。郭图、逢纪作为他们的谋臣，一定会使他们互相争斗，逐渐疏远。如果我们现在急攻，他们就会互相扶持；如果我们不急于对付他们，他们就会生出争夺之心。假如我们现在向南征讨刘表，等他们自己生变故，到时候就能一击即破。"曹操点头，依计行事，袁谭和袁尚果然祸起萧墙。

郭嘉

郭嘉（170～207）是三国时期曹操手下的重要谋士，罗贯中在《三国演义》中称赞他是"腹内藏经史，胸中隐甲兵。运筹如范蠡，决策似陈平"。

建安十二年（207），曹操征袁尚和三郡乌丸。当时曹操手下众人都担心刘表派刘备偷袭许都，郭嘉却说："您虽然威震天下，但胡人依仗地处偏远，一定不会防备您。您发动突袭，一定会成功。况且袁绍生前有恩于那里的人，而袁尚兄弟也还在。如今四州（冀、青、幽、并）的百姓只是慑于威严才归附您，您还没对他们施以仁德。现在舍弃这里而去南征，袁尚借助北方少数民族的力量，我们刚刚占领的青州、冀州就危险了。而刘表不过是个坐而论道的人罢了，他深知自己不能驾驭刘备，是不会让刘备来偷袭我们的。"曹操就此放心，北上征乌丸。大军抵达易地（今河北易县），郭嘉向曹操说："兵贵神速，

我们行军千里，辎重太多，失去了锐利，还容易被敌人察觉。不如留下辎重，轻兵而出，出其不意。”曹操依计而行，大破胡兵，斩杀蹋顿单于，袁尚、袁熙败走辽东。

郭嘉深谋远虑，曹操曾说只有郭嘉才能真正了解他的用意。北征乌丸后，郭嘉在回师途中病逝，终年 38 岁。曹操万分悲痛，对荀攸等人说：“你们的年龄和我相仿，只有奉孝年少，我本打算把身后事托付给他，不想他却中年早逝，难道这不是命吗？”后来，曹操失利于荆州时，曾叹息道：“如果郭奉孝在，我不至于如此啊。”

【世之奇才董昭】

董昭，字公仁，济阴定陶（今山东定陶）人。他起初曾投效于袁绍，立了很多功劳，却因谗言获罪，于是离开袁绍，做了张杨的谋士，并劝说他拉拢曹操。曹操奉迎天子后，董昭又做了曹操的谋士。

建安二十四年（219），关羽将魏征南将军曹仁围困在樊城时，孙权秘密派遣使者向曹操说他会派人袭击江陵、公安，关羽为救这两座城，自然回师，这样樊城之围不救自解，希望曹操严守这个机密。曹操征求手下人的意见，大家都认为这是个好主意，只有董昭提出了不同的意见。他认为如果严守这个作战计划，会让孙权得到好处，不如将这个机密泄露给关羽。关羽听说孙权要夺取二郡，必然会回军自护，这么做也会让樊城中的曹军将士安心。曹操依计行事，关羽被迫放弃樊城。

魏文帝曹丕即位后，曹休率军抵达长江洞浦口，斗志昂扬。曹丕担心他贪功冒进，下诏命令他停止进兵。董昭劝曹丕不必为此忧虑，他认为即使曹休有渡江之心，诸将也未必愿意冒险行动。曹丕十分欣赏董昭，拿他与张良、陈平相比。

青龙四年（236），董昭去世，时年 81 岁，谥号定侯。

河北涿州影视城内的铜雀台

古代帝王喜好修高台，以显示其至高无上的权威。三国时，曹操击败袁绍后建造邺城，修铜雀、金虎、冰井三台。铜雀台建于建安十五年（210），位于今河北省临漳县境内，台高十丈，有殿宇百余间，到明朝时才被漳水冲毁。这座高台与建安文学结下了不解之缘，无数北方名士曾聚集在这里用笔直抒胸襟。

【佐世之才刘晔】

刘晔，字子扬，淮南成悳（今安徽肥东）人，是汉室后裔。以知人闻名的名士许劭曾称赞刘晔有佐世之才。

刘晔在二十多岁的时候就做了曹操的谋士。曹操在寿春时，遭遇了一个名叫陈策的山贼，部下有数万人，占有险要地势。当时曹操手下的人都说没有必要去讨伐陈策，刘晔却说："从前中原未定，陈策才敢据险坚守；现在天下平定，就该诛灭这些盗贼。人都是怕死趋赏的，现在您先公开悬赏招募，再发动大军，这群山贼就能不攻自破。"曹操听后点头称是，派猛将在前，大军在后，果然攻克陈策。

曹操攻打汉中张鲁，以刘晔为主簿。大军来到汉中，山川险要难以攀登，军粮又供应不上，曹操便想退军，命刘晔督后军。刘晔看出张鲁可以击破，又考虑到粮道不通，就算撤兵，也不能保证三军周全，便骑马赶去劝说曹操进攻。于是曹操进兵攻打张鲁，用弩箭射张鲁营盘。张鲁败走，曹操就此平定汉中。此后，刘晔又劝曹操攻打成都的刘备，曹操没有采纳。

魏文帝曹丕即位后，封刘晔为侍中。当时正值蜀国关羽新丧，曹丕就刘备会不会出兵伐吴这件事情询问大臣。众人都认为蜀国是小国，只有关羽这一位名将，如今关羽一死，国内忧惧，不会出兵。只有刘晔说："蜀国虽小，刘备却想以武力自强，一定会出大军显示他仍有余威。况且关羽与刘备名义上是君臣，恩情如同手足。如今关羽死了，刘备一定会为他报仇。"之后的事果然像刘晔预测的那样。

魏明帝即位后，刘晔晋爵东亭侯，食邑三百户。刘晔在朝为官，很少与人交往。别人问他缘故，他回答说："魏氏刚刚登基称帝，智者知道这是天命，但普通人不是都这样认为。我在汉室不过是旁系远族的微末之士，在魏却是心腹大臣，少交朋友，才不会有失。"

刘晔在太和年间病逝，谥号景侯。

论赞

评曰：程昱、郭嘉、董昭、刘晔都有才智谋略，是当时的奇才，虽然论起政绩和德行功业不如荀攸，但在运筹谋划国事上却能与荀攸相当。

卷十七

张辽 乐进 于禁 张郃 徐晃传

魏武帝曹操一生南征北战，建立盖世功勋，他赫赫武功的丰碑之上，当然镌刻了无数驰骋沙场、纵横捭阖的盖世名将，他们跟随曹操浴血沙场，名垂青史。这些武将中，威名最盛、战功最丰、武功最强的当属张辽、乐进、于禁、张郃、徐晃，这五人并称为“五子良将”。

【威震东吴的张辽】

张辽，字文远，雁门马邑（今山西朔州朔城区大夫庄）人，是汉武帝时期著名豪商聂壹的后人，为了躲避仇人而改换姓氏。

张辽先后侍奉过汉末很多诸侯。最初，张辽的勇武得到并州刺史丁原的欣赏，被召为从事，后来又跟随大将军何进。何进败亡后，张辽追随董卓、吕布。曹操在徐州打败吕布后，张辽便归顺了曹操，屡立战功，多次获得封赏，曾凭一已之力劝降昌豨。

张辽征讨长社县时，夜间军中有人谋反，作乱纵火，惊扰了整个军营。张辽对身边的人说：“别动，不可能整个军营的人都造反，肯定是一部分作乱者故意制造混乱。”正是张辽的冷静才平息了这场叛乱。

曹操征讨完孙权后，留大将张辽、乐进、李典等人守合肥。不久，孙权亲率 10 万兵马围困合肥。张辽并未坐等曹操援军，而是当机立断，连夜招募八百死士。次日，张辽披甲持戟，冲锋陷阵，斩将杀敌，势不可当，一直杀到孙权麾下，惊得孙权慌忙撤退。张辽多次挑战，孙权为避其锋芒，不敢迎战，直到发现张辽只有区区数百骑的时候，才派大兵将张辽团团围住。张辽单骑冲杀，竟然把孙权大军杀出缺口，率领数十骑突围，其他未能突围的战士大喊：“将军要抛弃我们吗？”张辽毫不迟疑，重新杀回阵中，将其余士兵救出。张辽几番进出，所向披靡，孙权部下无人敢阻其锋芒。孙权无奈，只能将合肥围了十几天，便草草退了军。张辽乘胜追击，差一点便生擒孙权。后来，曹操来到张辽大破孙权的战场，叹息良久，众人钦慕。

魏文帝曹丕继位后，再次派张辽屯兵合肥，对抗孙权。孙权对张辽十分忌惮，不敢轻易出兵。曹丕称赞张辽堪比周代名将召虎。

张辽一生战功赫赫，曹操和曹丕赏赐给了他无上的荣耀，不仅敕封张

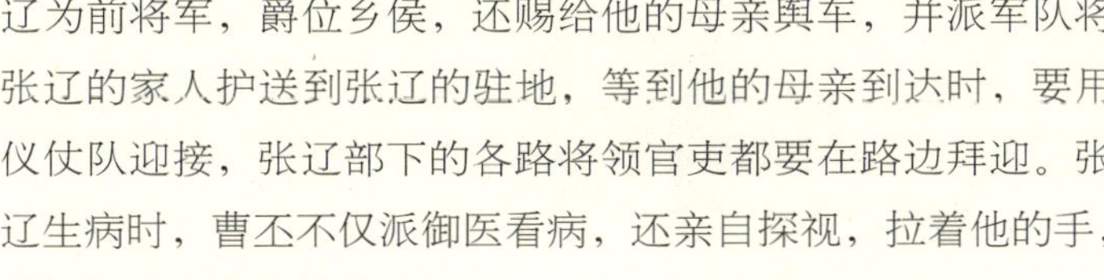

辽为前将军，爵位乡侯，还赐给他的母亲舆车，并派军队将张辽的家人护送到张辽的驻地，等到他的母亲到达时，要用仪仗队迎接，张辽部下的各路将领官吏都要在路边拜迎。张辽生病时，曹丕不仅派御医看病，还亲自探视，拉着他的手，并把御用衣服赐给他。

后来，张辽病逝于江都前线，曹丕为之流泪，赐谥号刚侯。

张辽

张辽有勇有谋，在曹操帐下的将领中可谓首屈一指，其一生中最辉煌的战绩，当属建安二十年(215)在合肥攻防战中，以区区八百勇士大破孙权十万大军，还差点擒杀了孙权，留下了“张辽威震逍遥津”的佳话。

【战绩辉煌的乐进】

乐进，字文谦，平阳卫国（今河南清丰）人，身材矮小，却胆略过人。他跟随曹操先后征讨过吕布、张超、张绣、眭固、刘备，建功封侯。

官渡之战时，乐进力斩袁绍大将淳于琼，讨伐袁氏兄弟时，再斩大将严敬。他身经百战，攻无不克，曹操上表献帝，称赞乐进、于禁、张辽“武功高强，足智多谋，忠心耿耿，守节重义，每临战场，亲冒矢石，坚守阵地，毫无过失。治军严明，御下有方，秋毫无犯”。

在剪除袁氏的过程中，乐进力克高干等大将。在后来对刘备集团的战斗中，乐进先后击退过关羽、苏非、杜普、梁大等人。之后，乐进跟随曹操征讨孙权，并与张辽等人长期驻守合肥，抗拒东吴。

乐进一生战功无数，拜将封侯，于建安二十三年（218）去世，谥号威侯。

【晚节不保的于禁】

于禁，字文则，泰山钜平（今山东宁阳）人。曹操征兖州时，于禁便带人投奔，他作战勇猛，屡立战功。

曹操征张绣时，一时失利，回军舞阴，导致军中大乱，各处将士章法大乱，只有于禁所部阵法不乱，且战且退，即使是伤员也没有掉队。待张绣追击的速度慢下来，于禁便重整队伍。在回军的路上，有士兵被青州兵劫掠，于禁大怒，随即发兵征讨，于是青州兵向曹操告了于禁的状。于禁回师后，并没有马上拜谒曹操，而是安扎好营寨。身边有人劝诫他，说这个时

张部

张部（？～231），三国时期魏国名将，当初归降曹操时，曹操曾欢喜地称他来投是“微子去殷、韩信归汉”。

候他应该立即去和曹操解释清楚。于禁说：“现在张绣的追兵就在身后，说不定什么时候就追到了。我不做好防范，又如何御敌呢？况且曹公英明，怎么会听信他们的谗言。”曹操知道这件事后，十分赏识，说：“这场战斗中，我过于着急了，将军你却在混乱中整肃军队，有不可动摇的气节，古之名将也不过如此。”

曹操东征刘备时，袁绍趁机袭击于禁，于禁坚守，令袁绍无功而返。之后，于禁又在不同的战役中多次打败袁绍部曲。

于禁持军严谨，凡是缴获的物资，从不中饱私囊，然而却因对待属下太严厉而不得人心。

建安二十四年（219），于禁跟随曹仁讨伐关羽。当时恰逢大雨，于禁等七军被水淹没，只得登高避水。关羽以战船出击，于禁等人投降，只有庞悳宁死不屈。曹操知道后哀叹：“我和于禁相识30年，怎么临到危难时，他却不如庞悳呢？”

魏文帝曹丕即位后，孙权向魏国称臣，在擒获关羽后，将于禁送还曹魏。当时于禁已经须发尽白，容色憔悴。后来曹丕命人在曹操的高陵殿内作壁画，内容为关羽克敌，庞悳愤怒，于禁投降。于禁看到后羞愧而死。

【名动西蜀的张部】

张部，字儁乂，河间鄚（今河北任丘北）人，先后跟随过韩馥和袁绍，官渡之战时投降曹操，屡次出征，与张辽同为先锋，曾击破袁谭、管承、马腾、韩遂、张鲁等人。

曹操平定张鲁后，派张部跟随大将夏侯渊留守汉中，以据刘备。刘备出精兵1万人夜袭张部，张部亲自迎战。之后，刘备又在走马谷火烧夏侯渊，结果双方短兵相接，夏侯渊战死，张部退还阳平。此时，曹军主帅阵亡，三军失色，郭淮等人推举张部为代理元帅。远在长安的曹操得知消息后，派人授给张部符节。曹操亲自率军到汉中，刘备不敢应战，张部等人才从汉中安全撤离。

曹丕即位后，派张部平定西方的胡人和羌人，南面袭击江陵等地。

诸葛亮出祁山，张部奉命在街亭抵御蜀将马谡。马谡依山扎营，张部便截断他的水源，大破马谡。紧接着，张部又平叛收复原本投降于诸葛亮的南安、天水、安定等城。

张部跟随司马懿操练水军，准备伐吴，后来遭遇大水，计划便搁浅了。

诸葛亮再次出兵，魏明帝曹叡急调张郃御敌。张郃知道诸葛亮粮草不济，不能久攻，估计他在十日之内便会退兵。结果，张郃兵到南郑，诸葛亮便真的退兵了。

张郃用兵，善于变数，长于营阵，精通地理，计不虚设，连诸葛亮都对他都颇为忌惮。后来，在与诸葛亮的一次交战中，张郃被流箭射中右膝而死，谥号壮侯。

【攻无不克的徐晃】

徐晃，字公明，河东杨县（今山西洪洞）人。

徐晃最初跟随车骑将军杨奉，李傕、郭汜之乱时，他曾劝说杨奉带着献帝回洛阳。曹操灭杨奉后，徐晃便归降了曹操，先后跟随曹操征吕布，斩眭固，伐刘备，破颜良、文丑、韩范。在攻克易阳后，徐晃建议曹操受降易阳，令那些闻风观望，徘徊于袁氏兄弟和曹操之间的人能及早投诚。曹操采纳了他的建议。后来，徐晃又跟随曹操征讨袁谭、蹋顿单于。曹操南下时，徐晃和满宠一起讨伐关羽，之后又与曹仁一起攻伐周瑜。

曹操西征马超时，担心过不了潼关，便咨询徐晃的意见。徐晃说："您的大军在这里，马超不去守住蒲阪，这说明他智计不足。如果您能派给我精兵作为先锋，渡过蒲阪津，截击马超，一战可胜。"于是曹操给了徐晃四千精兵。徐晃协助曹操过关，大破马超。曹操回师后，徐晃与大将军夏侯渊已平定夏阳等地，收复了失地。

曹操平定汉中后，留下徐晃和夏侯渊在阳平抗拒刘备。刘备派遣陈式等断绝栈道，徐晃出兵突袭，陈式部曲死伤惨重。曹操听说后大喜，充分肯定了徐晃这一胜利的重要战略意义。

曹操派徐晃协助曹仁在樊城大战关羽，于禁等大将纷纷失利，徐晃为了避其锋芒，屯兵杨陵陂。关羽屯兵偃城，徐晃作势要袭击他，关羽弃城。徐晃攻打四冢，与关羽正面交锋，击退关羽。后来，曹操出迎徐晃七里地，赞叹道："全靠你才保全了樊城、襄阳。"

魏文帝曹丕即位后，徐晃在上庸大战刘备，并取得胜利。魏明帝时，徐晃又在襄阳对抗东吴的诸葛瑾。

徐晃性情俭朴，小心谨慎，他说："古人经常担心遇不到明主，我如今有幸遇到，当然要全力效命，怎么还能为自己考虑。"

太和元年（227），徐晃病逝，谥号壮侯。

论赞

评曰：太祖（曹操）建立了无比显赫的军事功业，若论起当时的优秀将领，就要先说这五个人。于禁号称最刚毅威猛，然而却不能从始至终保持。张郃以灵活多变著称，乐进以骁勇果断而闻名，但是考察他们的行事，却与传闻不符。这或许是记载有遗漏，没有像张辽、徐晃那样周备详尽吧。

卷十八

李典 臧霸 文聘 许褚 典韦传

自古以来，开疆拓土，问鼎天下，需要的不仅仅是运筹帷幄、决胜千里的谋臣，还要有勇冠三军、骁勇善战的猛将。曹操手下武功卓绝、万人莫敌的大将不计其数，其中最勇猛的，莫过于李典、臧霸、文聘、许褚和典韦。他们或威惠并著，或力能扛鼎，在东汉末年这个英雄逐鹿的舞台，演绎了一段段妇孺皆知的传奇。

【儒将李典】

李典，字曼成，山阳钜野（今山东省巨野县）人，在东汉初平年间跟随叔伯李乾率众投奔了曹操。

官渡之战时，李典率领宗族部曲为曹操运送军事供给。破敌之后，李典被封为裨将军，屯兵安民。曹操讨伐袁谭、袁尚时，派李典与程昱从水路运粮。袁尚派遣魏郡太守高藩屯兵黄河，断绝曹操水道。曹操告诉李典和程昱，如果水路不通，就走陆路。李典与大家商量：“高藩部队兵甲少而善于水战，一定会有懈怠之心。我们只要发动攻击，就一定会攻克，因此应该尽快出兵。”这个提议得到程昱的支持，于是大军向北渡过黄河，一举击破高藩，打通了曹军的水上粮道。

刘备依附刘表，屯兵于叶城。李典协助夏侯惇拒敌，刘备烧屯而去，夏侯惇便要追赶。李典认为前方道路狭窄，草木高深，可能会中了刘备的埋伏，不宜轻易追赶。夏侯惇不听，果然吃了败仗。后来，李典与乐进在壶关打败了高干，又在广长战胜了管承，屡立战功，被封为亭侯。

李典宗族部曲有三千余家，他自请迁徙魏郡。曹操笑着对李典说：“你想效仿东汉耿纯（东汉开国功臣）吗？”李典说：“我驽钝胆怯，没有什么功劳，却被封了过高的爵位，我实在应该举整个宗族的力量效力国家。而且现在征伐未息，也应该补充都城人口以抵御敌人。”曹操对此十分嘉许。

李典曾与张辽、乐进一同屯兵合肥，这三人平素不和，出兵之时，张辽担心他们不会听从于他。李典慨然说道：“这是国家大事，我怎么可能为了私人恩怨而抛弃国家大义呢？”在他们的通力合作之下，孙权溃败。

李典生平好学问，为人儒雅，从不与其他将领争功，尊敬士大夫，军中的人都称他为长者。李典 36 岁时去世，魏文帝即位后追封李典，谥号愍侯。

【良将臧霸】

臧霸，字宣高，泰山华（今山东费县）人，少年时曾与父亲流亡东海。

黄巾起义时，臧霸跟随徐州牧陶谦征讨黄巾军，后来成为吕布的部将。吕布败亡后，臧霸躲了起来。曹操悬赏捉拿臧霸，见面之后又十分欣赏，并将青州、徐州托付给他。

曹操部将徐翕、毛晖叛逃，投奔臧霸，曹操令刘备转告臧霸，送上这两个叛将的首级。臧霸对刘备说："我之所以能够自立，是因为我不会干这种事情。我受曹公不杀之恩，不敢违命，然而能成就王霸大业的君主可以以义相劝，请您为我在曹公面前说一说吧。"曹操得知后平息了怒气，对臧霸说："这是古人事君的行为，我也是这样希望的。"于是便封徐翕、毛晖做了太守。

曹将大战吕布

195年春，曹操收复兖州失地，先拿下定陶，攻克钜野，再攻濮阳。吕布出濮阳城迎战，曹操派典韦、许褚、夏侯惇、夏侯渊、李典、乐进六将围攻吕布。吕布战败，投奔徐州刘备。

曹操与袁绍对峙时，臧霸带领精兵进入青州，为曹操解除后顾之忧。东州作乱时，臧霸执正义之师征讨暴虐，平定海岱，立下大功。后来，臧霸跟随于禁征讨昌豨，与夏侯渊讨黄巾余党徐和等，立下许多战功。

臧霸经常到下邳令周武家中做客。后来，周武的部从犯法，周武也因此获罪，但臧霸却不因此嫌弃周武，反而更加亲善。

曹军在濡须口（今安徽无为北）征讨孙权时，臧霸与张辽同为先锋，出兵时遭遇大雨，形势有利于孙权，曹军将士多有不安。这时，张辽便想退兵，臧霸却反对，他说："曹公英明，怎么会舍弃我们呢？"第二天，果然等到了曹操的撤军命令。

魏文帝曹丕即位后，臧霸封侯，之后又与曹休共同伐吴，在洞浦打败吕范。曹丕对臧霸十分信任，每有军事行动，都

要咨询他的意见。魏明帝时，臧霸去世，谥号威侯。

【磐石文聘】

文聘，字仲业，南阳宛（今河南南阳）人，曾在刘表手下为将。

刘表之子刘琮投降曹操后，文聘并未前往，直到曹操得到荆汉，文聘才去拜见曹操。曹操问他为何迟来，文聘说："先前不能辅弼刘琮保全荆州，现在荆州虽然没了，我却愿意据守汉川，保全本土的辖境，这样我才能对得起刘琮，死后也无愧于地下的刘表。如今，事已至此，我心中悲痛而惭愧，因此没有脸面来见您。"说罢唏嘘不已。曹操赞叹："你真是一个忠臣。"于是厚待文聘。

曹操得到荆州后，让文聘担任江夏太守，镇守荆州边境，以安民心。文聘在荆州多次与关羽对峙，屡立战功。

孙权率兵五万，在石阳围攻文聘，文聘坚守不动。孙权停留了二十几天后，只能无奈撤兵。文聘随即发兵追击，大破孙权。

文聘在江夏数十年，有恩德和威望，名震敌国，使得东吴不敢前来侵扰。文聘死后，谥号壮侯。

【虎痴许褚】

许褚，字仲康，谯国谯（今安徽亳州）人，身高八尺有余，壮硕魁梧，力大过人。

黄巾之乱时，许褚招募数千人家抵御，后来，便带着这些人投奔了曹操。曹操见了许褚十分喜欢，说："这真是我的樊哙啊。"许褚跟随曹操讨伐张绣，斩杀敌人上万。官渡之战时，曹操的侍从徐他等人谋反，但因为许褚常常陪伴在曹操左右，而不敢有所动作。一次，趁着许褚休息，徐他等人拿着刀进入曹操的居所。许褚回到自己住的地方后有一点不放心，便又返回。徐他不知道许褚已返回，到了帐中看到许褚后十分惊愕。许褚见徐他脸色大变，察觉到了这些人的不良用心，当即杀死徐他等人。通过这件事情，曹操越发信任许褚，出入都带着他。围困邺城的时候，许褚作战有功，被封为关内侯。

许褚跟随曹操征讨马超、韩遂。曹军渡河时，士兵先过，曹操与许褚留下断后。马超带领步兵追赶，箭如雨下。许褚扶着曹操上船，士兵们撤退得很急，导致船上拥挤，几欲沉船。许褚杀了攀在船帮的人，用左手举着马鞍护着曹操。乱战中，船工中箭身亡，许褚就用右手撑船，保护曹操过河。这一次，如果没有许褚，曹操能不能保全性命实在是说不准。后来，曹操与韩遂、马超单骑对话时，也只带了许褚一个人。马超自负武艺高强，就想突袭曹操，但他又忌惮许褚的威猛而不敢轻举妄动，于是问道："许褚在哪里？"曹操指了指许褚。许褚怒视马超，马超惊骇，不敢谋害曹操。正是因为许褚勇猛如虎，所以得了"虎痴"的称号。

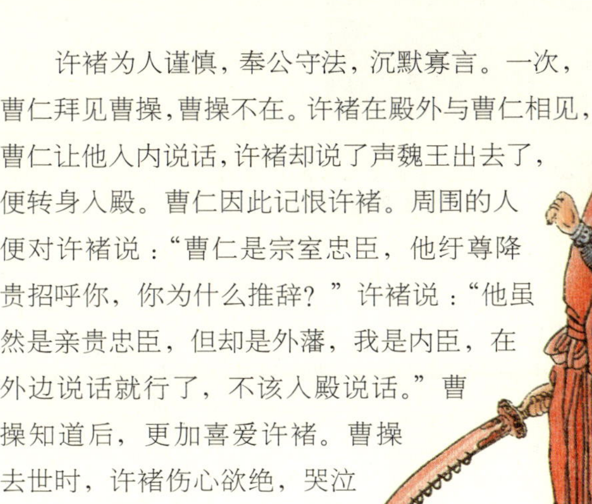

许褚为人谨慎，奉公守法，沉默寡言。一次，曹仁拜见曹操，曹操不在。许褚在殿外与曹仁相见，曹仁让他入内说话，许褚却说了声魏王出去了，便转身入殿。曹仁因此记恨许褚。周围的人便对许褚说："曹仁是宗室忠臣，他纡尊降贵招呼你，你为什么推辞？"许褚说："他虽然是亲贵忠臣，但却是外藩，我是内臣，在外边说话就行了，不该入殿说话。"曹操知道后，更加喜爱许褚。曹操去世时，许褚伤心欲绝，哭泣过度，以致呕血。

魏明帝时，许褚去世，谥号壮侯。

【猛士典韦】

典韦，陈留己吾（今河南宁陵己吾城村）人，形貌魁伟，力气过人，曾追随张邈，后来跟从夏侯惇，多次立功。

曹操讨伐吕布的时候，一度陷入困境，典韦带领人重装铠甲出战。当时吕布部队乱箭齐放，典韦视而不见，对身边的人说："等他们离我十步的时候再告诉我。"敌军逼近，典韦又说："等靠近五步的时候再告知我。"其他人无不惧怕，赶快说："敌人到了。"典韦手持十余支戟，大呼一声，将戟掷出，近前的敌人无不应声而倒。

典韦英勇，每次战斗都身先士卒，冲锋陷阵，而且为人忠诚谨慎，常常终日侍立在曹操身边。典韦习惯以大双戟和长刀为兵器，曹营中便流传了这样一句话："帐下壮士有典君，提一双戟八十斤。"

张绣投降曹操后，曹操十分高兴，与众人饮酒聚会，典韦便持着大斧站在曹操身后，张绣等人不敢仰视。十几天后，张绣突然反叛，偷袭曹操大营，典韦当门迎敌，杀敌无数，身受重伤而死。曹操听说后，为之流泪。

许褚

三国时期曹魏大将，自曹操平定淮、汝一带时就开始跟随曹操。

论赞

评曰：李典崇尚儒雅，一心为公，不记私仇，可谓品格高尚。臧霸、文聘守卫州郡，恩威并施。许褚、典韦跟随曹操，冲锋陷阵，就好像汉代的樊哙一样。

卷十九

陈思王曹植传

素有才高八斗之称的陈思王曹植，以其华丽无俦的文藻、敏捷博学的才思，同父兄一同开辟了影响中国古代新文风的建安风骨。无论是放任不羁的性格，还是暗流涌动的夺储之争，或是那凄美的爱情传说，无不将陈思王曹植镌写在历史的传奇中。

【立储之争】

陈思王曹植，字子建，自幼聪敏，十几岁的时候就能诵读《诗经》《论语》和辞赋数十万字，并擅长写文章。

曹操在邺城（今河北临漳）修建铜爵台（即铜雀台），新台落成时，曹操带着他的儿子们登上高台，命他们以此台为题，各写一篇赋。曹植一挥而就，文采斐然，曹操深感惊异。

曹植平易近人，不讲究威仪，平时也不喜欢华丽的服饰车马。曹植每次去见曹操，曹操会故意问一些难以回答的问题，曹植都能立即回答，因此很得曹操的喜欢。曹操征孙权的时候，留曹植在邺城，告诫他说：“我当年做顿丘令的时候是 23 岁，现在想想那时的行为，颇为后悔。你现在也是 23 岁，一定要自己努力。”

曹操曾说曹植是他儿子中可以成大事的人，原本想立曹植为太子，然而曹植性格不羁，喜欢饮酒，没有节制。他的兄长曹丕擅长权谋，懂得如何矫饰自己，因此人们都喜欢曹丕。

建安二十二年（217），曹植乘车在许都城中央的大道行驰，从司马门出宫。按照汉朝的仪制，只有天子的车驾才能在这条路行走。曹操知道后大怒，杀了守门的公车令。这件事后，曹操

曹氏三父子

曹操与其子曹丕、曹植是建安文学的代表人物，对当时文坛影响很大，后世将这三父子合称为“三曹”。

加强了对诸侯的法律禁令，也开始有些不喜欢曹植了。

曹植与丁仪、丁廙、杨修等名士交从甚密，这难免引起曹操的猜忌。曹操生性多疑，杨修才华出众，又是袁氏的外甥。曹操每次考校曹植，他都会猜测曹操的用意，预先做好答案给曹植。曹操很奇怪曹植竟然如此才思敏捷，一问，才知道这都是杨修的伎俩。有一次，曹操派曹丕和曹植分别从邺城的两个城门外出办事，却暗自吩咐门吏不可放行。曹丕到了城门，被拦截而归。曹植事先得到杨修的建议，他来到城门，被门吏阻拦，便杀了守城的将军。曹操知道这件事后，更加怨恨杨修，同时也迁怒于曹植。后来，曹操杀了杨修。

曹操出征之前，曹丕、曹植兄弟前来送行，曹植当场作赋，文采华美。曹丕自知不及曹植，便默默哭泣，这使得曹操十分感动，认为曹丕真情流露，而曹植只是做表面文章。

建安二十四年（219），关羽围困曹仁。曹操封曹植为征虏将军，救援曹仁，曹植却因为宿醉没有按时出征，曹操便罢免了他。

对于立储这件事情，曹操一直犹豫不决。他咨询最信任的谋士贾诩，贾诩却总是沉默不言。曹操问他为什么不说话，贾诩说："我是在想袁绍和刘表父子。"袁绍、刘表都是因为子嗣之争，幼子袭位而最终落得死后基业崩毁，于是曹操打消了废长立幼的念头。

【壮志难酬】

曹丕即位后，立即诛杀了作为曹植党羽的丁仪、丁廙，将曹植遣回封国。

黄初二年（221），监国谒者弹劾曹植喝醉酒后傲慢无礼，威胁使者，要求治曹植的罪。曹丕碍于太后的缘故，只将曹植贬为安乡侯，同年又改封为鄄城侯。黄初三年（222），曹植受封为鄄城王，食邑二千五百户。黄初四年（223），他又被改封为雍丘王。

这样重重贬抑，令曹植十分抑郁，他自负身怀高才，却不能施展。曹植不断上疏，忏悔自己的"罪过"，言辞恳切，反复表白自己，希望与兄长单独会面，以便再次被任用。但曹丕始终没给他这个机会，曹植的心中开始绝望了。

当时曹魏的法度对藩国管制十分严格，藩王的随员都是碌碌之人，士兵都是老弱病残，曹植之前又犯过错，因此事事减半。11年中，他被三次迁徙改封，悲愤绝望，终于在太和六年（232）郁郁而终，死时只有41岁。

论赞

评曰：陈思王曹植才学绝艳，足以流传后世，但却不能克制谦让，最终招致嫌隙。这就是《傅》上说的："楚国有过失，但齐国也不算正确。"

卷二十八

邓艾 钟会传

三国乱世，无数英雄人物纵横捭阖，建功立业，逐鹿天下。然而，这些主宰历史沉浮的英雄人物，又有几人能掌控自己的命运？那些昔日豪杰，也曾名动宇内，却总难免功亏一篑。这些身死人手的大人物中，最知名的，便是魏国将领邓艾和钟会。

【平灭蜀国的邓艾】

邓艾，字士载，义阳棘阳（今河南新野）人，少年丧父，12岁时随母亲来到颍川。一次，他看到太丘长陈寔的碑文“文为世范，行为士则”，于是便自名范，字士则。邓艾曾经当过都尉学士，却因口吃，只能做守丛草吏。每见到高山大河，他便规划着如何建立军营处所，当时的人都笑话他的这一行为。后来，邓艾做了上计吏，有机会见到司马懿。司马懿看出邓艾是个人才，便任为掾。

嘉平年间，邓艾与征西将军郭淮共同抵抗蜀将姜维，姜维退兵后，邓艾留守在白水，防止蜀军再度来犯，结果遇到蜀将廖化。邓艾料定姜维会攻取洮城（今甘肃临潭西南），便连夜派兵驰援洮城，结果姜维渡水前来，却攻城不下。

后来，姜维多次出兵侵扰曹魏边境，邓艾率兵据守，将姜维拒于国门之外。邓艾因军功被封为镇西将军，都督陇右军事，翌年，迁征西将军。

景元三年（262），邓艾再一次击退姜维的进攻。从此，魏国改变对蜀国防守的军事政策，开始对蜀国进行正面进攻。

景元四年秋，邓艾率兵征蜀，姜维一路退败，引兵据守剑阁。冬十月，邓艾带病深入阴平道七百余里无人之境，凿山开道，修造桥阁。然而蜀道艰险，山高谷深，行军艰苦，加之军粮运送困难，曹魏军队面临前所未有的困境。为了跨越天险，邓艾用毡子裹住身体，从山上滚下，将士们攀树缘崖，鱼贯进入，直达江油，江油守将马邈投降。蜀国卫将军诸葛瞻在绵竹迎战，邓艾派将出击，大败而还。邓艾大怒，说：“存亡在此一举，有什么不可战胜的？”说着便要斩败将，两员大将急忙再次出兵，结果大破蜀军，斩杀诸葛瞻。蜀后主刘禅派遣使者奉上皇帝玺绶，向邓艾请降。邓艾来到成都，接受刘禅投降。

在巨大的胜利面前，邓艾失去了理智，他竟然以天子的名义册封了蜀

邓艾

邓艾自幼有大志向，善于谋划用兵，灭蜀有功，建立功业后却不得善终。

国君臣，还建高台，彰显自己平川灭蜀的功绩。司马昭派人告诫邓艾："凡事上报，不宜自作主张。"钟会等人上疏弹劾邓艾，邓艾被收监。

后来，邓艾部曲劫牢迎回邓艾。卫瓘讨伐邓艾，在绵竹斩杀了邓艾。

【身败名裂的钟会】

钟会，字士季，颍川长社（今河南长葛）人，是太傅钟繇的小儿子，少年时便聪敏异常。钟会5岁时，钟繇带他去拜见以知人著称的中护军蒋济。蒋济深感奇异，说："这不是普通人。"成年后的钟会博学多才，远近闻名，正始年间出仕。

钟会曾与大将军司马师征讨叛将毌丘俭，司马师死后，钟会又跟随司马昭。钟会与尚书胡暇合谋，钟会与司马昭屯兵雒水，胡暇上表，于是朝廷拜司马昭为大将军、辅政。

诸葛诞叛乱后，钟会用计诱降吴将全怿。攻破寿春时，钟会出谋划策，立了首功，当时的人都拿他与张良相比。

景元四年（263)，曹魏兴兵伐蜀，钟会带领大军十万出斜谷。钟会任命牙门将许仪为先锋，自己率军在后。经过一座桥时，钟会的马陷入坑中，钟会大怒，斩杀许仪。许仪是功臣许褚的儿子，钟会丝毫不理会这一点，众将无不惊悚。钟会大军行至阳安口，派人拜祭了诸葛亮之墓。之后，派大将田章西出剑阁，再出江油，不想在剑阁遭到蜀将姜维的阻击，久攻不下。与此同时，邓艾奇袭成功，斩杀诸葛瞻，后主刘禅投降。得到这个消息，姜维便归降了钟会。钟会早就有谋反之心，蜀国灭亡之后，钟会等人秘密弹劾邓艾。除掉邓艾后，钟会更加张狂，竟然假传太后遗诏，准备谋反，最终事败被杀，死于乱军之中。

论赞

评曰：钟会精于谋略，闻名遐迩，地位显赫，却怀有野心，结果最终招来灾祸，族人涂炭，宗庙尽毁。邓艾为人卓尔不群，功勋显赫，却疏于防范，终致身败，他当初能预见吴国诸葛恪之败，怎么就算不到自己的失败呢？这就是古人说的像眼睛一样只见毫毛不见睫毛，不能自见其过失。

卷二十九

华佗 管辂传

那些远古文明，纵然曾被尘封千年，却依然可见智慧的霞光。但那些营造巧计、推动着人类社会进步的先人们，他们的名字却总是被沉匿在不可胜数的政坛人物的缝隙中，在史书的最末端闪耀着光辉。华佗、管辂无疑是三国时代最杰出的“术士”人才，一专医学，一专术筮，交相辉映，名垂千古。

【神乎其技】

华佗，字元化，沛国谯（今安徽亳州）人，别名华旉。华佗少年时下徐州游学，通晓经史，曾举孝廉，被征召官吏，可他却无心仕途。华佗谙习养生之道，当时的人们都认为他有100岁，而且身体健康，精神矍铄。不仅如此，华佗还精通医术，他开的方子，不过数味药材，却能药到病除；施针灸，不过一两处，每处不过七八壮，便可治愈。有些患者病情严重，已经不能通过针灸治愈，华佗便会为病人手术，手术前先给病人喝麻沸散，饮后不久，病人便像醉死一般，毫无知觉，这时便可以手术了。如果病在肠子，就把肠子拿出来清洗，然后再缝合，只要四五天就不痛了，一个月之后便能痊愈。

甘陵相夫人怀孕六个月的时候，突然腹痛，华佗诊脉后，说已然胎死腹中。他让人摸，胎在左是男，在右是女，结果胎在左侧。华佗让甘陵夫人喝下汤药，产下死胎，果然是男。

县吏尹世四肢乏力，口干，几乎失聪，小便不利。华佗看过后说：“尝试着吃热食，如果流汗，那么病情将会痊愈；如果不能，三天后便会死去。”县吏吃了热食后仍不能流汗，涕泣而亡。

督邮顿子献就医后病近痊愈，找华佗诊脉时，华佗却说：“身体还很虚弱，没有复原，不能操劳，不能有房事，否则即死。死的时候，舌头会吐出数寸。”顿子献的妻子听说丈夫病愈，便从百里以外的地方赶来看他，当晚两人行房，三日之后，顿子献病发身亡。

督邮徐毅生病，请华佗来看病，他对华佗说：“昨天找人针灸，但咳嗽不止，现在想躺一会都不得安宁。”华佗说：“昨天施针没刺到患病的胃管，却刺到肝脏，以后你会食量日减，五日后就没救了。”徐某果然身亡。

有一次，华佗在路上遇到一个病

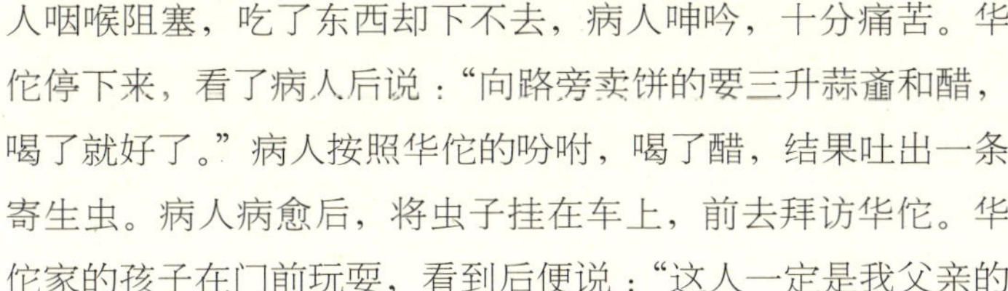

人咽喉阻塞，吃了东西却下不去，病人呻吟，十分痛苦。华佗停下来，看了病人后说："向路旁卖饼的要三升蒜齑和醋，喝了就好了。"病人按照华佗的吩咐，喝了醋，结果吐出一条寄生虫。病人病愈后，将虫子挂在车上，前去拜访华佗。华佗家的孩子在门前玩耍，看到后便说："这人一定是我父亲的病人。"病人来到华佗家里入座，发现华佗家北面墙壁上悬挂了几十条同样的虫子。

一位郡守请华佗看病，华佗认为这个人的病需要盛怒才能治愈，于是就收了他很多钱，却不给他看病，不久便不告而别，还留下一封信骂他。这位郡守果然大怒，派人去追华佗。郡守的儿子却知道华佗的所作所为是为了治病，便挡住了追赶的人。郡守愈发愤怒，吐了数升黑血，结果病却好了。

广陵太守陈登生病，胸中烦闷，面红，不能饮食。华佗诊脉后，说："您胃中有数升寄生虫，快成毒性肿块了。"于是开了两升汤药，服食后吐出三升虫子，红色的头，还会动。陈登病愈后，华佗说："这病还要复发三次，如果遇到好的医生就能治愈。"后来，陈登果然再次发病，当时华佗不在身边，陈登就此病死。

华佗便是如此神乎其技。华佗虽然是世家出身，却做了医生，在当时社会，这是自贬身份的做法，华佗自己也颇为后悔。

【神医之死】

曹操患有头风病，便让华佗随侍在身旁，每次发病，华佗都以针灸治疗。后来，曹操的病愈发严重，召华佗看病，华佗说："这种病不是短期可以治愈的，需要长期治疗才能延长寿命。"华佗离家日久，思乡心切，便请辞回家。后来曹操多次传召他，他都以妻子生病为由，拒绝了曹操。曹操大怒，

华佗

据传神医华佗精通内、外、儿、妇各科，首创用麻沸散进行手术，还依照虎、熊、猿、鹿、鸟的形体动作发明五禽戏，教人强身健体，延年益寿。

派人前去检验，如果华佗的妻子真的病了，就赐给他们小豆四十斛，并且宽限假期；如果他的妻子没生病，就把他抓回来。结果华佗被投入监狱。荀彧为华佗求情，说华佗关乎人命，希望曹操能够宽恕他。曹操却一意孤行，最终处决了华佗。

临死前，华佗将他用毕生心血所著的书稿送给狱吏，说："这书可以救活人命。"但是狱吏因为害怕，不敢接受。华佗并没有强求他，竟然将书稿付之一炬。

华佗死后，曹操的头风病尚未痊愈。曹操说："华佗明明可以治好我的病，却故意延误病情，妄想以此为重，就算我不杀他，他也不会为我根治此病。"直到曹操的爱子生病，诸多医生束手无策时，曹操才悔恨当初杀了华佗。

【神算管辂】

管辂，字公明，平原（今山东平原）人，生来相貌丑陋，缺少威仪。管辂嗜酒，语言幽默，毫无拘束，因此人们都很喜爱他，但却少了分尊敬。

管辂八九岁的时候喜欢仰观天象，不肯入睡，父母也不能禁止他。他常说："我虽然小，却喜欢天文，家鸡野鹄都知道时令，更何况是人。"与小孩子一起玩的时候，管辂就在地上画天文及日月星辰。年少的管辂说话不同常人，饱学之士也不能难倒他，当时的人都认为这个孩子有非凡的才能。成年之后，管辂精通周易、仰观、风角、占卜、相术等学问。

管辂为人宽厚，很能包容他人，不仇视那些憎恶自己的人，也不会去褒奖那些喜爱自己的人，常常以德报怨。他常说："忠孝信义是人的根本，不能不厚；清廉耿介不过是士大夫的修饰，不必挂在心上。"

当时有郭恩兄弟三人都得了腿瘸病，管辂为他们占卜之后说："卦象显示，你们家的墓地中有一个女鬼，不是你们的伯母，应该是叔母。当年闹饥荒的时候，你贪图她的几升米，把她推到井里，还推下去一块大石头，砸破了她的头。她的冤魂负痛，在诉说不平。"于是郭恩哭泣着认了罪。

广平人刘奉林的妻子病危，当时正是正月，连棺材都买好了。管辂为他占卜说："她的寿限在八月辛卯日中午时分。"刘奉林不信，然而他妻

管辂

管辂被誉为"占卜测相之祖"，他玄妙的方术和神奇的测算使后人称奇不已。

子的病竟渐渐好起来，到了秋天病才复发，恰如管辂所说。

管辂拜访安平太守王基，并为他卜卦。管辂说："你家会有三件怪事，一是有一个低贱的妇人，生了一个男孩，一下地就会跑，结果掉进炉灶中死去。一是床上有一条大蛇衔着笔，大人小孩都看见，但过了不久就会离去。再有就是乌鸦飞到室内，与燕子斗，燕子死了，乌鸦就飞走了。"王基大惊，询问这事的吉凶。管辂说："只是魑魅魍魉在作怪。小孩生下来就会走，是因为宋无忌的妖怪带他进了炉灶。大蛇衔笔，不过是象征老书佐。乌鸦与燕子争斗，不过是已故的老门卒显灵作怪罢了。这些卦象中看不到什么吉凶，不是鬼怪归罪的征兆，不必忧虑。"果然，太守家没出什么凶险的事。

当时，信都令家的女人常常惊恐，由此生病，便请管辂占卜。管辂说："您家北堂西侧有两个死去的男人，一个持矛，一个持弓箭，尸体的头在墙壁内，脚却在墙壁外。持矛的死尸刺人的头，因此头沉痛而抬不起来；持弓箭的死尸射人的胸腹，因此心痛不能饮食。这两具尸体白天到处游荡，晚上就来害人，所以您的女儿妻子惊恐生病。"于是信都令派人挖出墙壁中的尸体，他家人的病就好了。

清河人王经辞官还乡，他与管辂见面后说："近来有一件怪事，令我很烦恼，麻烦您为我卜一卦"。卜筮之后，管辂说："爻象是吉，这不是怪事。您晚上在堂屋门前，有一条流动的光芒，就像宴饮用的燕爵一样的东西，钻进您怀里，发出声音，于是您心神不宁，解开衣服来回行走，让妻子寻找那道光芒。"王经大笑着说："确实如此。"管辂说："这是大吉，晋升官职的征兆，马上就会应验了。"结果没多久，王经就升任江夏太守。

后来，管辂被征召为官，但他却叹息着对弟弟说："我深谙缘分与时机，然而上天给了我聪明才智，却不假我寿数，恐怕我到了四十七八岁，就看不到儿女成家了。假如得以幸免，我打算做洛阳令，我一定会将洛阳治理得路不拾遗，无人称冤。但是恐怕我要到泰山去治理众鬼，而不能活着治理活人了。我没有长寿骨，眼睛没有神采，鼻子没有梁柱，脚上没有天根，背上没有三甲，腹上没有三壬，这都不是长寿的表象啊。我命在寅，月食时出生，这是上天的规律，我曾算过百余人的寿数，不会错的。"

正元三年（256）二月，管辂去世，终年48岁。

论赞

评曰：华佗的医术、管辂的占卜，都是玄之又玄、非常绝妙的绝技，可谓当世奇闻。从前太史公司马迁在《史记》中记述扁鹊、仓公、日者的列传，所以后人才能知道这些奇事。作为后世史家，也将这类人物收录书中，以使他们流传青史。

先主传

蜀先主刘备身为汉室后裔，因早年丧父，家道零落，并没有可以凭借的社会关系，但也雄起于乱世，一生南征北战，四海飘零，终于大器晚成，成就一代帝王之业。蜀国偏居一隅，却最终铸就了三足鼎立的局势。

【起兵草莽】

先主刘备，字玄德，涿郡涿县（今河北涿州）人，论起出身，是汉景帝之子中山靖王刘胜的后代，刘胜之子刘贞被封为涿县陆城亭侯，后来在汉武帝的酎金事件中失去爵位，刘备就是刘贞这一支的后人。

刘备幼年丧父，与母亲靠织席贩履为生。少年时，刘备家附近有一棵高逾五丈的大桑树，远远望去，便如车盖一般，过往的行人都惊叹这棵大树的非凡之处，甚至有些人说这个地方会出贵人。刘备常常与家族中的小孩在这里玩耍，他指着大树说："我一定要用这棵树做车盖。"

15岁时，刘备奉母命游学，拜原九江太守卢植为师。当时，刘备与同在卢植门下的公孙瓒关系很好，对待比他年长的公孙瓒就像对待兄长一样。

刘备不喜欢读书，却喜欢犬马、音乐、漂亮的服饰，身高七尺五寸，双手下垂可过膝盖，顾盼之间能看到自己的耳朵，沉默寡言，对人却很友善，喜怒不形于色，喜欢交朋友，年轻人都争相和他交往。当初，有人买通刺客刺杀刘备，刘备并不知道，盛情款待了刺客。刺客不忍心，便对刘备说了实话，然后离去。有两个巨商深深为刘备所折服，资助了他很多钱财，刘备就用这些钱招募了很多徒众，这就是他的发迹伊始。当时正是饥馑之年，刘备与招募的人坐则同席，食则同簋，因此人们竞相投奔。

灵帝末年，黄巾起义，刘备参与平乱，立下功勋，被封为安喜尉。一次，督邮因公务来到安喜县。刘备求见，督邮不见，刘备直接冲入绑了督邮，打了二百杖，将官印挂在督邮脖子上，弃官而去。几经周折后，刘备投奔了当时已经是中郎将的好友公孙瓒，当了平原相。

【四海飘零】

曹操征徐州的时候，刘备前来救援徐州。徐州牧陶谦上书请封刘备为豫州刺史，让刘备屯兵在徐州附近的小沛。陶谦病重之时，将徐州让给刘备，并说："除了刘备，没人能安徐州。"

开始，刘备谦让不肯接受，在陈登、孔融等人的劝说下，才继任徐州牧。

刘备得到徐州，袁术大怒，前来攻打。双方相持了一个多月，吕布乘机夺取了徐州境内的下邳，并俘虏了刘备的妻子。刘备向吕布求和，吕布放归刘备家属，刘备又派关羽驻守下邳。

刘备带人回到小沛，聚众万人，以图东山再起。吕布嫌忌，出兵攻打刘备，刘备溃败，只能投靠曹操。曹操对刘备很好，上书请封刘备为豫州牧，让他收拾人马，供给粮草，助他攻打吕布。吕布派大将高顺迎战，大获全胜，再次俘虏了刘备的妻子。于是曹操亲自带兵征讨吕布，与刘备一同将吕布围困在下邳，最后生擒吕布。回到许后，曹操上表请封刘备为左将军，对他愈发敬重，出则同车，坐则同席。

刘备在许的时候，献帝将诛曹操的诏书缝在衣带里，秘密授给其舅舅车骑将军董承，让他带出宫外。一次，曹操从容地对刘备说："当今天下只有你和我能称得上英雄，袁绍之徒算不上。"当时，刘备正在吃东西，听了这话，惊得筷子和勺子一起掉在地上。恰巧此时一个惊雷响起，刘备便对曹操说："圣人说'迅雷风烈必变'，看来真是这么回事。雷震之威，竟然如此之大。"经过这件事，刘备便与董承、种辑、吴子兰、王子服等人合谋诛杀曹操。后来东窗事发，董承等人都被曹操杀掉。

刘备

关于刘备汉室宗亲的身份，一直存在争议。刘备自称是中山靖王刘胜之后，刘胜的儿子中有史可查的就有一百二十多个，再加上几代繁衍，到了刘备这一代，的确难以考证。

先前在许时，刘备韬光养晦，在家中种菜，曹操派人来看。人走后，刘备对张飞、关羽说："曹操一定怀疑我了，此处不能久留。"于是连夜离开，与张飞等人轻骑飞奔小沛。

刘备据守下邳，斩杀了徐州刺史车胄，反叛曹操，留下关羽守下邳，他自己回到小沛。当时徐州很多郡县叛离曹操投降刘备，

很快，刘备手下便聚集了万余人。刘备派孙乾出使，与袁绍联合。建安五年（200），曹操东征刘备，刘备溃败，曹操尽收其部众，俘虏刘备妻子，生擒关羽。刘备败走青州，投靠袁绍，袁绍出邺城200里迎接刘备。

官渡之战时，袁绍派刘备出兵下邳。关羽得到消息后，离开曹操，回到刘备身边。这时的刘备便想离开袁绍，他劝说袁绍与荆州的刘表联合，袁绍便派刘备带着本部士兵去汝南。曹操派大将蔡阳前去追击，结果蔡阳被斩。

曹操在官渡击败袁绍后，便挥师向南，讨伐刘备。刘备投靠了荆州刘表，刘表率众郊迎，待以上宾之礼，资助他的军队，让他屯兵新野（今河南新野）。荆州本地的豪杰，很多都投靠了刘备，这引起了刘表的不安。在新野，刘备大胜曹操大将夏侯惇、于禁。

建安十二年（207），曹操北征乌丸，刘备劝说刘表趁机袭击许都，刘表未能采纳。刘备在荆州一住就是好几年，有一天，刘备在刘表家上厕所，看到大腿内侧长了很多肉，不禁慨然落泪。刘表奇怪，问他为什么哭，刘备回答道："我以前身不离马鞍，大腿上没有赘肉，如今很久不骑马了，腿上都是肉。时光飞逝，我也快老了，却没建尺寸功业，如何能不悲伤？"

【借荆州】

平定北方后，曹操出兵讨伐刘表，刘表便在这危急之秋病逝。临终前，刘表要将荆州托付给刘备，说："我儿子没有才能，我死之后，荆州就拜托你了。"刘备说："您的儿子都很贤明，您好好养病就行了。"当时有人

曹操、刘备青梅煮酒论英雄

劝刘备接受荆州，刘备却说："刘表待我不薄，如果我得了他的荆州，人们该以为我凉薄了，我怎么忍心做这种事情？"

后来，刘表的小儿子刘琮继任荆州牧，随即就投降了曹操。当时刘备屯兵樊城，不知道这件事情，等到了宛城才得到消息，只得率领百姓离开。途径襄阳的时候，诸葛亮劝他趁机攻打刘琮，占取荆州。刘备说："我不忍心啊。"于是作罢。

当时荆州很多人竞相依附刘备。刘备行军到了当阳（今湖北当阳）时，已然聚众10万人，辎重2000车，一日只能行进十余里。有人劝刘备："应该赶快行军，保住江夏（今湖北武汉江夏区），现在我们虽然有很多人，但武装人数少，如果曹操追来，怎么办？"刘备回答说："成就大事的人必须以人为本，大家既然投靠我，我怎么忍心抛弃他们？"就这样，曹操率精骑五千追击刘备，一日一夜行300里。刘备抛妻弃子，与诸葛亮、张飞、赵云等数十人飞骑逃走，来到汉津与关羽会合。刘备派诸葛亮出使东吴，联合孙权，孙权派大将周瑜、程普等统领水军数万人，与刘备共御曹操。双方陈兵赤壁，最终孙刘联军获胜，大败曹操，联军乘势追赶，直到南郡（今湖北荆州附近）。当时正赶上瘟疫肆虐，很多北方军士染病而死，曹操只得退兵。

赢得赤壁之战后，刘备首先推刘表长子刘琦为荆州刺史，继而南征四郡，武陵、长沙、贵阳、零陵四郡太守望风而降。刘琦死后，大家推举刘备为荆州牧，治所设在公安。随着刘备势力的迅速壮大，孙权有些惧怕，于是将妹妹嫁给刘备以示友好。后来，孙权派遣使者和刘备商量共同攻取西蜀，有些人认为孙权不可能隔着荆州占取益州，所以蜀地最终会归刘备所有，荆州主簿殷观则认为："如果给东吴当先锋，进未必会取得西蜀，退就会被东吴攻击。我们可以同意孙权伐蜀，但只说我们现在新取得了很多地盘，不能分兵西征，那么孙权肯定也不敢越过我们去伐蜀，我们就可以坐收吴蜀之利。"刘备深以为然，孙权只能作罢。

【向西入蜀】

建安十六年（211），益州牧刘璋听说曹操派兵征讨汉中的张鲁，顿生唇亡齿寒的恐惧。别驾从事张松对刘璋说："刘备和您同为汉宗室，而曹操又很恨他，此人善于用兵，如果能让他去讨伐张鲁，一定能成功，那样益州就会变强，到时候，就算曹操来了，也不能怎么样了。"刘璋听了他的建议，派法正去请刘备。法正见了刘备，大谈益州如何可取，刘备于是留下诸葛亮、关羽守荆州，自己带了数万步兵进入益州。刘璋亲自出涪关迎接，见面后，两人相处融洽。张松让法正对刘备及其谋臣庞统说，可在会面时暗袭刘璋。刘备却认为这是大事，不能仓促行事。刘璋派兵给刘备，刘备带着三万人，兵车战械充沛，北上到葭萌关（在今四川广元昭化镇以北 2.5 千米），但刘备没有立即和张鲁开战，而是到处树立威信，收买人心。

翌年，曹操再次出兵讨伐孙权，孙权派人向刘备求援。刘备便和刘璋请辞说："曹操征吴，吴有危难，孙权和我是唇齿之依，而且现在乐进和关羽对峙，我如果不去救关羽，关羽就有危险，荆州也会受到侵扰，这忧患可比张鲁大。张鲁不过是个只求自保的人，不必担心。"刘备向刘璋要一万士兵和物资，刘璋却只给了 4000 名士兵，物质也只给了刘备索要的一半。

张松写信给刘备，让他抓住时机夺取西川，这封信不幸被张松的哥哥发现，呈给了刘璋。就这样，刘璋和刘备决裂。刘璋命令各地戍守将军不准放行刘备，刘备大怒，派大将黄忠、卓膺讨伐刘璋，刘璋派刘璝、冷苞、张任、邓贤等人在涪城抵御刘备，结果大败而归。刘璋再次派李严迎敌，李严却投降了刘备。刘备在益州势力愈发强大，并派诸将收服益州下属郡县，又让远在荆州的诸葛亮、张飞、赵云等带兵入川，平定白帝等地。

建安十九年（214），刘备攻破雒城，会师成都，围城数十日，刘璋只得出降。就这样，刘备自领益州牧，以诸葛亮为股肱，法正为谋主，两州士人，人尽其才。

建安二十年，孙权派遣使者向刘备索要荆州。刘备说："得到凉州再还荆州。"孙权十分气愤，派吕蒙武力夺取长沙、零陵、桂阳三郡。刘备引兵五万攻克公安。就在这时，曹操平定了汉中，刘备听说后，马上与孙权修好，分荆州、江夏、长沙、

刘备、关羽、张飞

刘关张桃园三结义最初出现在小说《三国演义》中，在正史中不见记载，却成了后世流传最广的故事之一。

桂阳给东吴，引兵回到江州。

曹操派夏侯渊、张郃屯兵汉中，刘备则派张飞兵进宕渠，大破张郃。

建安二十三年，刘备率兵攻打汉中，在阳平关（今陕西勉县）与夏侯渊、张郃对峙，翌年春天南渡沔水，屯兵定军山（今陕西勉县南5千米）。夏侯渊领兵夺寨，刘备命黄忠居高攻之，大破敌军，斩杀夏侯渊。曹操亲自率兵南征，刘备说："曹操虽然亲自前来，但也没用了，川汉之地一定是属于我的。"曹操兵到时，刘备率众据险，并不与之交锋，这样双方相持到了夏天，曹操便退兵了，汉中终属刘备。

【一代帝王】

建安二十四年（219）秋天，诸葛亮、关羽、张飞、马超、黄忠、许靖等120人上表请封刘备为汉中王，治所设在成都，任命魏延为都督，镇守汉中。

建安二十五年（220），曹丕称帝。当时有传闻说献帝被曹丕害死了，刘备为献帝发丧，臣下请刘备继承皇帝大位。就这样，在第二年，刘备称帝，改元章武，大赦天下，封诸葛亮为丞相、许靖为司徒，置百官，立宗庙，祭祀汉高祖以下的汉代皇帝，立吴氏为皇后，刘禅为皇太子。

刘备称帝之前，东吴杀了关羽。刘备对此怀恨在心，便要东征孙权。章武元年（221）七月，刘备亲自率兵出征，孙权只得遣使求和。刘备盛怒不许，孙权迎战，派大将兵屯巫、秭归。章武二年正月，刘备回军秭归，派将军吴班、陈式率水军屯于夷陵（今湖北宜昌东南）。二月，刘备率兵进军，在夷道猇亭驻军，与吴军对峙于夷陵道。六月，黄气笼罩在秭归十余里的范围内，之后十余日，东吴大将陆议大破刘备，蜀国大将冯习、张南等人战死。刘备从猇亭退回秭归，收拾残兵，弃舟步行回到鱼复，将鱼复改名为永安。同年十月，刘备诏命诸葛亮在成都营造南北郊。孙权听说刘备驻扎在白帝城，十分惶恐，再次遣使请和，这次刘备同意了。这一年十二月，刘备大病。

章武三年（223）二月，刘备病重，蜀丞相诸葛亮从成都来到永安，刘备托孤于诸葛亮，同时命尚书令李严协助诸葛亮。同年四月，刘备在永安宫去世，终年63岁。五月，诸葛亮扶刘备梓宫回到成都。

蜀先主刘备谥号昭烈皇帝，葬于惠陵。

论赞

评曰：刘备为人恢弘刚毅，却又宽厚仁慈，知人善任，礼遇贤士，颇有汉高祖刘邦的遗风，有英雄的器量。他弥留之际，将整个国家托付给诸葛亮，毫无保留，这种至真至诚的君臣关系，实在是古今的典范。但是论起权谋才略，刘备还是不如曹操，所以他所征服的范围也比曹操小。但刘备百折不挠，最终成就了帝王之业。

卷三十三

后主传

提起蜀后主刘禅，我们都会想到那句妇孺皆知的谚语——扶不起的阿斗。身为蜀汉第二任皇帝，刘禅在位40年，雄霸西南，与魏、吴两国鼎足而立，却最终在乱世中丧失父辈基业，落得千古骂名。那么，究竟是什么原因让刘禅这样一位昏聩的君主，成为三国时期在位时间最长的皇帝？

【少年登基】

后主刘禅，字公嗣，是蜀先主刘备的儿子。刘备称汉中王的时候，立刘禅为王太子。刘备称帝时，又立刘禅为皇太子。章武三年（223）四月，刘备去世。五月，刘禅在成都继位，改元称帝，这一年，刘禅只有17岁。建兴元年（223），立张氏为皇后。

当年，刘备兵败长坂（今湖北荆门西南）的时候，抛妻弃子，轻骑逃出，幸亏大将赵云保护，刘禅才得以生还。刘禅即位后以诸葛亮为丞相，委以军国重任，他甚至还说："国家的政治大事都交给诸葛亮处理，我只负责祭祀。"于是，蜀国内外大小政务，事事都由诸葛亮做主。

建兴三年（225），丞相诸葛亮亲自领兵平定西南四郡的叛乱，在南部重新设置郡制，安定了蜀国南方。

之后，诸葛亮连年出师北伐，却每每因粮草不济，无功而返。建兴十二年（234）秋八月，诸葛亮病逝于渭水之滨。征西大将军魏延与丞相长史杨仪争夺军事指挥权，举兵火拼，魏延大败逃走，杨仪乘胜斩杀魏延，回到成都。刘禅任命左将军吴壹为车骑将军，假节督汉中，任命丞相府长史蒋琬为尚书令，总领军国大事，翌年四月，进为大将军。

建兴十五年，皇后张氏去世，延熙元年（238）正月，刘禅立了第二位皇后张氏，大赦天下，改元，立儿子刘璿为太子。

此后的二十余年，大将姜维多次对魏用兵，都是无功而返。景耀元年（258），

刘禅

刘禅（207～271）的母亲是昭烈皇后甘氏，他小字阿斗，为人懦弱，只知玩乐，就算有诸葛亮这样的名臣辅佐，也还是做了亡国之君，于是后人就用"扶不起的阿斗"来形容无法扶持成才的人。

刘禅宠信宦官黄皓，于是黄皓开始专权。

景耀六年（263），魏国大举进兵攻伐蜀国。魏大将邓艾、钟会、诸葛绪三员大将分兵并进，蜀国派大将张翼、廖化、董厥迎敌。这一年的冬季，邓艾在绵竹大破卫将军诸葛瞻，攻破成都的最后一道屏障。刘禅只能听从光禄大夫谯周的建议，举国向邓艾投降。与此同时，刘禅的儿子北地王刘谌忧愤亡国之痛，先杀妻儿，然后自杀。

邓艾大军来到成都北郊，刘禅自缚出降。邓艾为他解除绳索，以魏天子的名义拜刘禅为骠骑将军，蜀国其他各个关隘城池的守军将领接到刘禅的命令后纷纷投降。

【乐不思蜀】

投降后，刘禅举家东迁洛阳。曹魏封刘禅为安乐县公，食邑万户，赐给绢一万匹，奴婢百人，子孙封侯者有五十多人。

一次，司马昭与刘禅宴饮。宴会上，司马昭准备了一个蜀国的舞蹈，在场诸人看到之后无不感慨悲伤，只有刘禅言笑自若。司马昭对贾充说："人之无情，竟然可以达到这种程度。纵然是诸葛亮在世，也不能辅佐保全他，何况是姜维了。"贾充说："如果不是这样，您怎么能收降他呢。"过了几天，司马昭问刘禅说："你想念蜀国吗？"刘禅说："这里很好，不思念蜀国。"故蜀国大臣郤正听说后，求见刘禅，说："如果司马昭再问，您应该流着泪说，先人的坟墓都在陇、蜀，所以常常向西悲痛，没有一天不思念的，然后闭上眼睛。"后来司马昭又问刘禅这个问题，刘禅就按郤正教的说了一遍，司马昭说："这话怎么这么像是郤正说的。"刘禅大惊，说："就是他教我的。"招来一阵哄堂大笑。

西晋泰始七年（271），刘禅在洛阳去世。

论赞

评曰：蜀后主刘禅如有贤相辅佐，便是循理的明君，后来在宦官的迷惑下，便成为昏聩之主，所谓"素丝无常，唯所染之"，正是如此。礼法是国家的根本，刘禅在章武三年改元建兴，考证古义，这是与礼法相违背的。有蜀一代，国无史官，皇帝的言行和天象灾异没人记录。诸葛亮虽然长于政治，但细微到这种事情上，还是有不周之处。然而，刘禅一朝，诸葛亮当政12年，没有更改年号，连年征伐，也不滥施恩赦，这不是卓然超群么？自从诸葛亮去世，蜀国的这个制度渐渐衰微，刘禅一朝人才优劣由此可窥见一斑。

卷三十五

诸葛亮传

诸葛亮，青史以降最光华夺目，充满传奇的人物，他以震烁古今的宏志才思，开启了一个新的时代，又以惠泽荆益的文治武功，于乱世中缔造一个帝国。诸葛亮不仅仅是智慧的化身，更是中国古代士大夫心目中最完美的道德偶像，他一生为蜀汉政权鞠躬尽瘁，传承了士人最高尚的道德理念。

【三顾茅庐】

诸葛亮，字孔明，琅玡阳都（今山东沂南南）人，是汉司隶校尉诸葛丰的后人。诸葛亮的父亲诸葛珪曾任太山郡丞。诸葛亮幼年丧父，跟随叔父诸葛玄。诸葛玄曾在袁术手下为官，后来投奔了荆州牧刘表。诸葛玄死后，诸葛亮便隐居，耕种田地，其人身高八尺，喜好吟诵《梁父吟》。他常常自比管仲、乐毅，而当时的人都不以为然，只有少数有识之士知道他真的有如此才能。

刘备屯兵新野的时候，徐庶向刘备推荐诸葛亮，说："诸葛孔明是卧龙，您想见他吗？"刘备说："您把他带来吧。"徐庶说："此人只能亲自去拜访，不能让他屈至，您应该去见他。"刘备于是到隆中见诸葛亮，一共去了三次才见到，这就是著名的三顾茅庐的故事。

刘备屏退他人，对诸葛亮说："汉室倾颓，奸臣窃命，主上蒙尘。我不自量力，想重申大义于天下，只是我的才智和计谋短浅，总是失败，以至于到了今日这般地步。可是我的志向却没有改变，您认为我该怎么办呢？"

诸葛亮说："自董卓之乱以来，豪杰并起，占据州郡者不可胜数。当初的曹操与袁绍相比，无论名望还是兵力都处于劣势，但他最终战胜了袁绍，其中原因不是天命，而是人谋。如今曹操已经坐拥百万之众，挟天子以令诸侯，您不能与他争锋。孙权占据江东，算起来已然历经三世，国内地势险要，百姓也都依附于他，贤德的人为他所用，这也是不能图谋的。而荆州北据汉沔、东连吴会，西通巴蜀，这是用兵的地利之地，而它的主人却守不住，这正是上天赐给您的，您没想过得到荆州吗？益州地势险要，沃野千里，高祖皇帝在这里发迹，成就帝王霸业，而镇守益州的刘璋懦弱而不明事理，其北面的汉中张鲁，国富民强，却不知道体恤百姓，那里的贤明之士都渴望得到明主。您既是汉室宗亲，又信义扬于四海，思贤若渴，如果能得到荆州、益州，利用地势，和周边的少数民族搞好关系，对外结交孙权，对内修明政治，一旦天下局势有变，便可派一名上将在荆州出兵，攻击宛城和洛阳，您自己带领益州将士从秦川出兵。这个时候，百姓自然会提着饭食与汤水来欢迎将军。如果真能这样，则可成就霸业，复兴汉室。”

刘备听后深感折服，与诸葛亮的关系顿时十分亲密，这引起了关羽、张飞的不满。刘备便对他们说：“我得到孔明，就好像鱼得到了水，你们什么也别说了。”

隆中三顾图

刘备三次亲自前往隆中拜访诸葛亮，请他出山辅佐自己，由此传出一段千古佳话。

【初出茅庐】

刘表的长子刘琦也十分看重诸葛亮。但刘表不喜欢刘琦，这使得刘琦很惶恐，他多次向诸葛亮求救，都被诸葛亮拒绝了。刘琦便想了个办法，他请诸葛亮到家中后园游玩，登上一座高楼，宴饮之时，刘琦命人撤去梯子，然后对诸葛亮说：“现在你我上不至天，下不至地，您说出的话只有我一个人能听到，现在您能教我了吗？”诸葛亮回答道：“公子不见晋国公子申生在内而亡，重耳在外而生吗？”刘琦如醍醐灌顶，找了个机会离开荆州治所，避开了灾难。

曹操占据荆州后，发兵攻袭刘备，刘备逃到夏口。诸葛亮说：“如今形势紧迫，只能向孙权求救了。”当时，孙权的军队屯兵在柴桑（今江西九江西南），坐观曹刘成败。

诸葛亮见到孙权后对他说：“现在天下大乱，将军您起兵占据江东，刘豫州也在汉水以南招募军队，与曹操一同争夺天下。如今曹操得到荆州，威震四海。刘豫州英雄无用武之地，只能逃到这里。将军您衡量一下自己的能力再作决定吧。如果能以吴越之众与曹操抗衡，那就早点与他断绝关系；如

果不能，那就按兵束甲，投降曹操。可是您现在表面服从曹操，心里却犹疑不决，事情如此紧急，您却不能决断，很快就会大祸临头。”

孙权问：“如果真的如您所说，刘豫州为什么不投降呢？”

诸葛亮说：“从前的田横只不过是齐国的一个壮士，尚能坚守气节，不屈服，何况刘豫州是汉室贵胄，英才盖世，众人仰慕他，就像河水最终要流入大海一样。如果最终败给曹操，那是天命如此，但是无论如何也不能投降。”

孙权听罢深为所动，说：“我绝对不能让东吴土地上十万之众受制于人，我决定与之对抗。只有刘豫州才能抵挡曹操，可是刘豫州刚刚吃了败仗，该怎么和曹操抗衡啊？”

诸葛亮回答：“刘豫州虽然在长坂打了败仗，可还有很多剩余的将士，此外关羽、刘琦处各有精兵不下万人。曹操虽然人多，但劳师远征，士兵疲敝，追击刘豫州时一日一夜竟然行军三百余里，正所谓‘强弩之末，势不能穿鲁缟’，这犯了兵家大忌。再者，曹操将士都是北方人，不熟悉水战。此外，曹操虽然得到荆州，但荆州人都是迫不得已才归降的。现在将军您如果能派遣猛将带领数万兵马与刘豫州合作，一定能大破曹操。一旦曹操战败，必然回师向北，如此荆州、东吴的势力就会变强，三足鼎立的政治局势就会形成。成败之机，就在今日。”

孙权大悦，当即派遣大将周瑜、程普、鲁肃带领三万水师，跟随诸葛亮去见刘备。孙刘联合，共同对抗曹操。赤壁之战后，曹操大败，带兵回到邺城。刘备乘势占领了长江以南的大片土地，封诸葛亮为军师中郎将，都统零陵、桂阳、长沙三郡，征收税赋，充实军队。

建安十六年（211），刘备应刘璋之邀请，带兵进驻益州，留下诸葛亮和关羽镇守荆州。刘备在葭萌关与刘璋开战时，诸葛亮与大将张飞、赵云等率兵渡江，占领了很多郡县，然后与刘备会师，共围成都，迫使刘璋投降。平定成都后，诸葛亮被封为军师将军，刘备外出征战的时候，总是留下诸葛亮镇守成都，而诸葛亮也总能为刘备提供充足的粮食和军备。

建安二十六年（221），刘备手下众人劝刘备称帝，刘备不答应，诸葛亮说：“昔日耿纯劝世祖皇帝即位时说：‘现在天下英雄都希望有所归宿，如果您不听从大家的建议继承大位，那么大家就会各自去找别的主人，不再跟随您了。’世祖皇帝深以为然，便答应了。现在的形势，曹丕篡位，天下无主，您是刘氏后代，继承皇位也是应该的。那些劝您即位的士大夫们也是想像耿纯那样建功立业啊。”于是刘备称帝，封诸葛亮为丞相，总管尚书台的事务，并授予符节。

【受命托孤】

章武三年（223），刘备在永安病危，从成都把诸葛亮召来托付后事。

刘备对诸葛亮说："你的才华是曹丕的十倍，必能安邦定国，成就大业。如果我的儿子可以辅助，你就辅佐他；如果他不成才，你就取而代之吧。"诸葛亮流泪说："臣一定竭尽股肱之力，忠心尽节，至死不已。"刘备写诏书给后主刘禅："你今后和丞相相处，对他就要像对父亲一样。"

刘备死后，刘禅继位，封诸葛亮为武乡侯，开府治事，领益州牧。蜀国政事无论大小，都由诸葛亮一人裁决。

诸葛亮治蜀，第一件事便是与东吴重新结盟，解除后顾之忧。

建兴三年（225）春，诸葛亮率兵南征，秋天时便平定了西南的叛乱。诸葛亮在南中的时候，连连大捷，俘获了孟获。诸葛亮让孟获参观蜀军军营，之后问道："这支队伍怎么样？"孟获回答说："先前我不知道虚实，所以打了败仗，现在承蒙您让我观看军营陈列，如果你们蜀军只是这样的话，我取胜也很容易。"诸葛亮笑了笑，便放他回去，重新再战。如是七擒七纵，诸葛亮还要放了孟获。这一次，孟获不肯离开，说："您真是天威，南人不再叛乱了。"就这样，诸葛亮彻底平叛了南中的叛乱。

之后，诸葛亮仍然任用当地的渠帅来治理南中。有人建议诸葛亮另行安排官员。诸葛亮说："第一，如果留下外人治理，就要同样留下兵马镇守，这部分军粮用度的问题却解决不了；第二，经过这场战争，很多夷人死了父兄，如果留下外人，却没有镇守的兵力，就一定会成为隐患；第三，夷人有自己

诸葛亮

在《三国志》中，陈寿对这位最富传奇色彩的三国人物作了破格处理，进行了大段评说，称他为"识治之良才，管、萧之亚匹"。

的规矩法度，留下外人，终不能得到夷人的信任。如今我不想在南中留下镇守兵力，不想运粮到这里，现在南中的纲纪刚刚稳定，夷、汉之间刚刚能够和平共处，所以不能留下外人。”

【北伐中原】

平定南中之后，又经过几年的休整，蜀国国家富饶，诸葛亮便将治国重点放在军事上，为北伐中原做准备。

建兴五年（227），诸葛亮驻军汉中，挥军北上，临行前上表后主，这就是流传千古的名篇《出师表》。诸葛亮首先屯兵沔阳，翌年春天造势要从斜谷道（利用秦岭发源的褒水和斜水河谷开辟的道路）出兵取郿城（长安之西），派大将赵云、邓芝为疑兵，占据箕谷，引来魏国大将军曹真领兵抗拒。诸葛亮却亲自率军攻打祁山（今甘肃礼县东、汉水北侧），其军队队列整齐，奖罚明肃，军法严明，南安、天水、安定三郡望风投降，关中大震。

武侯高卧图·明·朱瞻基

画中的诸葛亮敞胸露怀，头枕书匣，仰面躺在竹丛下，这时的他还未出山辅佐刘备，正隐居山中，举止狂放，一派高士风度。画的作者朱瞻基是明宣宗，作此画时30岁，他将画作赐给老臣陈瑄，以示对贤才的渴求之心。此画纵27.7厘米，横40.5厘米，现藏于北京故宫博物院。

魏明帝亲自西镇长安，派大将张郃抵御诸葛亮。诸葛亮派马谡督军在前，与张郃在街亭（今甘肃秦安东北）展开大战。此役，马谡不听诸葛亮军令，导致失败。诸葛亮只能将所得的四个郡的居民迁入汉中，然后退兵。诸葛亮按军法杀了马谡，然后上疏给后主刘禅："臣本没有什么才华，却做了统帅，不能训章明法，临事而惧，以至于出现街亭马谡违抗军令的事情。追究起来，责任在我，我用人不明。春秋大义，军队失利当责罚主帅，所以应当由我来承担责任。臣请求自贬三等，引以为鉴。"后主刘禅贬诸葛亮为右将军，代理丞相职务，一切如从前一样。

这年冬天，诸葛亮再次从散关（今陕西宝鸡）出兵，兵围陈仓。魏国大将军曹真与之鏖战，最后，诸葛亮因粮草接应不上而被迫退兵。魏国大将王双乘势追击，双方交战，诸葛亮大破敌军，斩杀王双。

建兴七年（229），诸葛亮派陈式攻打武都、阴平。曹魏雍州刺史郭淮率兵抵御，诸葛亮带兵来到建威，郭淮退兵，由是平定了这两个郡。后主刘禅下诏："街亭之失，主要责任在于马谡，而你却主动承担了责任，深自贬抑。前年出师，杀了王双，今年又打败了郭淮，收降氐族和羌族，以及武都、阴平二郡，威震魏国，功勋显著。如今天下骚乱，祸首未除，你身负重任，关系举国之重，却长期这样自我贬抑，不利于彰显弘烈。现在我恢复你丞相的职位，你不要推辞。"

【鞠躬尽瘁】

建兴九年（231），诸葛亮再次出祁山，制作木牛运输粮食。这次曹魏迎战的将领是张郃。在交战中，蜀军射杀张郃。

建兴十二年（234）春天，诸葛亮率领大部兵马从斜谷出兵，制作流马运输军粮，很快占据了武功五丈原（今陕西岐山），与司马懿隔着渭水对阵。诸葛亮最担忧的就是粮草供应不济，导致功亏一篑，所以这一次，他分兵在当地屯田，做长久驻军之计。诸葛亮所部范围内，农民与士兵和平相处，百姓安乐，士兵秋毫无犯。就这样，诸葛亮与司马懿对峙了百余日。

一次，诸葛亮派遣使者到司马懿军营。司马懿询问诸葛亮的饮食起居，使者说："诸葛公每天睡眠很少，军中责罚二十以上的他都要亲自处理，吃的饭不过数升。"司马懿说："诸葛亮命不长久了。"

这一年的八月，诸葛亮病逝于军中，终年54岁。等到蜀军退兵后，司马懿察看其留下的营垒，不禁感叹："诸葛亮真是天下奇才。"

按照诸葛亮的遗命，他被安葬在定军山（今陕西勉县），因山为坟，墓冢很小，只能容纳棺木。下葬的时候，诸葛亮穿着当季的衣服，没有任何随葬品。

诸葛亮生前曾经上表给后主刘禅说："我家在成都有800棵桑树，薄田15顷，家中子弟衣食无忧。我在外没有其他什么收入，随身的衣食都是做官的俸禄，不会再求别的利益。待我死的时候，不令家内有多余的帛，外边也无盈余的财富，绝不会辜负陛下。”直到诸葛亮去世，一切就像他生前所说一样。

诸葛亮长于巧思，发明制作了连弩、木牛流马等武器工具，同时还擅长兵法，他作的八阵图，深得兵法要义。其言传身教，都可成为后世典范。

诸葛亮威名著于四海。景耀六年(263)，蜀朝廷在沔阳为诸葛亮立庙。同年，魏国将领钟会征蜀，亲自到诸葛亮庙拜祭，并命令士兵不得在诸葛亮庙附近征采。

东吴文人的一篇读书笔记中记载，诸葛亮在兵出散关之前曾上表给后主刘禅，表中最后说道“鞠躬尽力，死而后已”，这正是诸葛亮忠贞一生的写照。

【盖世奇才】

晋代史学家，《三国志》的作者陈寿在给晋武帝的上疏中这样描写诸葛亮：

诸葛亮年少的时候便有卓然不群的才华，英伟霸气的器量，身高八尺，容貌英俊伟岸，当时的人们便认为他绝非常人。当时正值乱世，诸葛亮随叔父诸葛玄避难荆州，躬耕于田野，不求闻达。左将军刘备知道诸葛亮有非凡的才华，便三顾茅庐。诸葛亮深感刘备的英武杰出，便以赤诚之心与之相交。

魏武帝南征荆州的时候，刘琮举州投降，而刘备当时将寡兵微，无立锥之地。当时的诸葛亮只有27岁，便献奇策，只身出使东吴，向孙权求援。孙权既钦慕刘备，又被诸葛亮的奇伟儒雅折服，对他深深敬重，当即派兵3万资助刘备。刘备用这3万兵与魏武帝交战，大破武帝，乘势连战连捷，荡平江南。后来刘备向西入主

陕西勉县诸葛亮墓

关于诸葛亮墓，一直是个谜。诸葛亮遗命安葬定军山，传说当时四个负责抬棺木前去安葬的士兵走到定军山时身体疲惫，正好这时悬挂棺木的绳子也断了，于是便不负责任地就地安葬。由此，后世人再也无法知道墓葬的具体位置。如今全国有多处诸葛亮墓，学界普遍认为位于今陕西省勉县西郊20里处的诸葛亮墓是真墓。

益州，任诸葛亮为军师将军。刘备称帝后，拜诸葛亮为丞相，录尚书事。刘备去世时，他的儿子年幼，蜀国事无巨细，都由诸葛亮做主。于是，他对外联合东吴，对内扫平南越，立法施度，整备军戎，制作机械，物尽其用，法令严明，赏罚必信。没有作恶的绝不惩罚，没有行善的绝不褒奖，最终蜀国没有奸佞的官吏，人人自律，道不拾遗，强不侵弱，风化肃然。

诸葛亮素有大志，他的志向在于进则龙骧虎视，吞并四海，退则自保边疆，威震天下。他一直都很清楚，他死之后，蜀国不会再有能够出兵中原，抗衡魏、吴的人，所以他连年用兵。然而，诸葛亮的才华在于治军，却缺少奇谋，治理国家的才能高于军事才能。况且他的敌人都是当世豪杰，加之兵力多寡悬殊，他所出的攻守方略在战略上比较困难，所以连年北伐，却都无功而返。昔日萧何推荐韩信，管仲推荐王子城父，都是考虑到自己有所短处。诸葛亮治国的才能是管仲、萧何所不如的，可当时却没有城父、韩信这样的名将，所以导致诸葛亮大业不成，这是天命所归，非人力所能改变。

青龙二年（234），诸葛亮率众出武功，分兵屯田，本来是想在此长久驻军。秋天，诸葛亮病逝，黎民百姓无不追思。至今梁、益之地的百姓还常常追述诸葛亮的事迹，纵然是百姓歌颂召公、子产也不过如此。孟子曾说过："用劳逸结合的方式驱使百姓的，虽然劳苦，百姓也不埋怨；以生存之道杀人的，纵然被杀也不愤恨。"诸葛亮就是这样。现在有些人说诸葛亮文采不好，过于叮咛周全。我认为，昔日的大贤咎繇言辞简略而雅致，圣人周公则繁琐而周到，为什么呢？因为咎繇与舜、禹这样的明君谈话，而周公则是与无知群下谈话。诸葛亮所言，都是对凡俗众人说的，因此文采欠佳。然而其言教，都能有所裨益，行文中也能感受到他的公诚之心，这足以让人知道他的道理，对当世都是有益的。

论赞

评曰：诸葛亮作为相国，抚恤百姓，彰显礼仪，约束百官，严明制度，开诚布公。那些忠心报国的人纵然是他的仇人，也一定能得到奖赏，那些渎职犯法的人就算是他的亲信，也会受到惩罚；那些服法认罪的人即便罪行很重，也会得到赦免，那些巧言掩饰的人哪怕罪行很轻也会受到重罚；做了好事一定要褒奖，做了坏事一定要贬抑；凡事无不精通熟练，处理问题善于抓住根本，坚持名实相符，表里如一，鄙弃弄虚作假。终于，在诸葛亮的治理下，蜀国之内无不对他既畏惧又爱戴。他的刑罚虽然严苛，但人们毫无怨言，因为他用心公平，劝诫明白。诸葛亮真可谓治世的良才，就算管仲、萧何也不如他。然而，他连年出师北伐也未能成功，是因为用兵谋略不是他所擅长的吧。

关羽 张飞 马超 黄忠 赵云传

纵观三国名将，最著名的当属蜀国五虎上将。关羽、张飞、马超、黄忠、赵云，不同的出身，跟随过不同的主人，都拥有独当一面，于百万军中取上将首级如探囊取物的本领。他们最终聚集在蜀先主刘备麾下，在三国舞台上演绎了一幕幕传奇。

【忠义关羽】

关羽，字云长，原本字长生，河东解（今山西临晋东南）人，早年曾亡命漂流在涿郡。刘备在涿郡招募聚众，关羽、张飞便开始跟随他。刘备当平原相的时候，关羽、张飞为别部司马，率领刘备部曲。刘备与关张二人关系亲密，寝则同床，感情如兄弟一样。当许多人聚在一起时，关张便站在刘备身后，随他周旋，不避艰险。

刘备偷袭徐州，斩杀徐州刺史车胄之后，派关羽守下邳城，履行太守的责任，自己回师小沛。

建安五年（200），曹操东征徐州，刘备败逃，投奔袁绍。曹操擒获了关羽，并对他待之以礼。袁绍手下大将颜良将东郡太守围困在白马，曹操命张辽和关羽为先锋解白马之围。战场上，关羽远远看到颜良的麾盖，于万人军中策马奔去，一招将颜良刺于马下，斩了他的首级，袁军之中竟无一人可以阻拦关羽。曹操上表朝廷，封关羽为汉寿亭侯。

曹操很欣赏关羽，悉心观察后发现他并没有长久留在自己身边的意思，便对张辽说："你用情理问一问他。"张辽问了关羽，关羽说："我当然知道曹公对我很好，然而我受刘将军厚恩，发誓与他同生共死，这个誓言不能背弃。我最终也不会留下的，但是在这之前我要立功，报答了曹公才能离开。"张辽把关羽的话带给曹操，曹操认为关羽是大义之人。等到关羽杀了颜良，曹操知道他要离开了，便更加重重赏赐关羽。关羽将曹操的赏赐尽皆封存，写了封书信向曹操辞行，投奔了刘备所在的袁绍部。曹操左右的人想要追击关羽，被曹操拦住了，曹操说："各为其主，别追了。"

关羽回到刘备身边后，便跟随刘备投奔了刘表。刘表死后，荆州落入曹操手中。刘备从樊城向南渡江，派关羽带领水军在江陵会师。赤壁之战后，曹操北还，刘备得到了荆州大部分土地，封赏元勋，拜关羽为襄阳太守，驻扎在江北。刘备西征益州的时

候，留下关羽镇守荆州。关羽听说马超投降了刘备，便写信给诸葛亮，问马超其人才能可以和谁相比。诸葛亮知道关羽性格傲慢，便回复说："马超文武双全，英雄过人，是一时的豪杰，好比当年的英布、彭越，当与张飞一争高下，但却比不上美髯公你的绝伦超群。"看到回信，关羽十分满意，把诸葛亮的信给众人传阅。

一次战斗中，关羽的手臂被射伤，许久不能愈合，每到阴雨天就会疼痛。医者说箭头有毒，毒已经到了骨头，必须刮骨疗毒。关羽伸出手臂让医者刮骨，还和诸将宴饮，当时血流如注，关羽却谈笑自若。

刘备称汉中王后，拜关羽为前军将军，授以节钺。这一年，关羽与曹仁大战樊城，曹操派于禁辅助曹仁。时逢大雨，于禁所部被水淹没，于禁投降关羽。此时的关羽威震华夏，为了规避他的锋芒，曹操甚至生出迁都的念头。司马懿、蒋济认为关羽如此志得意满，孙权肯定不会善罢甘休，于是曹操派人联合孙权，前后夹击关羽，来解樊城之围。然而，孙权派使者请关羽把女儿嫁给他的儿子，关羽非但不许，还辱骂使者，孙权大怒。

关羽
关羽骁勇善战，忠义千秋，是三国英雄中唯一被后人视为神祇加以供奉的人物。

关羽手下的南郡太守糜芳、将军傅士仁一直以来对关羽不满，积怨很深，关羽曾因二人供应军资不力而说要在回来后治他们的罪，二人畏惧不安，投降了孙权。曹操派徐晃救

了曹仁，关羽没有办法，引兵回荆州，却不料江陵已经被孙权占据了。孙权派人阻击，在临沮（今湖北当阳东南）斩杀关羽。

【勇猛张飞】

张飞，字益德，涿郡（今河北涿州）人，少年时便和关羽一起跟随刘备。关羽年长，张飞对关羽就像兄长一样。

张飞一路追随刘备降曹操、随袁绍、从刘表。后来曹操大破荆州，率众追击刘备，一日一夜，追到当阳长阪（今湖北当阳东北），刘备抛弃妻儿单骑逃走，派张飞带着 20 名骑兵断后。张飞拆掉河上的桥，横矛瞪眼，喝道："我是张益德，谁敢和我决一死战？"曹营诸将为他气势震慑，没人敢应战，就这样，张飞单骑保护刘备顺利逃脱。刘备平定荆州后，封张飞为宜都太守，征虏将军，新亭侯。

刘备入川的时候，张飞与诸葛亮等人走水路，平定了很多郡县。在江州，张飞生擒巴郡太守严颜。张飞喝问严颜："大军来到，你为什么不投降？"严颜回答说："是你们来侵占我们的州郡，我州只有断头将军，没有投降将军。"张飞大怒，让左右人将严颜斩首。严颜面不改色，说："砍头便砍头，发什么怒！"张飞被严颜的英烈所打动，不仅释放了他，还将他引为宾客。张飞一路过关斩将，与刘备在成都会师。刘备夺得益州后，封张飞为巴西太守。

曹操破张鲁后，留下夏侯渊、张郃守汉川之地。张郃派人来到巴西，试图将巴西的居民迁往汉中，与张飞相持五十多天。张飞率精兵万余人，从其他路途通过，直接向张郃挑战。当时，山路狭窄，进退不得，张飞依靠地利大破张郃。张郃弃马爬山，只有十余人随他逃出，退回南郑。

刘备称汉中王后，封张飞为右将军，授给他符节。章武元年（221）迁张飞为车骑将军，领司隶校尉，晋封西乡侯。

张飞为人英勇威猛，仅次于关羽，魏国谋臣程昱等人称关羽、张飞为万人敌。在为人处世方面，关羽善待士卒，对士大夫却很傲慢；张飞敬重君子，却对地位卑贱者不加体恤。刘备常常告诫张飞："你的刑杀太重，又总是鞭打士卒，而这些人恰恰在你身边，这是取祸之道。"张飞却不悔改。刘备伐吴，张飞率兵从阆中出兵，临行前，被手下的张达、范强暗杀。这两个人带着张飞的首级投奔了孙权。

张飞死后，刘备追谥他为桓侯。

【锦马超】

马超，字孟起，扶风茂陵（今陕西兴平）人。灵帝末年，马超的父亲马腾与边章、韩遂在西州起兵。初平三年（192），朝廷封马腾为镇西将军。后来，马腾袭击长安，兵败后退守凉州。司隶校尉钟繇镇守关中时，曾与马腾联合。马腾派马超跟随钟繇讨伐郭援、高干，马超手下大将庞德斩杀了郭援。后来，马腾因与韩遂不和，

请求回到京畿。于是朝廷敕封马腾为卫尉，马超为偏将军，统领马腾的部属。

马超统领军队后，再次与韩遂合作，后来又联合杨秋、李堪、成宜等人，进军潼关。战场上，曹操与马超、韩遂未带随从，单独交谈，马超就想趁机突袭，捉拿曹操。曹操手下大将许褚瞋目守护，马超便不敢轻举妄动。曹操用计离间马超和韩遂，二人中计，互相猜忌，最终被曹操打败。马超逃到西戎，曹操一直追到安定，却赶上北方有事，最终只得退兵。

有人对曹操说："马超有韩信、英布之勇，而且在羌、胡之中很得人心。现在退兵，如果不严防后备，他一定会攻占陇上诸郡。"结果，马超真的率领诸戎袭击陇上的郡县。马超与他们展开大战，杀了凉州刺史韦康，占据了翼城。马超自称征西将军，领并州牧。韦康手下的杨阜等人联合对抗马超，双方僵持不下。马超进退两难，便到汉中投奔张鲁。张鲁是个成不了大事的人，恰逢此时刘备在成都围攻刘璋，马超便秘密写信联系刘备。得到书信后，刘备大喜，说："我一定能得到益州了。"刘备派兵资助马超。马超带兵来到成都城北，成都上下惊恐震动，马超兵至不到十天，刘璋便投降了。

马超

马超是东汉伏波将军马援的后人，以勇猛善战而闻名，起初跟随父亲马腾割据一方，父亲被杀后，先投汉中张鲁，后投刘备。

刘备称王后，封马超为左将军，赐给符节。章武元年（221），马超被封为骠骑将军，领凉州牧。翌年，马超便去世了。临死前，马超上疏给刘备："我一族二百余人，几乎都被曹操杀光了，只有从弟马岱尚在，继承了我们这个宗室的血统。我将他托付给陛下，再没有别的什么要说了。"马超去世的时候只有47岁，谥号威侯。

【老将黄忠】

黄忠，字汉升，南阳（今河南南阳）人。

黄忠原本是荆州牧刘表手下的中郎将，与刘表的侄子刘磐共同镇守长沙攸县。曹操占领荆州后，黄忠仍留在本部戍守，归长沙太守韩玄统领。刘备平定荆州诸郡后，黄忠跟随韩玄一同投降刘备，与刘备

一起入蜀，在葭萌关受命攻打刘璋。作为将领，黄忠身先士卒，冲锋陷阵，勇冠三军。平定益州后，黄忠被封为讨虏将军。

建安二十四年(219)，黄忠与魏将夏侯渊在定军山展开大战。夏侯渊所部兵马精良，黄忠披坚执锐，勉励士卒，金鼓震天，呼声震荡山谷，一战大捷，斩杀夏侯渊。黄忠升为征西将军。这一年，刘备称汉中王，本打算封黄忠为后将军，诸葛亮却劝刘备说："黄忠的名望比不上关羽、马超，现在您让他们同列，马超、张飞都在近前，亲眼目睹黄忠如何建功，还能接受。可关羽远在荆州，知道之后一定不悦，这样可能不妥。"刘备说："我自有办法开解他。"于是封黄忠为后将军，与关羽等人同列，封关内侯。

第二年，黄忠去世，谥号刚侯。

【一身是胆的赵云】

赵云，字子龙，常山真定（今河北正定）人，原本是公孙瓒手下的部将。

赵云身高八尺，容貌伟岸，受本郡人推举，跟随公孙瓒。当时有人嘲笑他说："听说你们州的人都跟着袁绍，怎么只有你迷途知返呢？"赵云答："天下大乱，百姓随时都有危难，我们州的人只跟从施行仁政的人，我不是不在乎袁绍而偏向公孙将军。"

赵云截江夺阿斗

这幅画取材于《三国演义》。刘备出征西川时，孙权想乘机夺回荆州，于是谎称母亲病重，想见女儿和外孙，让妹妹带着刘备的儿子阿斗回江东，然后再以阿斗要挟刘备。赵云知道后，孤身摇船追回了阿斗。

就这样，赵云跟随公孙瓒四处征讨。

刘备依附公孙瓒的时候，与赵云关系很好。适逢赵云丧兄，向公孙瓒辞行。刘备知道他不会回来了，便拉着他的手道别。赵云说："我不会背弃你。"后来，公孙瓒派刘备帮助田楷抵御袁绍，赵云前往邺城投奔刘备。刘备与赵云同床而眠，悄悄地派赵云招募了数百人，作为刘备的部曲，而袁绍却一点也不知道。

刘备投奔刘表时，赵云与刘备共入荆州。曹操得到荆州后，追袭刘备。当时情况危急，刘备在长阪抛妻弃子，轻骑出逃。赵云抱着当时还是婴儿的后主刘禅，保护着甘夫人，安全逃脱曹操大军的追杀。赵云北上保护幼主的时候，有人对刘备说赵云投降曹操去了，刘备坚定地说："子龙绝不会

弃我而去。”果然没过多久，赵云便带着刘禅和甘夫人回来了。

刘备平定荆州诸郡的时候，赵云被封为偏将军，领桂阳太守。刘备入蜀，赵云则留在荆州。刘备与刘璋关系破裂，正式开战，刘备在葭萌关攻刘璋，与此同时召诸葛亮入川。诸葛亮带着张飞、赵云等人走水路西上，一路平定郡县。到达江州，赵云单独带领一部分士卒从水上渡过江阳，在成都与诸葛亮会师。

平定成都后，赵云被封为翊军将军。刘备计划将成都城中房屋和城外桑田土地等分给诸将。赵云阻谏道：“霍去病曾因匈奴未灭，无以家为，现在国贼虽然不是匈奴，但也没有安定。只有待天下大定后，才可以分割土地，归耕本土。现在的益州百姓刚刚摆脱了战争的灾难，应该归还他们田宅，让他们安居乐业，这样将来才能征调他们，获取民心。”刘备深以为然，采纳了这个建议。

刘备征汉中时，赵云率领少数人马与曹操周旋，擂鼓震天，惊扰曹操。刘备称赞赵云说：“子龙一身都是胆。”

刘备因关羽失荆州而要出兵征讨孙权，赵云曾劝谏：“国贼是曹操，并非孙权，况且如果灭了魏，东吴自然就会臣服了。现在曹操虽然死了，可曹丕却篡位了，现在应该早图关中，关东义士也会支持您的。现在不管魏却伐吴，两厢开战，不是一时间可以结束的。”可惜刘备没能采纳这个意见。

后主刘禅继位后，封赵云为护军、征南将军，封永昌亭侯，后来又升为镇东将军。

建兴五年(227)，诸葛亮备战北伐，赵云跟随诸葛亮驻军汉中。翌年，诸葛亮出兵北上，扬言要从斜谷道进兵，魏国大将军曹真带领精锐抵挡。诸葛亮派赵云、邓芝与之周旋，自己亲率兵马出祁山。当时，赵云、邓芝的兵力远弱于曹真，交战失利，但是两人坚持固守，没造成重大损失。退军之后，赵云被贬为镇军将军。

赵云卒年不详，建兴七年（229）被追谥为顺平侯。

论赞

评曰：关羽、张飞都是万人敌的猛将，关羽报效曹操，张飞义释严颜，这二人都有国士之风。然而关羽高傲而矜持，张飞暴躁而寡恩，最终因此而败。马超自负勇武，统领诸戎，最后导致全族倾灭，实在可惜。黄忠、赵云勇武雄壮，作为先主的强将，就像汉高祖时的灌婴、夏侯婴一样。

卷三十七

庞统 法正传

刘备大器晚成，占据西南，于乱世之间分鼎之一足。其成就大事，以诸葛亮为谋主，股肱便是庞统、法正。他们跟随刘备的时间并不长，却屡建奇谋，辅佐刘备夺取益州，是刘备后期最重要的两位谋士。

【凤雏庞统】

庞统，字士元，襄阳（今湖北襄樊）人。少年庞统略显拙朴、鲁钝，籍籍无名。而著名经学家颍川司马徽却独具慧眼，有知人之明，他称庞统是南州士人中的翘楚，就这样，庞统的名声渐渐传开。当时诸葛亮号称卧龙，庞统则有凤雏之称。

庞统喜欢评判人品高下。东吴大将周瑜协助刘备攻取了荆州，兼任南郡太守。周瑜去世后，庞统送葬回到东吴。东吴很多人都听说过庞统，当他要返回荆州的时候，很多名士都聚集在城门给他送行，陆绩、顾劭、全琮全都到场。他便开始品评人物，他说："陆子好像一匹很有脚力的马，顾子好像一头能够负重走远路的牛。"然后他又对全琮说："您好布施、慕贤士之名，就好像汝南的樊子昭。虽然智慧上有所欠缺，但也是一时的人才。"这些人对庞统说："如果有一天四海平定，我们一起品评天下人物。"

刘备领荆州牧之后，任命庞统为耒阳县令，庞统不理县务，被罢了官。吴国大将鲁肃便写信给刘备说："庞士元非治理百里之地的人，只有治中、别驾这样的职位，才能展示出他的才华。"诸葛亮也向刘备说明庞统的才能，刘备便与庞统畅谈古今，对他深为器重，封他做治中从事、军师中郎将，对他的倚重程度仅次于诸葛亮。刘备入川时留下诸葛亮镇守荆州，身边带的谋士便是庞统。

刘备与刘璋在涪城相会时，庞统献策说："趁着此次会面的机会，可以乘机拿下刘璋，这样您不用劳动兵力就能坐得益州了。"刘备说："我初来乍到，

庞统

庞统（179 ~ 214）是刘备手下的著名谋士，才智与诸葛亮齐名，然而天不假年，不幸早逝。

在此未立恩惠威信，不能操之过急。”后来在时机成熟的时候，庞统就夺取益州，为刘备出了三条计策：上计暗自选派精兵，一举攻取成都；中计对刘璋说荆州有急事，要回荆州，守将杨怀、高沛素来仰慕将军，又不希望您离去，一定会来送行，到时候拿住他们，得到他们的兵马，然后进取成都；下计便是退军白帝城，别图良机。刘备按照中计行事，顺利到达涪城。

刘备包围雒城，庞统率众攻城时，中箭身亡，终年 36 岁。刘备万分痛惜，言则流泪。庞统谥号靖侯。

【名士法正】

法正，字孝直，扶风郿（今陕西眉县）人。建安初年，天下饥荒，法正与同郡的孟达入蜀依附了刘璋，慢慢地做到新都令。在刘璋手下，法正既得不到重用，又被周围的人诽谤，郁郁不得志。益州别驾张松与法正的关系很好，认为刘璋不是成就大事的人，便劝说刘璋结交刘备。刘璋同意了，询问什么人可以出使，张松推荐了法正。起初，法正并不愿意前往，只是不得已才勉强答应。见到刘备后，法正被刘备的雄才伟略所折服，与张松合谋，拥戴刘备。

刘璋在张松的劝说下，请刘备入川，法正乘机向刘备献计说：“您身负英雄才略，而刘璋懦弱无能且不明事理，张松是益州的重臣，可以作为内应。如果您拥有了益州这么殷实的土地，凭借天府之国的天险，成就大业可谓易如反掌。”刘备深以为然，后来北上葭萌关，向南进取成都。

刘璋手下谋士郑度为刘璋出主意：迁徙巴西、梓潼的百姓，清野以待刘备。刘备一定坚持不久，待到退兵的时候，趁势追击。刘备知道后很忧虑，询问法正。法正说：“不必担心，刘璋一定不会采纳。”果如其言。

建安十九年（214），刘璋举州投降，刘备封法正为蜀郡太守、扬武将军，在外管理京城及其周边地区，在内依然是刘备的谋主。法正为人睚眦必报，擅自杀了几个曾经得罪过自己的人。后来有人向诸葛亮报告法正的蛮横行径，诸葛亮却说：“当年主公在公安的时候，北有曹操，东有孙权，身边还有孙夫人，处境危难，进退维谷，幸好有法正的辅佐，才有了今天这番天地，怎么能禁止法正，让他不得志尽兴呢？”

刘备做了汉中王之后，封法正为尚书令、护军将军。翌年，法正便去世了，终年 45 岁，谥号翼侯。刘备为此哭了好几天。

论赞

评曰：庞统喜欢臧否人物，才思敏捷，擅长谋略，是当时荆楚地区的俊杰。法正长于判断形势，出谋划策，然而品德上却有问题。与魏国的大臣相比，庞统就好比荀彧、荀攸，法正则如程昱、郭嘉。

卷四十四

蒋琬 费祎 姜维传

蜀汉前期，可谓人才济济，群英会聚，而到后主朝，尤其是诸葛亮病逝后，蜀国出现后继乏人的现象，导致原本实力较弱的蜀国每况愈下，最终被湮灭在历史洪流中，三足鼎立的格局也土崩瓦解。然而，蜀汉后期还是有几个人才正在勉力支撑着这个风雨飘摇的政权，他们就是蒋琬、费祎、姜维。

【诸葛亮的继任者】

蒋琬，字公琰，零陵湘乡（今湖南双峰）人，弱冠时便闻名遐迩。刘备在荆州的时候，蒋琬便跟随麾下，直到入蜀。有一次，刘备四处巡游，正碰上蒋琬喝得酩酊大醉，不理政事。刘备大怒，便要杀了蒋琬。诸葛亮为之求情，说："蒋琬有社稷之器，治理一个小地方委屈了他的才华。治理国家，要以安民为根本，不必修饰表面功夫，请主公重新考察这个人。"刘备一向敬重诸葛亮，便赦免了蒋琬，但还是罢免了他。后来，蒋琬又做了什邡令。刘备称汉中王时，封蒋琬为尚书令。

建兴元年（223），丞相诸葛亮开府治事，任蒋琬为东曹掾。建兴五年，诸葛亮驻军汉中，蒋琬与长史张裔留下管理相府事宜。建兴八年，蒋琬取代张裔，成为丞相长史，加抚远将军。每逢诸葛亮外出用兵，蒋琬都能为之提供充沛的粮食兵士。对此，诸葛亮常说："公琰忠诚正直，可以与我共同振兴王业。"诸葛亮还秘密上表后主，遗命自己去世后，由蒋琬接替他。

诸葛亮病逝后，朝廷任命蒋琬为尚书令，不久又加行都护，授予符节，领益州刺史，迁大将军，录尚书事，封安阳亭侯。此时的蜀国，诸葛亮刚刚去世，举国危惧。蒋琬在群僚中出类拔萃，对于诸葛亮之死，他的表现既不悲痛也不欢喜，神情举止一如平常，于是大家愈加佩服他。延熙元年（238），后主刘禅诏令蒋琬屯兵汉中，伺机出兵，并令其开府治事，翌年，加大司马。

蒋琬为人宽厚。东曹掾杨戏性格冷淡，蒋琬和他谈话，他有时并不作答，于是就有人在蒋琬面前说杨戏的坏话："您问他话，他却不答，这不是轻慢上司吗？"蒋琬却说："每个人的内心各不相同，就好像表面不同一样，那些表面言从背后非议的，古人都引以为戒。如果让杨戏说赞同我的话，那不是他心中所想，如果反过来，又显得我错了，所以

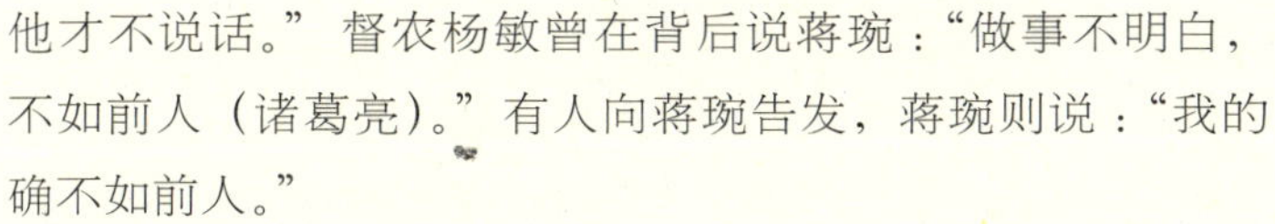

他才不说话。”督农杨敏曾在背后说蒋琬：“做事不明白，不如前人（诸葛亮）。”有人向蒋琬告发，蒋琬则说：“我的确不如前人。”

蒋琬认为诸葛亮屡出秦川，总是因为道路险阻难以建功，还不如走水路东下，于是打造了很多战船，本拟从汉沔（今汉江）出兵，攻袭魏兴（今湖北、陕西交界处）、上庸，但正赶上蒋琬旧病复发，延迟了行程。这时很多人提意见说如果不能克敌制胜，退兵的路就很难走，这个方法不是长久之计。

于是后主派了尚书令费祎、中监军姜维等人宣谕旨意。蒋琬接受命令，上疏说：“铲除荒秽，平定祸患，是我的职责所在。我受命驻守汉中已经六年了，我昏聩弱质，疾病缠身，以致规划图谋一无所成，早晚忧心伤痛。现在曹魏跨有九州，根深蒂固，不易铲除。如果与东吴联合，保持首尾犄角的形势，纵然不能实现灭曹的夙愿，也能渐渐削弱他们。然而东吴和我们约定了很多次，却迟迟不肯进兵。我想到时局艰难，忧虑得难以入眠，食不甘味。常常和费祎他们商量，认为凉州地处要塞，占据了这里，无论进攻退守，都有所凭借，曹魏也很重视这里。而且羌人、胡人心中思念汉朝，我们曾经在这里大败郭淮，可见攻凉州是可行的。权衡形势，这个计划可行，可以派姜维做凉州刺史。假如姜维率兵控制住河右一带，我便可作为他的后援。涪城交通畅通，便于应急，如遇危难也能救援。”是以蒋琬退守涪城（今四川绵阳）。这时，蒋琬病情加重，延熙九年（246）病逝，谥号恭。

蒋琬

诸葛亮死后，由蒋琬主持朝政。他采取闭关息民的政策，使蜀国国力大增。但他还未等到完成诸葛亮的北伐遗愿，就得急病去世了。

【蜀国股肱之臣费祎】

费祎，字文伟，江夏（今河南罗山）人，自幼丧父，跟随叔父入蜀。刘备平定西川后，费祎就留在了益州。费祎与汝南人许叔龙、南郡人董允齐名。许靖儿子去世时，董允与费祎一起参加丧礼。董允向父亲董和要车，董和派了一辆破旧简陋的车子给他。董允不满，费祎却什么表情也没有就上了车。诸葛亮和

一些显贵来参加丧礼，车马都很光鲜，董允神色不大自然，而费祎却毫不在意。董和得知费祎和董允的表现后，就对董允说："从前我不能断定你和文伟的优劣，而现在我却知道了。"

刘备称帝后，封费祎为太子舍人，后升为庶子。后主刘禅继位后，封费祎为黄门侍郎。诸葛亮南征归来，官员们出城数十里迎接。这些官员大半年长位高，诸葛亮却特别让费祎与自己同车，从此，大家对费祎另眼相看。诸葛亮派费祎出使东吴，孙权为人性格诙谐，喜欢嘲弄他人，诸葛恪、羊衜等人颇有才气，擅长雄辩，咄咄逼人，而费祎则语言温和，态度坚决，据理回答，吴国上下没人能难得住他。孙权很器重他，说："您品德高尚，将来一定能成为蜀国的股肱之臣，那时您就不能常常出使这里了。"

魏延与杨仪两人素来不和，费祎就常常劝诫二人。诸葛亮在世的时候，这两人能人尽其才，费祎起了不小的作用。

延熙七年（244），费祎统兵抵御曹魏进攻，临行前，光禄大夫来敏与之下棋。当时军情紧急，但费祎却专心下棋，不见厌倦。来敏说："刚才我试探您，看您的反应，真是个了不起的人，一定能与敌决战。"后来，费祎到了前线，敌人便退兵了。这时费祎在朝廷的地位大致与蒋琬相当，朝廷上有什么大的决定，都要咨询远在外边的他们。延熙十五年，费祎开府治事。延熙十六年，大宴，费祎酒醉，被从魏国投降而来的郭循刺杀身亡。谥号敬侯。

姜维

姜维是继诸葛亮之后蜀国最主要的军事人才，他继承诸葛亮的北伐遗志，但正是由此导致蜀国经济凋敝，岌岌可危。

【一心救蜀的姜维】

姜维，字伯约，天水冀（今甘肃甘谷）人。他自幼丧父，在本郡任上计掾，后任从事，因父亲的功勋被封为中郎，参本郡军事。建兴六年（228），诸葛亮出兵祁山，当时的郡太守怀疑姜维心怀不轨，连夜回到上邽（今甘肃天水）坚守。姜维等人发现后连夜追赶，仍然慢了一步，他们到达的时候，城门已经关闭。姜维等人回到冀县，冀县也不让他们进入，姜维等人只得投降诸葛亮。诸葛亮撤兵时，将姜维带回蜀国。姜维被封为仓曹掾，加官奉义将军，封当阳亭侯，时年 27 岁。诸葛亮曾写信给长史张裔、参军蒋琬说："姜伯约做事尽心尽力，心思缜密，我看连永南（李邵）、季常（马良）等人都比不上他。他称得上是凉州第一等人才。"

诸葛亮去世后，姜维跟随蒋琬驻军汉中，多次率领偏军向西攻入魏国。延熙六年（243），姜维被封为镇西大将军，领凉州刺史，后封卫将军，录尚书事。在与魏国的对峙中，姜维屡次出兵陇西、南安、金城边界，与魏国大将军郭淮、夏侯霸等人在洮水展开大战。

延熙十二年，姜维出兵西平，他了解西凉，又自负有文才武略，时常要大举兴兵讨伐魏国。费祎则时时抑制着他，不同意他的北伐计划，拨给姜维的兵力也不过一万人。

延熙十六年，费祎被刺身亡，姜维便率领几万人兵出石营（今甘肃西和），包围了南安（今甘肃陇西）。不久，粮草断绝，姜维只得退兵。

延熙十九年，姜维升任大将军，再次出兵，与魏国将领邓艾大战于段谷（今甘肃天水东南），伤亡惨重。人们怨声四起，陇西骚动，姜维引咎自责，被贬为后将军。

后来，姜维改变了刘备时期镇守汉中的保守战略，主动出击。一直到景耀年间，姜维多次出兵北伐，但都徒劳无功，多次败于邓艾。姜维本是魏国降将，只身来到蜀国，连年用兵，却寸功未建，而朝廷中，宦官黄皓弄权，阴谋夺取姜维的兵权。姜维有所察觉，心生恐惧，不敢回到成都。

景耀六年（263），邓艾大军一举攻破蜀国绵竹防线，后主刘禅出城投降，姜维得到刘禅敕令后便投降了魏将钟会。钟会厚待姜维，出则同车，坐则同席。后来，钟会陷害邓艾，他自称益州牧，带着姜维等人回到成都。钟会试图给姜维 5 万士兵作为先锋，魏国将士无不愤慨，杀了钟会和姜维。

蜀国大臣郤正给予姜维很高的评价，说他身为上将，位在群僚之上，却身居陋室，财产也没留下多少，作风清廉，不奢侈也不省俭，公家给的费用，随手就花用干净，没有贪念。姜维好学不倦，当为一时之表。

论赞

评曰：蒋琬正直有威仪，费祎宽厚仁爱，他们承袭诸葛亮的作风，依循他的法度，所以蜀国边境安稳，朝廷上下和谐，可是他们还未达到统治小国以处静为原则的最高境界。姜维文才武略，志在建功立业，连年兴师动众，然而他却有失缜密，最终导致功败身死。老子曾说"治大国者犹烹小鲜"，意思是治理大国就像煮小鱼一样。何况蜀国这样的小国，如何经受得这样的骚动？

卷四十六

孙破虏 讨逆传

222年，孙权称吴王，建都武昌，从此拉开了三足鼎立的历史帷幕。吴国跨有荆、扬、越三州，雄踞东南，睥睨天下。而孙权的帝王霸业，却是建立在父兄两代的基业之上。可以说，没有父亲孙坚、兄长孙策，就没有日后三分天下有其一的东吴政权，也没有坐镇东南成就一代帝王伟业的孙权。

【破虏将军孙坚】

孙坚，字文台，吴郡富春（今浙江富阳）人，是春秋时期大军事家孙武的后人。他少年时便勇猛异常，17岁时斩杀河盗而一举成名。熹平元年(172)，会稽人许昌作乱，孙坚招募千余人大破群贼，因功被表为盐渎丞。

中平元年（184）爆发黄巾起义，众人云应，规模浩大。汉朝廷派车骑将军皇甫嵩、中郎将朱儁讨贼，朱儁表孙坚为佐军司马。当时乡里的很多年轻人都自愿跟随孙坚，孙坚又招募了一些士卒，一共一千余人，奋力杀敌，所向披靡。孙坚身先士卒，所到之处人们纷纷依附，最终大破黄巾军。

司空张温奉命讨伐边章、韩遂时，曾与董卓有冲突。孙坚建议张温杀了董卓，张温却顾虑重重，不听孙坚建议。后来，长沙地区有人作乱，孙坚被封为长沙太守。他亲冒矢石，在很短的时间内平息了叛乱，并一鼓作气，平息了零陵、桂阳两郡的祸乱。孙坚因功被封为乌程侯。

董卓造逆，天下诸侯纷纷起兵讨伐董卓，孙坚也加入其中，他带兵一路北上，所到之处，收众甚多。孙坚来到鲁阳，见到袁术，袁术表孙坚为破虏将军，领豫州刺史。董卓派步兵骑兵数万人迎战，数十骑轻骑为先头部队杀到。当时孙坚正在饮酒畅谈，他吩咐手下整顿行装，却不行动。等到董卓的兵渐渐多起来的时候，孙坚慢慢站起来，带兵入城。他对身边的人说："开始按兵不动，是怕士兵们互相践踏，大家进不来。"董卓的士兵见孙坚手下军容整齐，不敢攻城，便撤兵离开了。孙坚与董卓几番大战，大破董卓，斩杀其都督华雄。可就在此时，袁术开始猜忌孙坚，不再给孙坚提供粮草。孙坚星夜奔驰，见到袁术后说："我不顾安危讨伐董卓，不仅仅是为了报效国家，也是为将军您报仇。我与他又没有私怨，您怎么能猜忌我呢。"袁术无以应对，继续发粮。孙坚所向披靡，进逼洛阳。董卓迁都入关，焚烧洛阳城。孙坚进入洛阳，

重修了被董卓挖掘的汉帝陵。

初平三年（192），袁术派孙坚攻打荆州。孙坚单骑行至岘山（位于今湖北襄阳），被刘表手下大将黄祖射杀。后来其子孙权称帝，追谥孙坚为武烈皇帝。

【孙策建立江东基业】

孙策，字伯符。孙坚起兵的时候，孙策与好友周瑜起兵，江淮一代的士大夫竞相跟随。孙坚死后，孙策回到江都。兴平元年（194），孙策跟随袁术，袁术将从前跟随孙坚的部曲还给孙策。袁术常常感叹说："如果我能有孙策这样的儿子，就算是死也没有遗憾了。"一次，孙策手下的士兵犯了罪躲到袁术的马厩里，孙策径直来到袁术府中，杀了这个士兵，从此人们更加敬畏孙策。袁术曾许诺孙策为九江太守，可他却改派了别人，后来袁术让孙策攻打庐江太守陆康，并再次许诺，如果攻克，就封他为九江太守。然而孙策大捷后，袁术又一次失信了。袁术表孙策为折冲校尉，行殄寇将军，这时的孙策部从已达五六千人，作战英勇，无人敢当其锋，再加上军令严明，百姓都很亲近他们。

孙策此人，容貌俊美，语言幽默，性情豁达，善于用人，所以士兵见了他，无不倾慕，甘心为之而死。

孙策率人攻克坐拥万人的吴人严白虎，占据了会稽城。孙策自领会稽太守，以张昭、张纮、秦松、陈端等人为谋主。

袁术僭越称帝后，孙策与他断绝了关系，于是曹操上表封孙策为讨逆将军，封吴侯。

建安五年（200），曹操与袁绍在官渡对峙时，孙策密谋袭击许都，迎回汉献帝。便在这时，孙策单骑外出，被故吴郡太守许贡的门客刺伤。孙策将江东之众托付给弟弟孙权，对他说："举江东之众，临阵时依据时机采取适宜决策，与群雄共争天下，你不如我；举贤任能，各尽其心，保住江东基业，我不如你。"这天晚上，孙策重伤而亡，时年26岁。

孙策

孙策是孙坚的长子，孙坚战死时，孙策只有17岁，他继承父业，统一江东，结果在26岁时像他的父亲一样死于非命。

论赞

评曰：孙坚勇猛刚毅，发迹于微末，劝说张温杀董卓，重修汉帝陵墓，是忠臣烈士。孙策盖世英杰，猛冠当世，志在华夏，性格却轻佻急躁，最终导致被刺身亡。

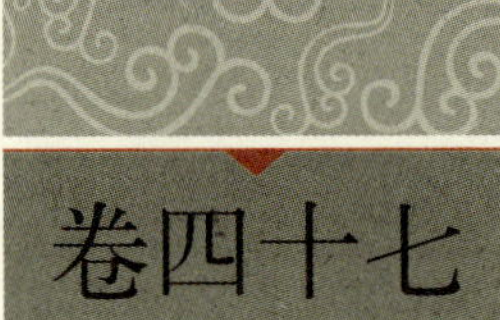

卷四十七

吴主传

孙权，东汉末年最年轻的霸主，雄踞东南，秉承父兄基业，守土一方，统摄群雄，于乱世之中建立一代帝王霸业。正如辛弃疾在《南乡子》中所赞的："天下英雄谁敌手？曹刘。生子当如孙仲谋。"

【少年英主】

孙权，字仲谋，是孙坚的次子，年仅15岁便被任命为阳羡（今江苏宜兴）长，后来举孝廉、茂才。朝廷使者刘琬出使江东后对人说："孙家兄弟才智非凡，明智练达，可是官运都不长，只有那个被选为孝廉的弟弟容貌奇伟，资质不凡，当为大贵，而且最长寿。"

孙权出生的时候，就有所谓的贵相。孙策在江东起事，经常带着孙权。年轻时的孙权度量很大，仁慈而又擅长谋断，手下养了很多门客。每次参与机要时，孙权总是能令孙策称奇，甚至自叹不如。每当宴请宾客时，孙策都会指着大家对孙权说："他们都是你的部将。"

建安五年（200），孙策去世，将后事托付给孙权，孙权痛哭不止。长史张昭说："现在不是哭的时候，周公建立的法度，丧时不出兵，伯禽母亲去世时正值徐戎作难，伯禽止哭出征，何况现在仇人虎视眈眈，到处是奸险的人。如果此时顾全礼仪，为死者悲戚，那就是开门揖盗，不合时宜。"张昭请孙权换掉丧服，扶他上马，出去巡逻军队。这时他领有的只是会稽、吴郡、丹阳、豫章和庐陵，当时江东的豪杰分散在各个州郡，这些寄居的宾客只想着自身的安危，没有什么君臣之道。张昭和周瑜认为孙权是可以共成大业的人，因此诚心诚意地辅佐他。孙权以师傅之礼待张昭，以周瑜、程普、吕范等人为将帅，同时招贤纳士，吸纳了鲁肃、诸葛瑾等人。他还派兵安抚山越等少数民族，讨伐了那些不顺从的势力。

建安十三年（208）春天，孙权出兵讨伐黄祖。黄祖先派水师迎战，孙权的都尉吕蒙攻破黄祖的先锋部队，凌统、董袭等人占领了城池。黄祖在突围时被杀。

刘表病逝后，鲁肃自请去荆州吊唁，并打探荆州情况。鲁肃还没到荆州，刘表的儿子刘琮就已率部投降了曹操。刘备本拟南渡长江，鲁肃见到他，为他分析目前局势，于是刘备驻军夏口，派诸葛亮前去见孙权。孙权为之所动，派大将周瑜、程普率军驰

援刘备。当时，曹操刚刚得到荆州，其势旺盛，无以争锋，江东很多人劝孙权投降，只有周瑜、鲁肃力主抗曹。孙权深以为然，于是派周瑜、鲁肃分左右督军，各率万人，与刘备并进，在赤壁（在今湖北赤壁境内），大破曹操。曹操下令焚烧战船，撤兵而还，士兵们困病交加，死伤大半。刘备、周瑜趁势追击。曹操派曹仁、徐晃留守江陵（今湖北潜江），乐进镇守襄阳（今湖北襄阳），自己领军北归。当时，东吴大将甘宁受困于夷陵（今湖北宜昌东），吴军兵少，吕蒙献计，一边用凌统牵制曹仁的军队，一边另行派人营救甘宁，终于成功。

孙权亲自领兵围攻合肥（今安徽六安），同时派张昭攻打九江的当涂（今安徽当涂），而两边人马都出师不利。曹操援军将至，孙权只得下令撤军。

建安十四年（209），孙权得到南郡。

建安十八年，孙权与曹操对峙濡须。一次，孙权乘大船探查曹军情况，曹操派人乱箭射向孙权，由于船身中箭太多，导致船向一侧倾斜。孙权命令将船头掉转，用船的另一面受箭，最终船身两侧负重相当，大船平稳了，孙权顺利返回，这便是草船借箭故事的原型。

孙权

孙权从兄长手中接过江东时，孙氏的实力还不能与北方的曹操抗衡。在这种形势下，孙权通过一系列政治、军事活动团结了江淮、江东的士族，稳定统治，扩充实力，以非凡的领袖才能建立了割据江东的孙吴政权。

曹操见识了孙权所部严整的阵容，不禁感叹：“生子当如孙仲谋。”孙权写信给曹操说：“如今春水涨潮，您还是赶快撤军吧。”此外还另附了一封信说：“你不死，我不得安心。”曹操看罢对诸将说：“孙权没骗我。”便真的撤军北还。

【称霸一方】

建安十九年（214），刘备占领益州。孙权派诸葛瑾向刘备索要荆州，刘备却推说要取得凉州之后再还荆州。孙权大怒，向长沙、零陵、桂阳三郡派了长史，结果却被关羽赶了回去。孙权便派吕蒙等人攻取这三郡，随后，吕蒙等又与鲁肃一道合拒关羽。便在此时，曹操攻打汉中，刘备担心后方，便遣使与孙权和谈。孙权权衡轻重，与刘备重订盟约。随后孙权亲征合肥，在逍遥津（今安徽合肥东南）遭到魏将张辽的偷袭，几乎丧命。

建安二十四年（219），关羽俘虏于禁，震动中原。这年的闰十月，孙权出兵征伐关羽，关羽退守麦城，十二月，俘获关羽。

黄武元年（222），刘备为报荆州之仇，兴蜀中之兵，大举伐吴。蜀军分居险要之地，前后有五十多处营寨。孙权派陆逊迎敌，大获全胜。

长久以来，孙权表面上臣服曹魏，心中却不服，曹魏要求他遣子为质，孙权断然拒绝，于是双方在南郡展开大战，这时，扬州、南越的蛮夷在后方作乱，孙权首尾难顾，因此用极其卑微的语气给曹丕写了一封信。曹丕答应撤兵，却坚持要孙权派儿子为人质。孙权坚决不接受，两军再次开战，孙权又派人与刘备交往。

孙皓

孙皓是三国时期吴国的第四位也是最后一位皇帝，他即位的第二年，西晋建立。280年，西晋伐吴，吴国灭亡，孙皓被俘。

刘备死后，吴蜀两国互派使者。曹丕亲临长江，隔着浩浩江水，叹息道：“他们有那么多的兵马，难以战胜。”于是引兵而归。

黄武五年（226），曹丕病逝。孙权乘机包围石阳，却无功而返。

黄武七年，鄱阳太守周鲂诈降，诱使曹魏大将曹休进兵。八月，孙权亲自带兵出皖口，陆逊带兵在石亭大破曹休。

【鼎足帝业】

黄武八年（229），公卿百官劝孙权加尊号。四月，人们传言夏口和武昌有祥瑞出现。四月十三日，孙权在武昌南郊即皇帝位，大赦天下，改元黄龙，追尊父亲孙坚为武烈皇帝，母亲吴氏为武烈皇后，兄长孙策为长沙桓王，立太子孙登为皇太子。六月，蜀国派遣使者陈震前来恭贺孙权登基，立下盟约，相商共分天下，两国以函谷关为界，豫、青、徐、幽四郡属吴，兖、冀、并、凉四郡归蜀。九月，孙权迁都建业（今江苏南京）。

黄龙二年（230），孙权派将军卫温、诸葛直率众万人，渡海寻找夷洲和亶洲，因亶洲路途遥远，最终未能寻到，仅得夷洲数千人返航。

嘉禾二年（233），孙权派遣使者带着兵马、珍宝以及加九锡的物品渡海来到辽东，赐给公孙渊。举朝官员，自丞相顾雍以下无不谏阻，认为公孙渊此人不可信，但孙权固执己见。结果公孙渊斩杀了使者，将他们的首级献给了曹魏，霸占了孙权送去的士兵和物资。孙权大怒，要率兵远征辽东，幸好薛综等人力劝才作罢。这一年，孙权多处增派兵马，结果无一凯旋。

嘉禾三年，孙权派遣陆逊、诸葛瑾屯兵江夏、沔口，孙韶、张承率兵向广陵、淮阳，孙权亲率大军围攻合肥新城。这时，蜀汉丞相诸葛亮兵出武功。孙权以为魏明帝曹叡不能远征，不想曹叡派司马懿抵御诸葛亮，自己则亲自率水军东征，大军还没到寿春，孙权便退兵了。

嘉禾四年，天降冰雹，曹魏派使者出使东吴，提出要用马匹换珍珠、翡翠、玳瑁等物。孙权说：“这些东西都是我用不到的，却能用来换马，为什么不换呢？”

赤乌七年（244），大将朱然等上疏说：“从蜀国回来的人都说，蜀国要背弃盟约与曹魏交通，多造战船，修缮城郭。此外蒋琬驻守汉中，得到司马懿向南用兵的消息后非但不出兵，反而放弃汉中，后退靠近成都。他们背盟之事已然昭然若揭，我们应当早做防范。”孙权却不以为然，说：“我对蜀国一向不薄，不曾违背当年的盟誓，他们怎么会这样呢？而且司马懿向南用兵，没几天就回去了，蜀国远在万里，怎么可能知道我们形势危急而马上出兵呢？当初曹魏欲入蜀，我们这里刚戒严，也没有采取行动，现在听说曹魏北还，我们便停止提防，蜀国就不会怀疑了吗？况且治理国家，战船和城郭怎能不维护呢？现在严加治军，是为了再次防范蜀国吗？传言未必可信啊。”结果，蜀国真的如孙权所料一般，没有什么图谋。

孙权晚年废立太子。神凤元年（252）四月，孙权去世，终年 71 岁，谥号大皇帝，葬于蒋陵。

论赞

评曰：孙权性格坚韧，能够屈身忍辱，他总是将任用的人才发挥到极致，并且有勾践一样的奇才，可谓人中豪杰。所以孙权能镇守江表，成鼎足霸业。然而孙权又天生多疑，猜忌他人，经常杀戮，晚年尤甚。孙权如此，导致子孙横死，人丁凋敝，以致最终亡国。

卷五十二

张昭 顾雍 诸葛瑾 步骘传

自古江东多才俊，在孙权成就三分天下有其一，建立一分鼎足帝业的过程中，无数江东豪杰为之或坐镇一方或出谋划策，出将入相，驰骋东南。这些人才中，德望最高，才能最优的，当属张昭、顾雍、诸葛瑾、步骘四人。

【重臣张昭】

张昭，字子布，彭城（今江苏徐州）人。他自幼好学，擅长隶书，曾经跟随白侯子安学习《左氏春秋》，博览群书。年方二十便被举为孝廉，而他却并未去赴任，仍与朋友高论旧君名讳的事情，当地才子陈琳等人无不称赞他。徐州刺史陶谦推荐张昭为茂才，张昭仍不理会。陶谦认为张昭轻视自己，便拘捕了他，幸好好友赵昱等人竭力营救才免于危难。

东汉末年，天下大乱，徐州士人纷纷到扬州避难，张昭也随着人们南渡长江。当时孙策刚刚占领江东，任命张昭为长史，抚军中郎将，还带着他入内堂拜见了自己的母亲，就好像最好的朋友一样。从此，江东文武之事，一概都由张昭管理。张昭每次接到北方士大夫给他写的信，都是一片赞誉之声，张昭想秘而不宣，则担心有私情，可是如果说出来，却又不合时宜，如此进退维谷，十分不安。孙策知道后，笑道："昔日管仲相齐，一说是仲父，二说还是仲父，而齐桓公却成就了霸业。今天你子布的贤能我能任用，那么天下的大业还不是属于我的吗？"

孙策弥留之时，将弟弟孙权托付给张昭，张昭率领江东群僚竭力辅佐孙权。年轻的孙权悲戚不已，张昭便说："作为继承先业的后辈，最重要的是担负起现任的基业，发扬光大先人的遗志，成就功勋。如今天下大乱，您怎么能这样伏卧悲戚，放纵自己的感情呢？"说罢亲自扶了孙权上马出兵，于是人心大定。

孙权喜欢打猎，有时竟与老虎有咫尺之遥。张昭正色劝谏："您身为人君，应该驾驭英雄，驱策群贤，怎么能这样纵马原野，像武士一样搏杀猛兽？一旦有什么意外，岂不是被天下人耻笑？"孙权道歉道："是我少不更事，愧对您了。"

黄初二年（221），曹魏派遣使者邢贞出使东吴。邢贞进门而不下车，张昭对他说："没有人敢不遵循礼仪，所以法令才能执行，而您这样妄自尊大，是不是认为我们江南势弱，没有

刀刃啊？”邢贞连忙下车。

孙权在武昌（今湖北鄂城）的时候，有一次喝得酩酊大醉，他命人用水喷洒大臣，并要大家醉倒庭中。张昭面色严肃，走了出去。孙权派人召回张昭，说不过一起作乐，发什么脾气呢。张昭回答：“商纣王作酒池终夜宴饮时也说是为乐，不以为这是坏事。”孙权默然，面有愧色，罢了酒席。

孙权刚开始设置丞相的时候，张昭原本是众望所归，孙权却说：“如今事务繁忙，统领的人责任重大，这样不是对他的优待。”第一任丞相死后，大家再次推举张昭，孙权又说：“我不是对子布有所私爱吗？丞相一职事务麻烦，而他性情耿直，如果和大家产生积怨，不是害了他吗？”

张昭每次上朝，都言辞严厉，大义凛然，多次直言忤逆孙权，于是张昭便不再上朝。后来，蜀国派使者前来，巧舌如簧称赞蜀国，东吴群臣无人可挡，孙权不禁叹息：“如果张公在座，一定会驳回蜀使，怎么容他如此自夸？”

张昭外表矜持严肃，很有威严，孙权常说：“我与张公谈话，不敢随便啊。”江东上下无不害怕张昭。嘉禾五年（236），张昭去世，终年81岁，谥号文侯。死时，是孙权亲自为他穿的丧服。

顾雍

顾雍(168～243)出身江南名门望族，曾拜著名书法大家蔡邕为师。蔡邕十分喜爱这个学生，将自己的名赠予顾雍。

【名相顾雍】

顾雍，字元叹，吴郡吴（今江苏苏州）人。曾跟随蔡伯喈学习弹琴与书法。在州郡故老的推荐下，年仅20岁的顾雍做了合肥长。后来在娄、曲阿、上虞等地任职，都有政绩。孙权领会稽太守后，任顾雍为郡丞。后来迁为左司马。孙权称吴王后，顾雍累迁大理奉常、领尚书令，封阳遂乡侯。然而，当顾雍衣锦还乡时，他的家人却不知他已然显赫至此，无不惊讶。顾雍将母亲迎到吴郡的时候，孙权亲自在内庭拜见了顾母。

顾雍从不饮酒，为人少言寡语，但举动得当。孙权曾叹

息说："顾君不轻易讲话，可一旦说话，必然中的。"大家宴饮的时候，很多人怕酒后失态被顾雍看到，都不敢恣情放纵，以至孙权都说："顾君在座，大家不得尽兴啊。"顾雍推荐的人才都能在任上恪尽职守，没有异心。在朝堂上，顾雍总是辞色和顺，但始终坚持正义。在顾雍和张昭的劝说下，孙权轻刑狱，减刑法。

孙权一朝，顾雍做了 19 年宰相。赤乌六年（243），顾雍病逝，终年 76 岁，谥号肃侯。

【温厚诚信的诸葛瑾】

诸葛瑾，字子瑜，琅玡阳都（今山东沂南南）人。东汉末年避乱江东，孙策死后，诸葛瑾受人推荐，侍奉孙权，颇受礼遇。建安二十年（215），孙权派诸葛瑾出使蜀国，与刘备修好。出使期间，诸葛瑾与其弟诸葛亮只有公事上的往来，私下没有会面。

与孙权谈论政事的时候，诸葛瑾语气没有激情，稍稍显现风采，大略陈述主旨。如果不合孙权的意，就岔开谈论别的话题，再慢慢托喻重新谈起，凡事探求其理，孙权往往能够豁然开朗。

孙权对吴郡太守朱治有怨恨，心中积怨无法消解。诸葛瑾知道后，便给孙权上书谈论万物的道理。写完呈给孙权，孙权看后笑着说："我的气已经消了，颜回的美德，想让人人相亲相爱，不就是这个道理吗？"

刘备东征的时候，孙权想求和，诸葛瑾便给刘备写了一封信，陈述利害。于是有人对孙权说，诸葛瑾派亲信与刘备私通。孙权说："我和子瑜相识共事多年，恩义犹如手足，我很了解他，他这个人，不行无道，不言非义。当年刘备派孔明来东吴，我曾经对子瑜说，孔明与你是兄弟，弟弟应该跟随兄长，这才是道义，为什么不把孔明留在江东呢？如果孔明肯留下，我写信给刘备。子瑜回答说：'诸葛亮已经侍奉了他人，绝没有二心。他不能留下，就好像我不会离开一样。'这足以表明他的心志，我与他神交，外人不会知道的。"

诸葛瑾为人很有度量，当时的人无不佩服他的宽宏雅量。孙权也很倚重诸葛瑾，遇到大事总要去咨询他的意见。孙权

诸葛瑾
诸葛瑾是诸葛亮的兄长，经鲁肃推荐投效东吴，是孙权的主要谋士之一。

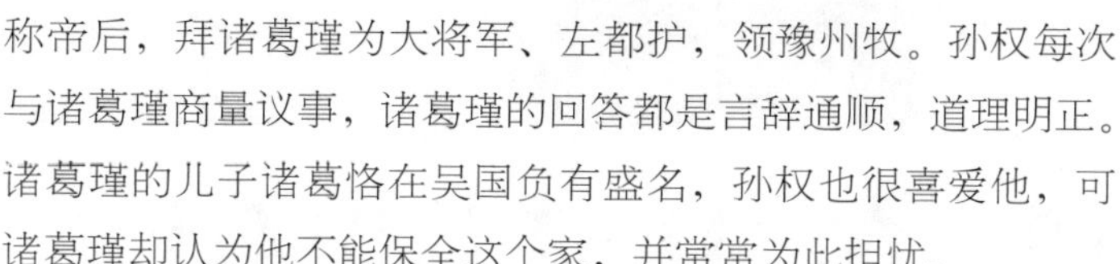

称帝后，拜诸葛瑾为大将军、左都护，领豫州牧。孙权每次与诸葛瑾商量议事，诸葛瑾的回答都是言辞通顺，道理明正。诸葛瑾的儿子诸葛恪在吴国负有盛名，孙权也很喜爱他，可诸葛瑾却认为他不能保全这个家，并常常为此担忧。

赤乌四年（241），诸葛瑾去世，终年 68 岁，遗命下葬时只穿当季的衣服。棺椁上没有任何装饰，凡事从简。

【宽雅沈深的步骘】

步骘，字子山，临淮淮阴（今江苏清河）人，遭逢乱世，避难江东。当时，步骘孑然一身，穷困潦倒，与广陵人卫旌友善，种瓜为生，白天耕作，夜晚读书。贫贱之时，步骘含垢忍辱，却胸襟旷达，不以为耻。

孙权执掌江东后，征辟步骘为主记，后来改任海盐长，又做了东曹掾，后又出任鄱阳太守。刘表任用吴巨为苍梧太守，建安十六年（211），吴巨怀有异心，表面归附而暗自违逆。步骘诱使吴巨与他见面，在会见时将之斩杀。从此，步骘声威大震。

孙权称帝后，任步骘为骠骑将军，同年，任西陵都督，接替陆逊，抚绥冀州、西陵。当时，太子孙登驻守武昌，喜好结交天下士人，便写信给步骘，咨询哪些人堪称君子，可以任用。步骘回信列出当时荆州有所建树的人，有诸葛瑾、陆逊、朱然、程普、潘浚、裴玄、夏侯承、卫旌、李肃、周条、石幹共 11 人。

赤乌九年（246），步骘接替陆逊担任丞相，而他还是像从前一样，教诲弟子，读书手不释卷。他的衣着和居所，宛如儒生，可家里妻妾的服饰都非常奢侈绮丽，因此受到当时人的讥讽。他驻守西陵 20 年，周围的敌人都为他的声威震慑，忌惮他。

步骘性情宽宏，大家都很信任他。此外，他喜怒不形于色，朝廷上下对他无不肃然敬仰。

赤乌十年（247），步骘去世。

论赞

评曰：张昭受孙策遗命，辅佐孙权，功勋卓著，恪尽职守，中正方直，不顾私利。其人因严苛而为人忌惮，因为孤高而被君王疏远，既不能成为宰相，也不能为师保，最终只能在闾巷之内，终老一生，以此来显示孙权不如孙策。顾雍素有功勋，又能理智地处理各种局面，因此能够位极人臣。诸葛瑾、步骘都因度量宏大、行为得当而深受重用。

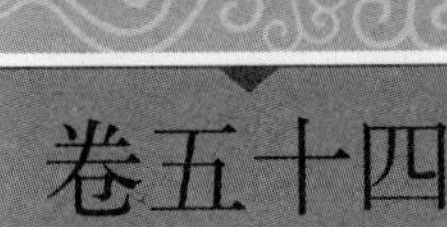

卷五十四

周瑜 鲁肃 吕蒙传

终孙权一生，与魏蜀两国征伐不断，却最终于乱世之中保住父兄基业，这要归功于孙权的知人善任。纵观孙权一朝，江东军事统帅无不卓然群伦，驰骋一时，保疆守土，与三分天下中执一方牛耳。他们有着悬殊的出身、迥然的性格，甚至完全不同的政治立场，可他们却为了一个共同信念而尽忠一生，死于任上。他们就是周瑜、鲁肃和吕蒙。

【文韬武略的周郎】

周瑜，字公瑾，庐江舒（今安徽庐江西南）人，祖上为汉室高官，父亲为洛阳令。周瑜身材魁伟，容貌俊美。

孙坚讨伐董卓的时候，周瑜起兵跟随。孙坚之子孙策与周瑜同庚，二人关系亲密友善，周瑜将家中大宅送给孙策，二人拜见过彼此的母亲，一切物品共同使用。

周瑜去丹阳看望叔父的时候，正赶上孙策带兵东渡，周瑜便带着自己的兵马投奔孙策。孙策大喜，说："有了你大事可成。"就这样，周瑜跟着孙策攻打横江、当利，攻城拔寨，无往不利。进而挥师，将秣陵、湖孰、江乘、曲阿尽收麾下。转瞬之间，孙策的部曲已经增加到数万人。孙策对周瑜说："我带这些人马取吴会、平山越已经足够了，你回去镇守丹阳吧。"

周瑜回到丹阳后，袁绍另派他人取代周瑜的叔父做了丹阳太守，于是周瑜回到了寿春。袁术觉得周瑜是个将才，周瑜却料定袁术成不了大业，因此请求去做居巢长，想借路东归。袁术答应了他的请求，周瑜回到了东吴。孙策亲自迎接周瑜，授他为建威中郎将，这一年是建安三年（198），周瑜只有24岁，却恩德信誉著于庐江。这时的吴人都唤他为"周郎"。孙策意欲攻取荆州，令周瑜为中护军，领江夏太守，周瑜与孙策一起攻克了皖城。

当时，桥公有两个女儿，都有国色之姿，孙策娶了大桥，周瑜纳了小桥。孙策还曾开玩笑地对周瑜说："桥公的两个女儿虽然离开家乡，却得你我做夫婿，也该满足了。"

此后，周瑜进兵寻阳，大破刘勋，平定豫章、庐陵，随后镇守巴丘。

【鏖兵赤壁】

建安五年（200），孙策去世，孙权统领江东。周瑜带兵前来奔丧，之后便留在了吴郡，以中护军的身份与张昭共同管理东吴事务。建安七年，

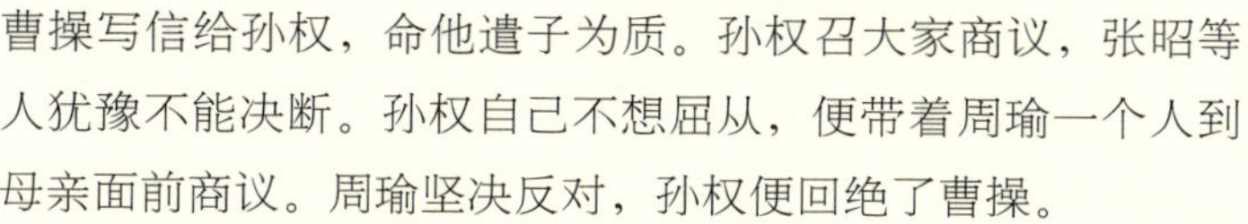

曹操写信给孙权，命他遣子为质。孙权召大家商议，张昭等人犹豫不能决断。孙权自己不想屈从，便带着周瑜一个人到母亲面前商议。周瑜坚决反对，孙权便回绝了曹操。

这一年，曹操大军进入荆州，刘琮投降，曹操得到荆州水师，带甲几十万，江东无不恐惧。孙权的部下都劝他投降，周瑜却说："曹操虽然托名汉相，却是汉贼。您英明有才略，依仗父兄基业，割据江东，地方数千里，兵精粮足，应该横行天下，为汉室除去祸患。如今曹操此来就是送死，怎么可以投降？我是这样为您筹划的：就算北方安定，曹操没有内忧，能够打持久战，难道能和我们的水军抗衡吗？何况现在北方不安定，马超、韩遂还在关西，是他的后患。况且曹军舍弃鞍马，驾舟楫，与吴越抗衡，这不是他们擅长的。而且现在是严冬，马无草，带着这么多北方人远涉江湖，水土不服，一定会生病。这四点都是兵家大忌，曹操却都有了。将军您擒拿曹操，就在今日。我请命带兵三万，进兵夏口，为您大破曹操。"于是孙权下定决心，迎战曹操。

二乔·清·吴友如

二乔，即大桥和小桥（"桥"又作"乔"），是三国时期东吴的美女，孙策和周瑜的妻子。

孙权派周瑜、程普等与刘备合力抵抗曹操，鏖兵于赤壁。此时的曹军已然有不少人生病，刚一败阵便退兵了。周瑜手下大将黄盖用火船烧了曹操的战船。曹操兵退南郡，然后引兵北归。

周瑜又与留守的曹仁交锋，被流箭射伤了手臂。曹仁趁周瑜养伤之际进兵，周瑜巡视军营，鼓舞士气，曹仁只得退兵。

当时的益州牧刘璋受到汉中张鲁的侵扰，周瑜为此上疏，要求进兵蜀郡，得到蜀郡后再吞并张鲁，与马超联合，再进军襄阳，压迫曹操。孙权采纳了这个计策。周瑜准备行装出征，结果走到巴丘的时候因病去世，终年36岁。孙权为他穿丧服

追悼，众人无不感动。从前，孙策与周瑜是最好的朋友，孙策母亲让孙权称周瑜为兄。那时的孙权只是个将军，其他将领都很怠慢他，而周瑜却总是按照臣下的规矩，先向孙权敬礼。后来，孙权称帝的时候曾经对公卿们说："没有周公瑾，我不会当上皇帝。"

周瑜为人宽厚，人们都喜欢他。年轻时，周瑜通音律，即便喝了三爵酒，也能听出音乐演奏中的错误。而每当此时，他都会回头看一眼，因此当时有句著名的歌谣："曲有误，周郎顾"。

【鲁肃投孙权】

鲁肃，字子敬，临淮东城（今安徽定远）人，出生的时候便没有父亲，与祖母生活在一起。鲁肃家道殷实，而他本人又乐于施舍。当时天下大乱，鲁肃不经营家产，反倒大散家财，卖掉田地来赈济、结交士人。

周瑜做居巢长的时候，曾带着数百人到鲁肃家求粮。当时鲁肃家有两谷仓米，鲁肃指着其中一谷仓赠给了周瑜，周瑜才知道这是个奇人，便与他亲近结交。袁术也听说过鲁肃的大名，让他代理东城长，鲁肃见袁术不堪成事，便带着老幼及少年游侠百余人离开，投奔周瑜去了。周瑜东渡时，鲁肃便与之同行。

鲁肃的祖母去世，鲁肃将她葬在东城，然后回到曲阿，刚刚要北上的时候，周瑜已然将鲁肃的母亲接到吴郡。这时，孙策已经去世，孙权还在吴郡。周瑜对鲁肃说："昔日马援对光武帝说：'当今之世，不仅仅是君主选择臣下，大臣也同样可以选择君主。'如今孙将军亲贤，有才能的人都能被录用。"周瑜劝说鲁肃出仕辅佐孙权，并将之推荐给孙权。

孙权见到鲁肃后，与他一番交谈，大为喜悦。大家离开的时候，鲁肃也告退，孙权却将鲁肃一个人留下，二人同榻对饮。左右无人时，孙权问："如今汉室倾危，四方豪杰并起，我继承父兄基业，想建立齐桓公、晋文公一样的功绩。您既然肯出仕，该如何帮助我呢？"鲁肃回答说："当年高祖皇帝想侍奉义帝而不能，因为有项羽在。今天的曹操就好比当年的项羽，将军为什么还想学桓文啊？我以为，汉室已经不可能复兴了，曹操不是一时间可以铲除的。现在将军您应该稳据江东，坐观天下变化，以现在的实力看也没什么。北方的麻烦实则很多，所以您应该剿除黄祖、征伐刘表，垄断长江天险，然后建立帝王霸业，这样才是汉高祖的基业。"孙权说："现在我倾尽一方的力量，只想辅佐汉室，您刚才说的话我还没想过。"

张昭认为鲁肃狂傲、年少心粗，不能重用。孙权却不以为然，对鲁肃愈加敬重，赐给他母亲衣物帷帐。鲁肃居所之物，就像他当年在东城时一样。

【联刘拒曹】

刘表死后，鲁肃对孙权说："荆州与我毗邻，水流向北，外有江水、汉水，内有山川险要，城池牢固，沃野万里，百姓富足，如果能得到这块土地，那便有了成就帝业的资本。现在刘表去世，他的两个儿子不睦，军中的将领也不同心。而刘备是天下枭雄，与曹操有仇，托身在刘表处，刘表猜忌他不加重用。如果刘备跟他们上下齐心，我们就要安抚他们，与之结盟；如果他们不和，我们便另作打算。现在我愿意前往吊唁，慰劳他们，劝说刘备安抚刘表部下，让大家同心同德，对抗曹操，刘备一定会同意。如果能够成功，那天下可定。现在如果不快点去，会被曹操捷足先登。”于是，孙权派鲁肃到夏口。

鲁肃还未到，刘琮就投降了曹操，刘备逃往江南。鲁肃到当阳长阪见刘备，转达了孙权的意思，劝说刘备与东吴合作。刘备欣然同意。当时诸葛亮在刘备身边，鲁肃对诸葛亮说：“我是子瑜的朋友。”就这样，两个人当即结为好友。刘备派诸葛亮去见孙权，鲁肃也返回复命。

此时，曹操已有东征之意，江东群下劝孙权奉迎曹操，只有鲁肃不说话。孙权起身时，鲁肃追到廊下，孙权知道他的心意，拉着他的手说：“你想说什么？”鲁肃说：“刚刚听大家的意见，都是在害将军您，根本不能成大事。我可以降曹操，您却不能。我投降曹操，他会让我归乡，我的名位不会低于下曹从事，出入坐牛车，随行有兵吏，还能和士人交往，逐步升迁为一个州郡长官。但如果您降曹，能有什么出路？希望您早些定夺大计，不要听他们的意见。”孙权叹息说：“这些人很让我失望，现在您跟我说明大计，和我的想法一样，您真是上天赐给我的。”

鲁肃劝孙权把身在鄱阳的周瑜召回。于是孙权派周瑜负责行事，鲁肃做赞军校尉。打败曹操之后，鲁肃先回来，孙权带领诸将欢迎鲁肃。鲁肃入内后行礼，孙权起来还礼，说：“子敬，我扶着马鞍下马迎接你，给你足够的荣耀了吧？”鲁肃说：“不够。”大家愕然。就座后，鲁肃慢慢举起鞭子说：“盼望您能至尊威德四海，统揽九州，成就帝业，到时候您用安车软轮来征召我，那时我才算显赫。”

鲁肃

孙权同陆逊谈论鲁肃时曾说与鲁肃有两大快事，一是鲁肃为他谋划帝王功业，二是力排众议，坚定他的抗曹决心。孙权说到鲁肃的短处，认为就是当年劝他借荆州给刘备。

吕蒙

吕蒙年少时不好学，听孙权教导后才开始学习，不知疲倦。鲁肃发现吕蒙的变化后，曾拍着他的背说："你如今学识渊博，不再是当年的吴下阿蒙了。"吕蒙答："士别三日，当刮目相看。"

刘备向孙权求借荆州，只有鲁肃劝孙权可以借，以共同对抗曹操。周瑜重病期间，上疏孙权，推荐鲁肃接替他的职务。孙权任命鲁肃为奋武校尉，代替周瑜领兵。

刘备入川，留关羽守荆州。孙刘边界不清，彼此猜疑，鲁肃却能以友好的态度对待关羽。孙权与刘备争荆州的时候，鲁肃驻军益阳。他曾邀请关羽相见，双方在百步外陈列兵马，关羽则单刀赴会。鲁肃责备刘备不还荆州，最后刘备答应割地，于是双方罢兵。

建安二十二年（217），鲁肃去世，终年46岁。后来孙权称帝的时候，曾对公卿们说："昔日鲁子敬曾预言帝业，他真是深明大势。"

【不复吴下阿蒙】

吕蒙，字子明，汝南富陂（今安徽阜阳）人，年轻时到江南投奔身为孙策部下的姐夫，十五六岁时便能随军杀敌。他曾说："贫贱的人难以生存，如果能立功，便可以富贵了，岂不闻不入虎穴焉得虎子。"

后来，张昭推荐吕蒙为别部司马。孙权东征黄祖的时候，吕蒙任前锋，亲手斩杀了黄祖的水军都督陈就。孙权充分肯定了吕蒙在这场战斗中的功勋，任他为横野中郎将。

吕蒙参与了赤壁之战和南郡之战。鲁肃接替周瑜总领军事后，来到陆口，路过吕蒙屯兵之处的时候，有人对鲁肃说："吕将军现在功名渐渐显赫，早已不是从前的吕蒙了，您应该去看看他。"原来鲁肃一向看不起吕蒙。当鲁肃见到吕蒙时，吕蒙问鲁肃："您接替公瑾身受重任，与关羽为邻，要用什么计策防范呢？"鲁肃说："视情况而定。"吕蒙说："如今东西虽然联合，但关羽是熊虎之将，怎能不早定对策？"接着给鲁肃出了五条计策。鲁肃起身，拍着吕蒙的肩膀说："吕子明，我不知道你竟然有如此高明的才略。"鲁肃随即拜见了吕蒙的母亲，二人结为好友。

【担当大任】

吕蒙为人十分忠厚。当年成当、宋定、徐顾三人的防区与吕蒙接近，这三个人去世后，孙权要把三人所统之兵交给吕蒙，吕蒙坚决推辞。他说这三位将领为国辛劳，子弟虽小，却不能收回他们的部曲。连续三次恳请，孙权才同意。吕蒙又为这三家的孩子请了老师，教导他们。

后来，吕蒙随孙权在濡须抵挡曹军，屡献奇计。他建议孙权在水口两旁立坞，设计精巧的防御工事，使得曹操屡攻不下。孙权攻打皖城的时候，吕蒙推荐甘宁为升城督，攻击前线，吕蒙则率领精锐部队接应。他亲自击鼓，振奋士气，从早上到早饭时间，便攻破了城池。

曹操大举进攻濡须，孙权任命吕蒙为濡须督。吕蒙在防御的坞上面准备了一万张强弩，以此抵御曹兵。曹兵前锋营寨还没扎好，就被吕蒙攻破了，曹操只得退兵。

鲁肃死后，吕蒙接替了其统率的部曲。鲁肃生前联合关羽共御曹操，吕蒙却常常想攻打关羽，占据整个长江。他到了陆口后，表面上和关羽结交。吕蒙一直生病，便向孙权请求回到建业（今江苏南京），从而骗得关羽撤掉了防范东吴的警备。关羽威震樊城的时候，孙权派吕蒙为先锋。吕蒙到了寻阳，将精兵藏在大船里，让摇橹的人扮作商人，白衣渡江，突袭了关羽设在江边的哨所，然后到南郡，俘虏了关羽和他手下将士的家眷，但是对他们很厚待，甚至比关羽对他们还好。关羽的使者把这个情况带回军营，官兵各个无心作战。关羽自知无路可走，只得败走麦城（今湖北当阳东南）。关羽到了漳乡，部下们渐渐脱逃，孙权派朱然、潘璋断绝小路，终于擒获了关羽父子。

孙权任命吕蒙为南郡太守，赏钱1亿，黄金500斤。吕蒙坚决不受；孙权却很坚持。然而就在此时，吕蒙生了重病，孙权重病悬赏求医。孙权忧心忡忡，想去看望吕蒙，又怕打扰他，于是便在墙上穿了个洞，从洞中察看吕蒙病情。吕蒙吃点东西，孙权就很高兴，否则，孙权便难以入眠。最终，吕蒙还是病重而死，终年42岁。吕蒙死前将所得财物奉还朝廷，遗命丧事节俭，孙权知道后更加悲痛。

论赞

评曰：曹操凭借自己是汉丞相，挟天子而灭群雄，刚刚荡平荆州，又向东吴耀武扬威，当时的议者都因为疑惧而怀有二心。周瑜、鲁肃的见解独到英明，在众人之上，使孙权不致降于曹操，堪称当世奇才。吕蒙勇而有谋，能决断军国大事，欺骗郝普、擒获关羽都是他的计谋。他起初虽然纵武妄杀，但后来能克制自己，有国士的度量，哪里只是一员武将！

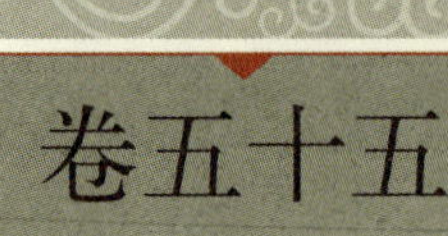

卷五十五

程普 黄盖 韩当 蒋钦 周泰传

程普、黄盖、韩当自汉末追随孙坚，历经三世，蒋钦、周泰跟从孙策起兵，效忠两代君主，他们受孙氏父子重恩，统率熊虎之师，转战中原、江南，辅佐孙坚父子称霸江东，成就帝王之业。

【老将程普】

程普，字德谋，右北平郡土垠县（今河北丰润）人，曾经当过州县官吏，其人容貌英俊，颇有谋略，善于应对。他早年跟随孙坚征伐四方，在宛（今河南南阳）、邓（今河南邓县）一带讨伐黄巾军，又在阳人（今河南临汝西）大破董卓，攻城野战，披坚执锐，曾受过伤。

孙坚去世后，程普又跟随孙策转战淮南、庐江，最后随着孙策东渡至横江、当利、秣陵、湖孰、句容、曲阿。孙策大军所向之处，程普皆立有战功。大破乌程、石木、波门、陵传，也是程普立了首功。孙策占领会稽后，封程普为吴郡都尉，后来改封丹阳都尉。此后，程普再度出兵攻打宣城、泾、安吴、陵阳、春谷，尽皆攻克。孙策征祖郎的时候，被敌军围困，程普带着一骑人马前去救援。程普亲自执矛冲锋陷阵，救出孙策。

孙策去世后，程普和张昭等共同扶助孙权，管理三郡事宜，征讨叛逆的人。

赤壁之战时，程普与周瑜分任左右督，在乌林（今湖北赤壁西）打败了曹操，进而进攻南郡（今湖北东部和南部），驱逐曹仁。

程普是早期跟随孙坚的将领中年龄最长的，当时的人都称呼他为程公。程普为人好善乐施，也爱与士大夫交往。周瑜去世后，程普领南郡太守。后来，孙权分荆州的一半给刘备，程普便回到江夏任太守，被封为荡寇将军，不久便去世了。

孙权称帝后，追论程普的功劳，封他的儿子为亭侯。

【智勇双全的黄盖】

黄盖，字公覆，零陵郡泉陵县（今湖南零陵）人，原本是郡中小吏，后来举了孝廉，在公府任职。孙坚起兵之时，黄盖便开始跟随他，一起破了南部山贼，又打败了北方的董卓，被拜为别部司马。孙坚去世后，黄盖相继追随继任的孙策和孙权，他每每披甲临阵，持刀杀敌，攻城略地。

哪个县中有不宾服的山贼作乱，

都会派黄盖去做守长。石城的县吏难以管理县内事务，黄盖派了两名佐吏，分别管理各部门，并说："县令长行事缺少德行，凭借武力，不用文职官员，现在贼寇未平，军旅中的事务，应该交给两名佐吏，指正错误。凡是不奉公守法的，也不要以杖鞭来责罚，希望大家用心努力，不要首先受罚。"开始的时候，大家敬畏黄盖的威严，都很小心谨慎，工作勤勉用心。时间一久，官吏以为黄盖不看公文，便日渐懈怠。黄盖也发现这个苗头，就不断考查，查出两名佐吏做了几件不法的事。黄盖召集所有官员，赏赐酒食，巡按追查，两名佐吏服罪。黄盖说："以前讲过，绝不用鞭杖责打，这不是空话。"说完竟然把两名佐史杀了，全县上下无不恐惧。黄盖相继治理了九个县，所到之处无不安定。后来黄盖迁为丹阳都尉，抑强扶弱，山越无不敬服他。

黄盖为人严肃，但对人却很好，因此每次出征，将士们争先效命。建安年间，黄盖随周瑜在赤壁和曹操作战，并向周瑜献火攻计。赤壁之战后，黄盖被任命为武锋中郎将。武陵郡蛮夷反乱，攻破城邑，孙权任命黄盖为太守。当时郡中只有兵卒 500 人，黄盖自知不可抵挡，于是洞开城门，等敌人进入一半的时候，黄盖下令从中截击，斩敌寇数百人，其余的落荒而逃。事后，黄盖只杀了敌酋，其余的全部赦免。由春到夏，黄盖荡平武陵郡，那些世居深山的巴、醴、由、诞等各个少数民族的酋长，无不对黄盖敬服，纷纷送来礼物，从此各少数民族都拜服，南方安定。以后长沙郡益阳县（今湖南益阳）的山贼扰乱县城，也被黄盖出兵荡平。孙权封黄盖为偏将军，黄盖却因病死在任上。

黄盖在公事上很果断，做事毫无迟疑，他去世以后，国人都很思念他。孙权称帝后，追论黄盖的功绩，敕封其子为关内侯。

黄盖

黄盖是三国时期东吴将领，历孙坚、孙策、孙权三任东吴领袖，在赤壁之战中向周瑜献火攻计，立下大功。

【江东虎臣韩当】

韩当，字义公，辽西令支（今辽宁辽阳）人。其人弓马娴熟，力气过人，孙坚很喜欢他。韩当跟随孙坚南征北战，屡次陷入险境，总能冲锋陷阵，擒拿敌人。孙策东渡后，韩当跟着他征讨三郡，被封为先登校尉。后来，韩当参与了征讨刘勋，破黄祖之战，他做安乐长的时候，当地山贼无不敬畏服从。曹操南下的时候，韩当与周瑜一起参与了赤壁之战，接着和吕蒙一起袭取了南郡，被封为偏将军，领永昌太守。宜都之战时，韩当与陆逊、朱然等人在涿乡大败刘备，被封为威烈将军，封都亭侯。曹真攻取南郡的时候，韩当保守东南。

韩当在外为帅的时候，激励将士，与他们同心固守，在朝做官的时候尊奉法令，孙权对他赞赏有加。黄武二年（223），孙权封韩当为石城侯，迁昭武将军，领冠军太守。韩当带领数万将士讨伐丹阳贼寇，大破敌军。便在此时，韩当病逝。

【蒋钦之德】

蒋钦，字公奕，九江寿春（今安徽寿县）人，孙策袭击袁术的时候，蒋钦便开始跟随他。孙策东渡的时候封蒋钦为别部司马，授予兵权。蒋钦随着孙策四处征战，平定三郡，随后平定了豫章。蒋钦又被封为葛阳尉，先后当过三个县的县长，讨平当地盗贼，后来迁西部都尉。会稽冶县的吕合、秦狼等人作乱，蒋钦出兵讨伐，擒获两名贼酋，平定五县，被封为讨越中郎将。

蒋钦跟随孙权征合肥，魏将张辽在津北袭击孙权。是役，蒋钦力战有功，被封为荡寇将军，领濡须督。后来又被召回武昌，拜为右护军。

孙权曾经到过蒋钦家中，见其母帐被朴素，妻妾皆穿布衣，不禁感叹蒋钦虽然地位尊贵，却如此节俭，于是令御府为其母做锦被，改用帷帐，令其妻妾皆穿鲜艳的丝织衣物。

蒋钦曾经屯兵宣城，征讨豫章的贼寇。当时的芜湖令徐盛逮捕了蒋钦部下官吏，上表孙权处斩，孙权因为蒋钦远在外而没有准许。事后，徐盛总觉得自己得罪了蒋钦。曹操出濡须的时候，蒋钦与吕蒙持将军节度，徐盛常常害怕蒋钦会利用职权来害自己，可蒋钦却总是称赞徐盛的优点。徐盛十分感念蒋钦的德行，大家提到这件事的时候也无不赞许。

孙权讨伐关羽，蒋钦受命都督水军进入沔水，后死于回军的途中。孙权悲痛，穿上丧服，并赏赐田地户口给蒋钦的家人。

【江东虎将周泰】

周泰，字幼平，九江下蔡（今安徽凤台）人，当年同蒋钦一起跟随孙策左右，侍奉孙策十分恭敬，屡立战功。孙策得到会稽后，以周泰为别部司马，对他很信任。孙策

出兵在外时，孙权留在宣城，周围护卫的人不到一千，而且在防御上有所疏忽。这时，数千山贼突然杀到。孙权刚刚上马，贼兵的刀锋便砍到了他身边，甚至已经触及他的马鞍，周围的人不能自安。只有周泰英勇激愤，用身体护卫孙权，胆气过人。周围的人受周泰鼓舞，也加入了战斗，终于打退山贼。这场战斗中，周泰身中 12 处创伤，昏死过去，很久才苏醒。如果没有周泰，孙权几乎丧命。孙策深深感激周泰，封他为春谷长。

后来周泰参与攻打皖城、江夏、豫章等战斗。讨伐黄祖的战役中，周泰立了战功，后来又跟着周瑜、程普参加了赤壁之战以及后来征讨南郡的战争。荆州平定后，周泰屯兵于岑。曹操征濡须的时候，周泰赶赴据守，曹操退兵后，周泰便留在了濡须，被拜为平虏将军。当时，朱然、徐盛等大将都在周泰之下，心中多有不服，孙权为此专程来到濡须，大宴众将。酣醉之时，孙权自己斟满了酒来到周泰面前，让周泰脱了衣服，并指着周泰身上的伤疤，问这些疤痕的来历。周泰讲述了从前经历的阵仗，孙权抓着他的手臂流泪道：“幼平，你为了我们兄弟，作战时像熊虎一样勇猛，不顾惜生命，身上有数十处伤痕，我怎么能不以骨肉之情待你，委以重任呢？你是我们东吴的功臣，我当与你同荣辱、共休戚。幼平你想怎样都行，不要因为自己出身寒门便退缩。”大家宴饮至深夜。第二天，孙权派使者授予周泰御盖，如此一来，徐盛等人尽皆服从周泰。

周泰

后来，孙权大败关羽，便有了攻伐蜀国的念头，于是拜周泰为汉中太守，奋威将军，封陵阳侯。黄武年间，周泰去世。

卷五十八

陆逊传

陆逊是继周瑜、鲁肃、吕蒙之后，吴国最后一位将才，以风流儒雅之质统领江东，夷陵一战成名，在内职尽于君，在外心忧于国。因他，曹丕生出东吴未可图之唏嘘；因他，刘备生出兵败夷陵是天意之叹息。往事越千年，至今苏州城外仍有陆逊遗冢，以祭奠这位三国时期卓越的将领。

【少年将才】

陆逊，字伯言，吴郡吴（今江苏苏州）人，原名陆议，出身江东大族。陆逊少年丧父，跟随从祖父庐江太守陆康。袁术与陆康素有嫌隙，于是便要起兵攻打陆康。陆康派陆逊回到吴郡。

孙权为将军时，陆逊开始在东吴做官，这一年他只有 21 岁，历任东西曹令史、海昌屯田都尉等。海昌县连年干旱，陆逊开仓赈济灾民，劝督农桑，百姓们对他十分依赖。当时的吴郡、会稽、丹阳等地多有山贼，会稽山贼潘林为患多年。陆逊招兵，深入险境，所到之处，无人不归顺服从，渐渐地已有部曲两千余人。继而他又讨伐了鄱阳的贼酋尤突。

孙权将孙策的女儿嫁给陆逊，并且数度拜访他。陆逊建议孙权说：“如今天下英雄并起，各个如豺狼般觊觎天下，若想克敌平乱，必须要有大量的兵力。然而山贼之患由来已久。心腹之患未平，难以图远方，可以吸收这些山贼的精锐。”孙权采纳了他的建议。这时，丹阳山贼费栈接受了曹操的册封，煽动山贼人作为内应。孙权派陆逊征讨。费栈的党羽很多，但派出的兵却很少，陆逊遍设旗帜，布置号角，深夜潜伏在山谷，鸣鼓佯作进攻，费栈部曲立刻四散逃离。陆逊收编部署东面三郡，强壮的人当兵，老弱编入民籍，不但新增几万士卒，还消除了当地的恶势力。

吕蒙领兵时，曾称病回到建业。这时，陆逊拜访他，说：“关羽在边境，您怎么能远道来这里，以后不会有忧虑吗？”吕蒙回答说：“正如你所说，可我实在病重。”陆逊说：“关羽依仗自己骁勇，欺蔑他人。刚刚建立了战功，便骄恣起来，只想着北进，不防备我们，如今听说您病了，必定不会设防。我们如果出奇制胜，应该能够制服关羽。”吕蒙说：“关羽勇猛，难以与之为敌，而且他已占据荆州，施以恩威信义，加之刚刚建立功勋，胆气势力旺盛，不能轻易图谋。”吕蒙

到了建业，孙权问谁可以替代他，吕蒙说："陆逊思虑深远，才干足以堪当大任，看他的规划谋略，可以大用。而且他现在还名不见经传，关羽不会顾虑他，没有人比他更合适了。如果用他，当让他韬光养晦，暗中观察形势，然后就能克敌。"于是孙权拜陆逊为偏将军右部督，代替吕蒙。

陆逊到了陆口，写信给关羽说："以前看您观察敌情而动，以严明的军法治军，举小兵而能克大敌，是何等的伟业。敌国败绩，盟国也有获利，我鼓掌庆贺这件喜事，料想您将席卷中原，重振王纲。如今我这个不聪敏的人来到这里，引颈遥望，羡慕你的功勋，想着秉承您的计划。您擒获于禁，足以流传于世，纵然是晋文公城濮之战、淮阴侯拔赵帜之略，也比不上您的战功。现在徐晃在这里驻军，曹操狡猾，他愤怒的时候也不考虑危险了，只怕会偷偷增兵。自古以来，军队打了胜仗更要加强警备，希望将军您能做好应对计划，保住胜利的果实。我是一个驽钝的书生，不能胜任战务，邻国有这样的威德，我很高兴，虽然这未必适合您的作战计划，但是您可以考虑一下。"关羽看到来信，以为陆逊谦恭，便不再怀疑他。

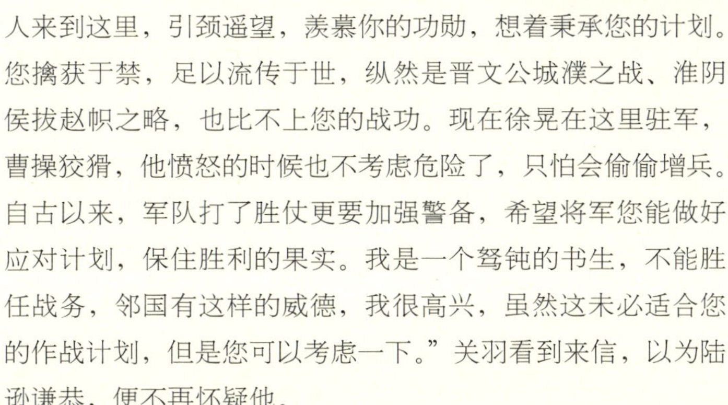

陆逊

东吴吴郡中有顾、陆、朱、张四大族，陆逊就出自陆氏一族。吕蒙死后，他成了东吴的军事统帅，同时在政治上也颇有建树，起用了一大批江东人才。他死后，他的子孙成了吴国最有势力的一支力量。

陆逊汇报了关羽的情况，提出擒获关羽的关键所在。建安二十四年(219)，孙权派陆逊和吕蒙为先锋，攻克公安、南郡。

【一战成名】

黄武元年（222），刘备率军大举出川。孙权拜陆逊为大都督，授予符节，督率朱然、潘璋、宋谦、韩当、徐盛、鲜于丹、孙桓等五万人抵抗刘备。

刘备兵出巫峡、建平（今四川巫山），包围夷陵地界，安扎了数十处营垒，又以重金高官笼络当地少数民族。他任命

冯习为全军大督，张南为前部都督，辅匡、赵融、廖淳、傅彤等为别部都督。刘备首先派大将吴班率领数千人在平地上安营，继而向吴军挑战。东吴的将领们各个想要出兵迎敌，陆逊却说："这其中一定有诡诈，还是先观察一下。"

刘备见此计不行，便带着伏兵8000人从谷中而出。陆逊说："之所以不让各位出兵战吴班，便是猜到他一定有什么巧诈。"

之后，陆逊向孙权上疏说："夷陵地处要害，是国家的门户，容易得到，也同样容易失去。一旦失去，损失的不仅仅是一个郡，整个荆州就危险了。如今争夺这里，各位一定要互相配合。刘备违逆天理，不去驻守他的老巢，却来这里送死。臣虽不才，愿凭借您的神威，用正义之师征讨悖逆之人，克敌之日不远。回顾刘备从前用兵，败多胜少，以此而论，这次也不必忧虑。臣开始时怀疑他们会水陆并进，如今他们却弃船而改用步兵，到处扎营，看起来没有什么变化。臣请陛下高枕无忧，不要以此为念。"

将领们认为刘备进军了五六百里，彼此相持了七八个月，他们的要垒已然坚固，如果这时攻打，将很难成功。陆逊却说："刘备是个狡猾的人，阅历丰富，他的部队刚刚集结的时候，思虑缜密，不能侵犯。如今驻兵日久，也不能奈我军如何，加上士兵疲惫，志气沮丧，计策已穷，现在正是打败

陆逊火烧连营七百里

他的时机。"陆逊命令士兵每人各带一把茅草，到达蜀军营垒时边点燃茅草，边发动猛攻。蜀军营寨的木栅和周围的树林见火即燃，蜀军大乱，被连破四十余营。趁着夷陵大捷，陆逊又斩了张南、冯习及胡人之王沙摩柯等人，逼降杜路、刘宁等将领。刘备所部土崩瓦解，仓皇逃往白帝城，战船军械遗失殆尽，战士的尸体顺江漂流，塞满长江。刘备惭愧愤恨地说："我被陆逊折辱，难道这不是天意吗？"

【宠极则辱】

夷陵之战后不久，刘备去世，其子刘禅即位，丞相诸葛亮主持政务，与孙权联合交好。大小事宜，孙权总

是命令陆逊告诉诸葛亮，并刻了自己的印信放在陆逊处。孙权每次给刘禅、诸葛亮写信，大多要经过陆逊审阅，轻重权宜，是否妥当，都令陆逊修改，然后封好送出。

黄武七年（228），鄱阳太守周鲂诈降魏国大司马曹休。曹休进入皖城后，孙权任陆逊为大都督迎战曹休。是役，斩杀曹军一万余人，缴获曹军几乎所有的车马、军械物资。曹休回去后不久便死了。陆逊回师时，孙权用皇帝伞盖遮护他，并赐予皇帝用的上等珍品，荣宠无人可及。

嘉禾五年（236），孙权出征北方，派陆逊和诸葛瑾攻打襄阳。陆逊派亲信韩扁送信，不想被敌人截获。诸葛瑾很害怕，写信给陆逊，说敌人已经知道他们的情况，应该赶快撤军离开。陆逊并未回信，而是催促人去种蔓菁大豆，他与诸将游戏如常。诸葛瑾知道陆逊智谋很多，便亲自来见他。陆逊说："敌人知道皇上已回，没什么忧虑，便会全力对付我。现在敌人守住要害，我们的将士却有些士气浮动，这时我们一定要镇定，计划好方案，然后才能出战。如果现在退兵，敌人就会以为我们害怕，一旦追赶，我们必然失败。"于是陆逊与诸葛瑾秘密筹划，由诸葛瑾统率战船，陆逊率骑兵攻向襄阳。敌人一向忌惮陆逊，见到陆逊的骑兵，便撤回城内。陆逊整理好军队，步行上船，敌人不敢阻拦。

赤乌七年（244），陆逊接替顾雍出任丞相。

诸葛恪势力强盛的时候，陆逊曾告诫他说："在我前边的人，我一定奉持他一同进升；在我之后的人，我就会扶助他。现在你气势强盛，凌压那些在上位的人，又无视那些在你之下的人，这不是道德修养的基本啊。"

孙权的两个儿子——太子和鲁王并立，内外官员都派遣子弟侍奉他们。陆逊认为子弟们如果有才能，不必忧虑不被任用，不该去争这些利益；如果没有才干，终会招来祸患。太子和鲁王这样必有一胜一败，这是古人的大忌。后来流传出太子地位不稳的传言，陆逊上疏说："太子是君位的正统，应稳若磐石，鲁王是诸侯，即臣子，应当令他们在荣宠秩序方面有所差别，他们各得其所，上下才能安定。"陆逊多次上疏，并要求去建业当面论明嫡庶之别。孙权未听从，而陆逊的几个外甥又因为亲近太子，被流放迁徙。太子太傅吾粲因与陆逊多次书信往来触犯法律，被下狱致死。孙权多次派使者责备陆逊，陆逊忧愤而死，时年63岁，家中没有多余的财产。

论赞

评曰：刘备称雄天下，世间无不忌惮，当时陆逊正值壮年，没有威名，而最终战胜了刘备，这既归功于陆逊有谋略，也是孙权有识才慧眼。陆逊忠诚勤恳，忧国身亡，当真是栋梁之臣。

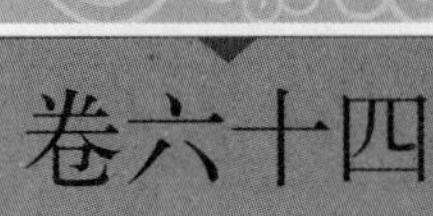

诸葛恪传

东汉末年，琅邪诸葛氏一门人杰，分仕魏蜀吴三国，或秉持均衡执一国之本，或恪尽忠诚委以重任，盛极一时。东吴诸葛恪，诸葛瑾的长子，是继其叔父诸葛亮后又一位掌国之权柄的诸葛氏人，可他既没有效仿叔父鞠躬尽瘁名垂青史，也不能如父亲一般度量宏大受任于国，最终落得身败名裂，满门被诛。

【天纵之才】

诸葛恪，字元逊，诸葛瑾的长子，少年时就很有才名，20岁便拜了骑都尉，与顾谭、张休等人侍奉太子孙登读书。

诸葛恪的父亲诸葛瑾脸很长，有些像驴。一次，孙权大宴群臣，让人牵来一头驴，在驴面上写了“诸葛子瑜”四字。诸葛恪跪下说：“请给我笔，我要加两个字。”得到笔后，他在下边写了“之驴”两个字。所有人都笑了起来，于是孙权将这头驴赐给了诸葛恪。

过了几天，诸葛恪见到孙权的时候，孙权问：“你的父亲和你叔父哪个更贤能？”诸葛恪说：“我父亲更优秀一些。”孙权问其故，诸葛恪回答：“我父亲知道应该辅佐谁，我叔父却不知道，所以我父亲更优秀。”孙权再次惊异。

一次宴饮，孙权让诸葛恪给大家敬酒。到了张昭面前时，张昭因为先前喝了很多酒，便要推辞，说：“这不是对待老人的道理。”诸葛恪说：“当年的师尚父90岁，还能秉旄仗钺出兵打仗。如今遇到军事，让您在后，酒宴的时候却让您在先，这不是尊敬老人吗？”张昭哑口无言，只能喝酒。

有一次，蜀国的使者来见孙权。当时东吴的大臣们都在，孙权便对使者说：“诸葛恪喜欢骑马，回去告诉你们丞相，请他送几匹好马。”诸葛恪当场拜谢，孙权说：“马还没到你谢什么？”诸葛恪说：“蜀国不过是陛下您在外面的马厩，您现在有了诏令，他们一定会送马过来，怎么能不谢呢？”诸葛恪才思敏捷，可窥见一斑。

丹杨地区山高险要，当地人都果敢勇猛，孙权曾经发兵，但只是得到外县的平民，而躲到山里的却擒拿不到。诸葛恪多次请求到丹杨做官，认为三年中便能发展四万带甲之兵。包括其父诸葛瑾在内的大臣几乎都持反对意见，但诸葛恪却保证一定能成功。孙权拜他为抚越将军，领丹杨太守，

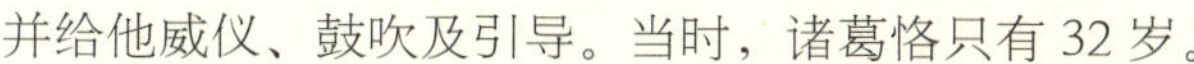

并给他威仪、鼓吹及引导。当时，诸葛恪只有 32 岁。

诸葛恪到了府中，严明制度，坚守不出，坚壁清野，最后山越人饥困难当，只得出降。诸葛恪下令说："山民要去除恶习，改变风化，我们应当抚慰他们，把他们迁到外县，不能嫌疑他们，不能抓捕他们。"臼阳长胡伉公然违命，抓捕山民，诸葛恪便将他斩首。山越人听说之后，知道诸葛恪只是希望他们迁出而已，于是扶老携幼而出。诸葛恪得到一万余人，其余的分给其他将领。诸葛恪得到嘉奖，被封为威北将军。之后，诸葛恪带兵袭取舒地，带着那里的军民回来，便要攻取寿春，孙权认为不可，方才作罢。

【位极人臣】

赤乌年间，司马懿计划攻打诸葛恪，孙权发兵迎敌，诸葛恪迁徙到柴桑。陆逊去世后，诸葛恪升迁为大将军，驻军武昌，代替陆逊统领荆州。

后来，孙权年老生病，而太子年少，孙权便封诸葛恪为大将军领太子太傅，同时又以中书令孙弘为少傅。孙权病重的时候，召见诸葛恪、孙弘以及太常滕胤、将军吕据、侍中孙峻等人，交代后事。当时的朝臣们都倾向于诸葛恪领受托付重任，孙峻说诸葛恪的能力能够胜任辅政大臣，可以托付大事，孙权却觉得诸葛恪有些刚愎自用。孙峻则认为满朝上下没有人能比得上诸葛恪，坚持推荐他。于是孙权对诸葛恪说："我病疴沉重，恐怕再难见面，现在只能逐一交代事情了。"孙权将一切事宜交给诸葛恪，为他设置办事场所，增添守卫。第二天，孙权去世。

孙弘素来与诸葛恪不睦，害怕诸葛恪挟隙报复，便图谋篡改孙

诸葛恪

诸葛恪才华横溢，少年得志，是孙权临终前的托孤之臣。但他刚愎自用，独断专行，最后被孙亮、孙峻设计杀害。当时东吴人才已经不多，他死之后，形势就更糟了。

权的诏书。孙峻把这件事告知诸葛恪，诸葛恪便佯装请孙弘议事，趁机杀了孙弘，之后才为孙权发丧。太子登基，拜诸葛恪为太傅。诸葛恪取消刺探制度，去除关税，对人民施以恩惠，人人欢喜。诸葛恪出门的时候，百姓都伸长了脖子，争相来看他。

孙权在世的时候，建业东兴堤多年荒废不修。诸葛恪在建兴元年(252)重修大堤，两侧因山筑城，各留一千守军。曹魏认为吴军侵入他们的疆土，朝廷派遣大将胡遵、诸葛诞率军 7 万，围攻两坞，破坏大堤。诸葛恪带兵 4 万，星夜驰援。胡遵等人建造浮桥渡江，陈兵堤坝上，分别攻取两城。由于两城高居险地，魏军未能攻破。诸葛恪派留赞、吕据、唐咨、丁奉为前部。当时天降寒雪，魏军诸将见留赞等人兵少，便脱掉铠甲，不持兵器，相聚饮酒。这时，吴军冲杀过来，魏军大惊，四散奔走，争着渡浮桥，结果浮桥坏了，很多魏军自投水中，互相践踏。乐安太守桓嘉等死在乱军中，死者多达数万人。吴军斩杀了以前叛敌的韩综，截获车乘牛马等各数千匹，缴获的军械物资堆积如山，于是凯旋。诸葛恪被封为都阳侯，加荆州牧，总督内外军事。

【身败名裂】

屡打胜仗的诸葛恪逐渐有了轻敌之心，十二月刚刚克敌，第二年春天便又要出兵。其他大臣们都反对，但诸葛恪却听不进劝阻。为此，诸葛恪写了一篇论谕表达自己坚持的决心，大臣们知道再也劝不动他了。

诸葛恪的好朋友丹杨太守聂友写信阻谏说："先帝有遏制东关的计策，但还没有施行。如今你辅佐天子，秉承先帝遗志，敌人前来挑衅，将士们便可凭借威猛和德望，慷慨出战。如果建功，那是宗庙社稷之福。所以应该让士卒们休息，等待敌人挑衅再动。现在乘势要想大举出兵，不合天时。而顺着您的想法，我又心有不安。"诸葛恪写信回答："您虽然说得很有道理，但却没有看到真正的天数。多看看我的论谕，就会明白了。"于是，

孙峻席间施密计

孙峻与吴主孙亮请太傅诸葛恪赴宴，于席间将诸葛恪斩杀。之后，孙亮封孙峻为丞相、大将军、富春侯，总督内外诸军事。吴国权柄尽归孙峻。

带兵20万而出，百姓骚动。从此刻起，诸葛恪渐失人心。

诸葛恪想在淮南用兵，有的将领提出反对意见："引兵深入，战场的百姓一定会远逃，到时候士兵辛劳而建功不多。不如只围困新城，等魏军救兵到了我们再别作他图，一定会取胜。"诸葛恪采纳了这个建议，回军围新城。连月攻守，却不能拔城，士卒疲劳，又多生疾病，死伤很多。很多人向诸葛恪诉苦，诸葛恪却认为士兵欺骗他，便斩了诉苦的人，于是上下人人自危，不敢再提。诸葛恪没有什么良计，又以攻不下城池为耻，愤怒形于颜色。将军朱异犯了些错误，诸葛恪便夺了他的兵。都尉蔡林几次提建议，不被采纳，便投奔了曹魏。曹魏得知吴军的困境，便派兵救新城。诸葛恪退兵，士卒伤病者很多，阻滞道路，有些人倒在坑壑中，大家无不悲痛愤恨，号叫嗟叹，而诸葛恪自若如常，在江渚住了一个月，吴主孙亮接二连三下诏令，他才班师而归。自此，大家都对诸葛恪很失望，甚至怨恨。

因为人们都很怨恨诸葛恪，孙峻便想造谣诬陷诸葛恪阴谋作乱。他与孙亮密谋，设酒宴款待诸葛恪。宴饮的前一天晚上，诸葛恪精神不安，彻夜未眠。第二天盥洗时，水盆里有腥臭味，侍者为他穿衣服时，衣服也有腥臭味。换了几次水，几件衣服，依然如故，诸葛恪心中很不高兴。将出门时，狗衔住他的衣服，诸葛恪奇怪："狗不想让我走吗？"便坐了片刻。当他再次要出行时，狗再一次衔住他，诸葛恪只得命人将狗牵走。

孙峻在帷帐后埋伏了士兵，担心诸葛恪察觉了不敢入内，便亲自出来见诸葛恪，说："您身体不适，可以晚一点来，我会告诉主上。"诸葛恪径直而入，散骑常侍张约、朱恩等偷偷捎信给诸葛恪说："今日陈设非常，应该是有问题。"诸葛恪看了信就要离开，出门时碰到太常滕胤，诸葛恪推说腹痛。滕胤不知道孙峻的阴谋，便劝说道："今上设宴，您都到了门口了，应该进去。"诸葛恪一阵踌躇，便穿着鞋子，带着剑上殿了。入座设酒，诸葛恪犹疑没喝。孙峻便说："您病没有痊愈，应该有常服的药酒，可以拿来喝。"诸葛恪安心，便饮了酒。行了几轮酒，孙亮起身入内，孙峻如厕，脱掉外面的长衣，穿上短衣，出来后说："诏令拿下诸葛恪。"诸葛恪大惊，慌忙拔剑，尚未拔出，孙峻便手起刀下。武士上殿时，诸葛恪已然死了。最终，权倾一时的诸葛恪以苇席裹身，葬身山冈，被诛三族。

论赞

评曰：诸葛恪的才气谋略，东吴上下无不称赞，但是他骄横寡恩，倨傲凌人，怎么能不失败呢？夸耀自己，欺凌他人，不失败是不可能的。如果能像他在给陆逊和弟弟诸葛融写的信中那样行事，又怎么会有后来的祸患呢？

晋书

中国社会科学院历史研究所研究员
童超

《晋书》是唐代贞观年间奉诏纂修、成于众手的一部纪传体正史。该书署名房玄龄撰，实际参与者前后有 21 人，房玄龄、褚遂良、许敬宗为监修，敬播拟订修史体例。唐太宗“御撰”了四篇史论。

《晋书》共 130 卷，包括《帝纪》10 卷、《志》20 卷、《列传》70 卷、《载记》30 卷，记述了西晋和东晋的兴亡始末以及五胡十六国割据称雄的历史。

《晋书》以臧荣绪《晋书》为蓝本，“参考诸家，甚为详洽”，具有其他史书不可替代的史学价值：其一，该书记录了有关两晋和五胡十六国的大量史实，如《帝纪》10 卷，按年月日缕述这一历史时期的主要活动与重大事件；《列传》70 卷，仅见于目录的人物即多达 722 人，涉及的人称更数以千计。其二，该书保存了许多十分珍贵的文献资料，如《崇有论》《徙戎论》《辨亡论》《钱神论》及关于中国最古的绘图方法、关于“汲冢书”的发现与整理，等等。其三，该书在修史体例上既承袭前人，又有所发展，如以《载记》形式分国记叙前、后赵等 14 个割据政权的史事，只称“僭伪”，不强调“华夷”之别；十《志》追溯东汉、三国的典章制度，弥补了《三国志》无志的缺憾。

《晋书》作为官修史书，打上了鲜明的封建意识形态烙印，如宣扬“忠孝为百行之先”、“王者必有天命”和鬼怪神异、因果报应等；其文字“竞为绮艳，不求笃实”。

卷一

宣帝纪

同魏武帝曹操一样，晋宣帝司马懿生前并未称帝，可他却权倾一时，功高震主，留给子孙一朝权柄。同曹操的子孙一样，司马懿的子孙也取代了前朝。短短的四十余年，历史的车轮在这里轻轻轮回，有晋一代的开端，是始于晋宣帝司马懿。

【心怀天下】

晋宣帝司马懿，字仲达，河内温县（今河南温县）人。司马家族有着渊源深远的历史，其先祖是高阳帝之子重黎，其子孙在尧、舜、夏、商时期都做官，到了周代，开始以司马为姓。有汉一代，司马家族都是名门望族，司马懿的父亲曾任京兆尹。年轻时的司马懿便不同寻常，聪明而有大略，博学广闻。时值汉末大乱，司马懿常怀忧虑天下之心。当时很多臧否人物的名流都对司马懿赞誉有加。

东汉建安六年（201），郡中举司马懿为上计掾。当时，官至司空的曹操想征召司马懿。司马懿却不愿屈身追随曹操，便以风痹不能起居为由推辞了。为了试探他，曹操派刺客前去刺杀司马懿。面对刺客，司马懿佯装不能动，逃过一劫。曹操当了丞相后，征召司马懿为文学掾，并吩咐使者，如果司马懿还推辞就抓捕他。司马懿害怕，便就职了。之后，司马懿陪同太子曹丕，屡有迁升。

曹操称魏王后，司马懿被封为太子中庶子，经常参与军国大事的讨论，每每有奇策，深受曹丕信任。他还向曹操建议屯田，并准确地指出魏国用人的不当。

【中流砥柱】

曹丕即魏王位后，封司马懿为河津亭侯，丞相长史，之后连年升迁。黄初五年（224），封司马懿为向乡侯，转抚军、假节，加给中事、录尚书事。司马懿坚决推辞，曹丕说：“对于很多事情，我没日没夜地忙碌，没有闲暇。我加授你官职，这不是荣耀，而是想让你为我分忧。”

翌年，曹丕南征东吴的时候，留司马懿驻守都城，管理百姓，提供军用物资。曹丕在诏令中将司马懿比作萧何，并对他说：“如果我在东方，你就总理西方的事务；如果我在西方，你就总理东方的事务。”

曹丕去世时，司马懿与曹真、陈群等人并受托孤。魏明帝即位后，改

封司马懿为舞阳侯。孙权围攻江夏的时候，司马懿督军征讨，击败了东吴将领诸葛瑾，斩杀大将张霸，杀敌千余人。

早年，蜀国将领孟达投降曹魏，朝廷对他十分厚待，唯独司马懿认为此人不可靠，屡次劝谏，不被采纳。后来孟达暗中联系吴蜀两国，图谋魏国。蜀相诸葛亮认为他反复无常，怕成为祸患，便催促他举事，结果事情败露，于是孟达就要举兵。司马懿怕孟达顷刻发兵，便写信给他说："将军当初背弃刘备来到我国，我国对你委以重任，诚心可鉴。而蜀国却都痛恨你。诸葛亮要攻伐我国，苦于无路，他怎么能让你们的密谋轻易败露呢，想想便知道怎么回事了。"孟达看了信很高兴，之后又开始犹豫不决。司马懿乘机派兵攻伐孟达，一路兼行，仅用八日便兵临城下，渡过阻水，攻破防护的木栅，兵分八路攻打孟达。六天之后，孟达的外甥邓贤、大将李辅等人开城投降。司马懿斩了孟达，俘虏万余人，将党羽七千余家迁徙至幽州。在宛城，司马懿劝课农桑，禁止浮华浪费等不良作风，当地人无不感激归附。

司马懿

司马懿最初不过是一个小吏，他性情多诈，善于韬光养晦，最终成为曹魏时权倾朝野的人物，为司马氏代魏奠定了基础。

曹魏太和四年（230），司马懿被封为大将军，加大都督、假黄钺，与曹真共同伐蜀。司马懿带领兵马从西城开凿栈道，水陆并进，沿着沔水而上，攻克新丰县。之后引军丹口，遭逢大雨，班师而回。

【对峙武侯】

太和四年，诸葛亮出兵天水，将魏将贾嗣、魏平围困在祁山。魏明帝对司马懿说："西方有难，只有你才能应付。"于是派司马懿在长安屯兵，督雍州、凉州军事，率领车骑将军张郃、后将军费曜、征蜀护军戴凌、雍州刺史郭淮等人对抗诸葛亮。

张郃建议司马懿带一部分人到雍、郿镇守后方。司马懿说："如果前军能抵挡敌人，那么将军的意见很正确。但如果不能挡住敌人，却把军队分成前后两部分，这就是当年楚军为什么会败给英布的原因。"于是便进军隃麋（今陕西千阳东）。

听说司马懿大军到了，诸葛亮亲自率领部下将士抢先收割上邽的麦子。曹魏诸将无不恐惧，司马懿却说："诸葛亮这个人考虑的问题多，但决策却很少，他一定会先安扎营寨强化自身，然后才会去收麦子。我用两天的时间日夜兼程就可以了。"

司马懿带着兵马奔赴而来，诸葛亮得知后果然遁走。司马懿紧接着占据了汉阳，再次与诸葛亮对峙。司马懿陈兵待敌，派大将牛金率轻骑诱敌，刚刚接火，诸葛亮便退兵了，司马懿追赶到了祁山。诸葛亮屯兵卤城，占据南北两座山，以河流为屏障，然而最终还是被司马懿攻破，于是率军夜间撤兵。司马懿派兵追击，斩杀蜀军近万人。

魏明帝派使者劳军，嘉奖司马懿。当时，军师杜袭、督军薛悌都预言第二年麦子成熟的时候，诸葛亮一定会再次进兵，陇右没有谷子，所以要在冬季预先运去。司马懿却说："诸葛亮两次出祁山，一次攻陈仓，都无功而返，我料定他三年内不会再出兵。"于是上表请求迁徙冀州的农民来上邽屯田。

【斗智斗勇】

曹魏青龙二年（234），诸葛亮率众十万，兵出斜谷，驻扎在渭水之南的平原上。魏明帝很担忧，派征蜀护军秦朗总督两万骑兵，授司马懿节度。

曹魏诸将想在渭北对敌，司马懿说："百姓都聚居在渭南，那里才是必争之地。"于是引军渡河，背水扎营，并对诸将说："如果诸葛亮真的勇武，便会出武功，沿着秦岭向东而行，如果他西去五丈原（今陕西岐山南20千米处），那我们就不用担忧了。"结果诸葛亮屯兵五丈原，欲北渡渭水，司马懿派大将周当屯兵渭水之南诱敌。

连续几日，诸葛亮按兵不动。司马懿又派遣将军胡遵、雍州刺史郭淮防备阳遂，与诸葛亮在积石交战。诸葛亮进兵不得，兵退五丈原。夜间，有长星坠落在蜀军营中，司马懿知道蜀军必败，便从后方袭击，斩杀蜀军五百余人，抓获千余人，投降的有六百余人。

先前，魏明帝判断诸葛亮远征，只求速战，便命令司马懿不能轻易出战，静观其变。诸葛亮多次挑战，司马懿却不应战，诸葛亮便送给他女人的头巾饰物。司马懿大怒，上表请战，魏明帝不准，还派了正直威严的辛毗来节制司马懿。后来司马懿几次想出兵迎敌，都被辛毗拦了回去。

蜀军将领姜维听说辛毗来了，便对诸葛亮说："辛毗来了，司马懿便不能出战了。"诸葛亮说："他本来就无心出战，几次请战，只是做给大家看的。将在外，君命有所不受。如果他真能打败我，还会千里请战吗？"

就这样，双方僵持百余日，诸葛亮病逝五丈原，蜀军烧了营寨撤军，司马懿出兵追击。诸葛亮的长史杨仪扬起旗帜敲响金鼓，作出迎战之势。司马懿认为穷寇莫追，于是杨仪结阵退兵。

几天后，司马懿来到诸葛亮留下

的营垒，看到了他留下的图书、粮谷。司马懿感叹：“真是天下奇才啊。”他知道，诸葛亮一定去世了。辛毗不信，司马懿说：“军事最倚重的就是兵法、密计、兵马钱粮，如今他们把这些都抛下了，听说人没了五脏还能活着的吗？应该赶快去追。”魏军追到赤安，果然得到了诸葛亮的死讯。

当时百姓中流传着这样一句谚语“死诸葛走生仲达。”司马懿听说后自嘲地说：“我能料其生，不能料其死。”原来，先前诸葛亮的使者来见司马懿，司马懿询问诸葛亮的起居饮食。使者说食三四升，军中惩罚 20 杖以上的都要亲自过目。司马懿说：“诸葛孔明还能活得长久吗？”

【一朝权柄】

青龙四年（236），辽东太守公孙文懿叛乱，司马懿被召回京师。魏明帝说：“这件事本来不必劳动你，而事情一定要成功，便只好劳烦你了。你猜他们会怎么样？”司马懿说：“弃城而走，是上策；占据辽水抗拒我们的大军是中策；坐守襄平（今辽宁辽阳），一定会被我们擒获。”魏明帝问有什么计策可以拒敌，司马懿说：“只有知己的人才能深刻了解对方，弃城是他们想不到的。如今他们远征，肯定不能持久，一定会占据辽水而坚守，这便堕入中、下计了。”魏明帝又问：“大军往返需要多久？”司马懿说：“往返各 100 日，休息 60 日，一年的时间足够了。”

景初二年（238），司马懿率军出

诸葛亮弹琴吓退司马懿

在小说《三国演义》中，蜀将马谡失守街亭后，诸葛亮只得率大军后撤。司马懿领兵追杀，诸葛亮心生一计，悠闲地坐在城头上弹琴。司马懿认为诸葛亮从不弄险，于是认为城中有蹊跷而不敢进城。诸葛亮故弄玄虚，结果吓跑了司马懿。

司马懿称病诈曹爽

征，大破敌军。敌军退守襄平，司马懿进兵围困，却遭逢了少见的大雨，积水数尺，三军惶恐，纷纷想移营。司马懿严明军纪，严禁动摇军心，并斩杀了违令的都督令史张静，终于安定了人心。司马懿坚守不出战，直到雨停，发兵合围，昼夜攻城。当时有一颗流星落在襄平城外，城中震慑，公孙文懿乞降。司马懿不准，斩杀来使。公孙文懿再次派遣使者，司马懿对使者说："军事有五大要素：能战便战，不能战就守，如果不能守就逃跑，除此之外的两大要素就是投降和战死。既然你不能自己绑缚了来投降，那就等着战死吧。"公孙文懿突围而出，司马懿率兵追击，在流星坠落的地方斩杀了公孙文懿。进入襄平城后，司马懿下令杀掉了 15 岁以上的男子 7000 多人，收录 4 万户，人口 30 余万。

处理完辽东事宜，司马懿班师回京。先前，司马懿刚到襄平的时候，梦到魏明帝枕在他的膝盖上说："看着我的脸。"司马懿俯身看到他的脸色有异，后来魏明帝三番五次下诏，其中一份手诏中写："盼望你回来，回来后直接觐见，看我的脸。"司马懿星夜兼程，一夜奔赴四百里赶回洛阳，进入嘉福殿，来到魏明帝床前。魏明帝流着眼泪，拉着司马懿的手，看着齐王（其子曹芳）说："我要将后事托付给你，我留着一口气等你回来。现在见了面，没有什么遗恨的了。"魏明帝下令司马懿与大将军曹爽一同辅佐幼主。

魏明帝去世后，齐王曹芳继位，封司马懿为侍中，持节，都督中外军事，录尚书事，与曹爽各统兵三千人，共同执政，后来又改封为太傅。司马懿入朝时不必趋行，觐见时不必宣名，着履佩剑上殿，便如从前的萧何一样，一门荣宠。

【攫取政权】

并受托孤后，司马懿和大将军曹爽之间展开了一场殊死的权力斗争。

曹魏正始八年(247)，曹爽与何晏、邓扬、丁谧等人密谋，将太后迁入永宁宫，专擅朝政，兄弟共同掌管禁军，广结党羽，屡改制度。司马懿也管不了他，便与曹爽渐渐疏远。第二个月，司马懿便称病不理朝务。正始九年，曹爽、何晏等人又有了不臣之心，密谋社稷。司马懿也在暗暗防备他们。

便在此时，曹爽派河南尹李胜前去荆州察探司马懿，司马懿诈称病入膏肓，令两名侍婢扶着他，衣服也拿不住，落在地上，用手指着嘴示意口渴。侍婢拿来粥，司马懿装作不能自理，将粥洒在胸前。李胜说："大家都说您旧病发作，没想到竟然这么严重。"司马懿喘息良久，说："年老生病，危在旦夕。您要去并州，并州与胡人相邻，应当加紧防备。我的儿子就拜托您了。"李胜说："我到本州任职，不是并州。"司马懿故意说错："您刚到并州。"李胜再次纠正："是荆州。"司马懿说："年纪大人糊涂了，不知道您在说什么。您回到本州，要建功立业啊。"李胜告退，将见到司马懿的情形告诉曹爽说："司马公身体、精神都不行了，不足为虑。"后来又说："太傅不可能好了，真让人悲伤。"就这样，曹爽等人不再防范司马懿。

嘉平元年（249）春，曹芳拜谒祖陵，曹爽兄弟跟从。这天，司马懿奏请太后，废掉曹爽兄弟，当时，司马师为中护军，屯兵司马门。司马懿派司徒高柔接管了曹爽在京城的军营，司马懿亲自率人出迎天子，并给天子上了一道奏章。曹爽扣留了奏章，将皇帝曹芳留在伊水之南。有人劝曹爽挟持天子去许昌，然后征调天下兵马勤王，曹爽却未能接受这一建议，错失良机。最终，曹爽放弃了，他说："司马公正要夺我的权柄，我便以侯爵之位退隐，也不失为富翁。"于是曹爽把司马懿的奏章给天子看，并要求免去官职，随皇帝进京。回到府邸，曹爽便被司马懿派兵包围，从此被软禁。接着，司马懿斩草除根，以谋反罪杀掉曹爽及其党羽，并夷三族。

至此，司马懿牢牢掌控了曹魏军政大权，为将来司马炎代魏建立西晋打下了基础。嘉平三年（251）秋八月，司马懿病逝于洛阳，时年73岁。14年后，其孙司马炎称帝，追谥司马懿为宣皇帝。

论赞

制曰（唐太宗李世民评）：司马懿为人有天挺之姿，王佐之才，文武皆有建树，善用贤人，性情宽宏，又很隐忍。用忠厚来掩饰奸诈，在危难之际往往能履险如夷，雄才大略而又果决，对公孙氏和孟达，堪称用兵如神。与诸葛亮相持，却又失之怯战。司马懿一生受两位皇帝托孤，辅佐三朝，文帝一朝，尚能尽忠，而后来却在先帝陵土未干之时内起祸乱。受了临终之托，却不能尽忠死节，正如古人所说："积善三年，知之者少。为恶一日，闻于天下。"不正是如此吗？他虽然在当时隐瞒了恶行，结果还是被后世唾骂。

卷三

武帝纪

公元3世纪，中国进人一个群雄逐鹿，干戈峥嵘的时代。这个长达400年的乱世中，有这样一个王朝，它兴起于权臣的篡位，殆毁于宗室的祸乱，最后淹没在雄起的北方民族的铁骑之下。这个王朝就是中国历史上著名的短命王朝——西晋，其开国皇帝叫做司马炎。

【司马代魏】

晋武帝司马炎，字安世，是晋文帝司马昭的长子。他性情宽厚仁德，沉稳而有度量。曹魏嘉平年间，被封为北平亭侯，历任给事中、奉车都尉、中垒将军，加散骑常侍，累迁中护军，后迁中抚军，进封新昌乡侯。晋国建立后，被立为世子，但并非一帆风顺。晋文帝司马昭的权位来自其兄司马师，司马师是司马懿的嫡长子，本应继承基业，而司马师没有子嗣，司马昭将司马炎的弟弟司马攸过继给司马师。司马师非常喜爱司马攸，在他当丞相的时候就说要将大业传给司马攸。司马昭常说："天下是景王（司马师）的，我怎么能据为己有呢。"等到商议立太子的时候，他也是属意司马攸的。大臣何曾等坚持认为司马炎聪明神武，有卓然超群的才华，而且生得长发委地，手臂过膝，有帝王之相。所以才立了司马炎为世子。咸熙二年（265），司马炎被立为晋王太子，同年，司马昭死，司马炎继位为相国、晋王。

执掌曹魏大权后，司马炎下令减轻刑罚，宽宥罪责，安抚百姓，减少服役，并为篡权称帝作了一系列准备，广封亲信，终于四海归心。此时的曹魏天子也知道历数有定，被迫下诏禅让。泰始元年（265），司马炎正式称帝，封魏天子曹奂为陈留王，追尊司马懿为宣皇帝，司马师为景皇帝，司马昭为文皇帝，尊司马师的夫人羊氏为景皇后，册封夫人杨氏为皇后。解除曹魏一朝对魏氏诸王的软禁，同时大肆分封诸侯，封其宗族叔父、兄弟等数十人为王，封石苞等大臣为公。

【一统天下】

司马炎即位之初崇尚节俭，下诏弘扬俭约，将御府中的珠宝珍玩赏赐给王公大臣，有司上奏建立七庙（天子固有），司马炎担心徭役繁重而不许。先人之丧，司马炎为之服丧，除服后仍然深衣素冠，膳食精简，表示哀敬之情，太后去世时也是如此。

司马炎任贤除佞，有识人之明。右将军皇甫陶与司马炎议事时经常争吵，散骑常侍郑徽上表弹劾皇甫陶，司马炎说：“我希望从身边的人听到正直忠诚的言语。人主常以有阿媚的属下为患，哪里会认为诤臣是祸患呢？”于是罢免了郑徽。后来益州牙门张弘诬陷益州刺史皇甫晏谋反，并杀了皇甫晏。司马炎就杀了张弘，并诛其三族。另一方面，对那些有德行才干的官员，司马炎都会给予奖励提拔，京兆太守刘霄、阳平太守梁柳因有政绩，各赐谷千斛。

晋武帝司马炎

265 年，司马炎继承父亲司马昭的晋王之位，几个月后逼魏元帝曹奂禅帝位，国号大晋。279 年，他又出兵攻吴，于次年灭吴，由此统一全国。

司马炎喜欢直言不讳的人，善于识拔人才，刘毅、裴楷因正直而受重用，嵇绍、许奇等人虽然与司马氏有私隙，但因他们有才华，司马炎却能不计前嫌，加以重用。

然而，司马炎却因沉湎女色，广纳后宫而为后人诟病。泰始九年（273），司马炎下令公卿以下女儿充实后宫，在采选之前，全国禁止婚姻嫁娶。

咸宁三年（277），司马炎改封了一部分诸侯王，徙扶风王亮为汝南王，东莞王伷为琅邪王，汝阴王骏为扶风王，琅邪王伦为赵王，渤海王辅为太原王，太原王颙为河间王，北海王陵为任城王，陈王斌为西河王，汝南王柬为南阳王，济南王耽为中山王，河间王威为章武王。

咸宁四年，扬州刺史应绰攻伐吴国皖城，杀敌五千。后来，吴国将领刘翻、祖始投降。翌年十一月，晋国大举伐吴，司马炎派镇军将军、琅邪王司马伷出涂中，安东将军王浑出江西，

建威将军王戎出武昌，平南将军胡奋出夏口，镇南大将军杜预出江陵，龙骧将军王濬、广武将军唐彬率巴蜀之卒浮江而下，东西各路共二十余万人。以太尉贾充为大都督，行冠军将军杨济为副都督，统领全军。太康元年（280），各路大军捷报频传。正月，王浑攻克寻阳赖乡诸县，俘获吴武威将军周兴。二月，王濬、唐彬等攻克丹阳城、西陵，斩杀西陵都督、镇军将军留宪，征南将军成璩，西陵监郑广。王濬攻克夷道乐乡城，杀夷道监陆晏、水军都督陆景。杜预攻克江陵，斩吴江陵督伍延。平南将军胡奋攻克江安。司马炎下诏，命令王濬等人趁势东下，扫除巴丘，直捣秣陵（县治所在建业，今江苏南京）。王濬进兵夏口、武昌，斩杀吴丞相张悌等人，将首级送到洛阳。吴主孙皓无奈，只得送上玺绶，向琅邪王司马伷请降。王濬率水师来到建业城外的石头城（防御设施），孙皓恐惧，抬着棺材，自缚出降。王濬将孙皓送回洛阳。由此，吴国结束了近六十年的统治，其所辖 4 州、43 郡、313 县、52 万人口尽皆归晋所有。

就这样，自东汉末年以来近百年的战乱止息，60 年的三足鼎立局面结束，中国进入一个新的统一王朝——西晋。

羊车游宴

此画为明朝张居正《帝鉴图说》插图。司马炎多宠姬，所以让他头疼的一件事就是日暮时分到哪里过夜。后来他索性每天坐着一辆小羊拉的车随意在宫内游荡，羊停在哪位嫔妃殿外，就在哪里过夜。于是宫中女子就以竹叶洒盐水来吸引拉车的羊。

【晚年昏聩】

太康三年（282），司马炎封司空齐王攸为大司马、督青州诸军事，镇东大将军、琅邪王伷为抚军大将军，汝南王亮为太尉，这为日后的朝政动乱埋下种子。

太熙元年（290），司马炎病逝于洛阳含章殿，终年 55 岁，葬于峻阳陵，庙号世祖。

司马炎为人器量甚大，性情仁厚，有人犯了

错误，他都会仁慈地宽恕。他能够采纳正直的言论，从未在人前失色，聪明而有谋略，能断大事，因此才能安抚周边小国，绥靖四方。他还革除曹魏晚期奢侈的弊病，使百姓追慕古人简朴的风尚，砥砺大家谦恭节俭寡欲。有司曾上奏御牛青丝纼断，司马炎即下诏，命以价廉的青麻代之。平灭吴国后，天下安定，司马炎便开始懈怠，流连于游玩宴饮，宠爱后党，亲贵当权，曾经为他平定天下的旧臣不得重用，制度渐渐废弛。到了晚年，明明知道儿子不能胜任皇位，却认为皇孙聪明，因此没有产生废立的念头。又考虑到皇孙不是太子妃贾氏所生，担心后患，便与心腹谋划后事。不想大家众说纷纭，很久也不能确定，最后用了王佑的计策，派太子生母的弟弟都督关中，楚王司马玮、淮南王司马允共同镇守军事要塞，以图加强帝室。又担心外戚杨氏专权，便封王佑为北军中候，掌管禁军。司马炎病重的时候，这些册命的元勋已然先他而亡，朝廷上下无不惶恐不知所措，无从计较。司马炎在弥留之际下诏，令汝南王司马亮辅政，又想派朝中几个有名望的年轻人辅佐他，但外戚杨骏却压下这道诏令，秘而不宣。等到司马炎神志不清的时候，杨后矫诏，命令杨骏辅政，敦促司马亮离开。司马炎时而清醒时，要见司马亮，托付后事。左右服侍的人都说司马亮未到。

司马炎便这样去世了，由于其后期用人不当，为后来西晋的败亡留下隐患。因此晋武帝一朝，权臣贾充这样的凶恶之徒执掌权柄，外戚杨骏这样的豺狼之辈包藏祸心，以致从前的栋梁之臣也拥兵自重。

随着司马炎的去世，西晋祸乱四起，中国历史在经历了短暂的靖平后，进入一个更加纷乱的动乱时代。短短的几年间，朝廷纲纪崩坏，天下再次动荡，迫使宗庙南迁，中原土地被少数民族占据。

论赞

制曰：晋武帝继承先人的基业，接受天命，总揽天下，驾驭寰宇，教化劝导人民，以治世代替了乱世，革除了缫纶贡赋。变奢侈之制为简约，遏制浮华之风为淳朴。待人接物以仁德之心，宽厚而深得人心，恢弘有大略，度量甚广，具有帝王的器量。因此在他的治理下，百姓和睦，风俗雅静，百姓家中自给，于是他厉兵秣马，开疆拓土，终于成就一代霸业。然而晋武帝登基之后却日益骄奢，不知居安思危，屡次听信谗言，不除掉刘元海，不废掉晋惠帝，最终导致江山崩坏。所谓保全一个人的公德是微薄的，拯救天下的责任才是重大的，舍弃一个人事小，安抚天下社稷才是大孝。西晋建国前经历三代经营，却因这两人而沦丧。圣贤之道难道是这样的吗？晋武帝虽然善始，却不能善终，叫史家如何不感慨。

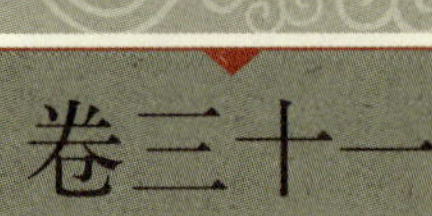

卷三十一

惠贾皇后列传

晋惠帝司马衷是历史上著名的昏聩之君，惠帝一朝，奸臣当道，外戚擅权，最终导致朝廷分崩离析，刚刚统一的华夏大地再次陷入分裂。而造成这一恶果的始作俑者，就是晋惠帝的皇后贾氏。这位中国古代最荒淫的妖后，在覆雨翻云间改写了一个王朝的命运。

【贾氏封后】

惠帝皇后贾氏，名叫贾南风，是西晋开国元勋贾充的女儿。晋武帝司马炎想为儿子司马衷选一位太子妃，起初他中意卫瓘的女儿，因为卫家人大多相貌美丽，且个个贤德，而贾家的人则身材矮小，皮肤黝黑，还多妒忌。可司马炎的皇后却坚持要儿子娶贾家女儿，于是司马炎选定贾南风的妹妹贾午为太子妃。贾午当时只有12岁，身材矮小，撑不起衣服，便改册封贾南风为太子妃。当时，贾南风15岁，太子13岁。

贾南风善妒，有权谋诈术，太子司马衷忌惮她，很少临幸其他妃嫔。

司马炎曾怀疑司马衷不聪明，朝中也有大臣向司马炎提到这件事情。司马炎就想试一试司马衷，于是召集东宫的大小官署，计划在宴会上出疑难问题让太子决策。听到这个消息后，贾南风十分害怕，便请人代笔作答。代笔的人引用了许多典故。给使张泓说：“太子平时不学习，回答中引用了这么多古义，一定会被怀疑。不如直意回答。”贾南风于是对张泓说：“你给我好好地回答，我当与你共富贵。”张泓于是写了一篇，再由太子抄写。司马炎看后很满意，拿给太子少傅卫瓘看。

贾南风性情残忍，喜好施虐，曾经亲手杀人。司马衷的妾怀孕了，贾南风竟然用戟投向孕妇，导致其当场流产。司马炎大怒，想废了贾南风。充华赵粲说：“贾妃年纪小，嫉妒是女人有情的表现，等到她年纪大了，自然就好了。”皇后杨氏的叔父杨珧说：“陛下忘了贾充了吗？”荀勖也为保护贾南风出了很多力。就这样，贾南风保住了太子妃之位。

司马衷即位后，封贾南风为皇后。自此，贾南风的脾气愈来愈暴戾。侍中贾模是贾南风的族兄，右卫郭彰是贾南风的从舅，二人身居高位，与楚王司马玮、东安公司马繇分掌朝政。贾南风的母亲广城君的养孙贾谧也干预朝政。贾南风利用他们之间的争斗，

贾氏南风夺朝权

此图见于明刊本《东西晋演义》。贾南风相貌丑陋，身矮肤黑，生性残忍，曾亲手杀死数人。当有其他姬妾怀孕，便残忍地将胎儿杀死。因晋惠帝无能，她擅权达十年之久，后为司马氏所杀。

让司马衷下密令诛杀卫瓘、司马亮，报了当年的私仇。贾模见贾南风如此凶暴，害怕危及自己，便与裴頠、王衍等人密谋废后，后来王衍反悔，这件事就搁浅了。

【祸及朝纲】

就这样，贾南风更加荒淫放肆。洛阳有一个相貌英俊的小吏，忽然间穿了华美的衣服，大家怀疑他偷盗，他便说出一个令人尴尬的秘密。有一天，他碰到一个老妇人，称家中有病人，占卜的人说需要城南的少年帮忙，定有重谢，他就跟随老妇人去了。老妇人将他放在一个大箱子中，乘车行了十几里路。他从箱子中出来后看到楼阁华府，便问这是什么地方，老妇人说这是天上。紧接着，有人带他沐浴，给他穿上华丽的衣服，将他带到一个三十五六岁的妇人面前。这个妇人身材矮小，面色黑青，眉毛后边还有个胎记。他与那个妇人每日宴饮相欢。离开时，那妇人便送了他这些衣服。听了小吏的叙说，大家都知道这个妇人就是皇后贾南风。其实这样的事情时有发生，只是那些与贾南风欢好的男子都会被杀，只有这名小吏因为很得她喜爱，才留下性命。

贾南风生了四个女儿，却始终没有儿子，太子并不是她亲生，于是便谋废太子。她先假装怀孕，想用妹夫的孩子蒙混过关。之后便与赵粲、贾午狼狈为奸，诬害太子。后来，太子被废了。贾南风的行为招致天怒人怨，赵王司马伦、孙秀等人欲谋废后。贾南风知道后，索性杀了废太子来断绝大家的希望。司马伦率兵进宫，宣称有诏命捉拿皇后。贾南风说：“诏令都出自我，你怎么会有诏令？”她远远地呼喊司马衷：“陛下就算真要废后，也要自己废。”起事的梁王、赵王鸩杀了贾南风，其党羽皆伏诛。

论赞

史臣曰：惠帝天生愚钝，笨到问青蛙鸣叫是为公还是为私。贾南风放肆狡猾，掀起滔天祸患。她刚做了皇后，就开始施展做太后的野心。结果刚刚得势，就被鸩杀了。用褒姒毁灭周朝、妹喜倾覆夏朝来与比拟贾南风之祸都远远不够。中原陷于战乱，就是从这里有征兆的。贾南风残暴酷虐，导致国破身亡。

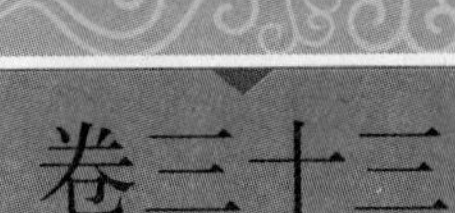

石崇列传

魏晋南北朝，一个崇高豪华奢靡的时代，那时的士大夫用华丽堆砌着这个世界，装饰他们的行为、生活，甚至理想。石崇就是这样的士大夫中的佼佼者，他有着绝世的容貌，华美的文笔，富可敌国的财富，还有那段妇孺皆知缠绵悱恻的爱情故事。

【少年奇士】

石崇，字季伦，是司徒石苞之子，出生于青州，所以小名叫做齐奴。少年时期的石崇便很聪明机敏，勇敢又有谋略。石苞去世前把财产分给儿子们，却独独不给石崇。石崇的母亲为石崇说好话，石苞则说："这个孩子现在虽然还小，可将来一定能自己赢得一切。"石崇二十几岁的时候便做了修武令，因能力强而出名。后来他在朝廷做了散骑郎，之后又升迁为城阳太守。石崇参与了伐吴，并立下战功，由此被封为安阳乡侯。石崇平时好学不倦，后来又被封为黄门郎。

石崇的兄长石统因忤逆扶风王骏，被有司弹劾，即将被处以重罚，后来被赦免。可石崇却不去谢恩，于是有司又想以此加重石统的罪责。石崇上表说："臣的兄长石统因为父亲的缘故，很早便得到优厚的待遇，他做事很勤勉，以陛下的圣明是知道的。近来他却因为扶风王骏的蛮横而被污蔑诽谤，而司隶中丞等人却迅速写了弹劾奏章，送到您的面前。我们兄弟躬身趋步，谨小慎微，忧心忡忡。司马骏地位尊崇，权力显赫，朝廷内外的有司都唯其马首是瞻。他打击嫌恶的人，就像投卵一样轻而易举。自从石统平白无故被弹劾以来，臣兄弟等人不敢说一句话申辩，三缄其口，只等着发落。古人说荣华富贵来自顺从旨意，衰败缘自违逆，现在我终于信了这句话。所以纵然被冤枉，也不得不服从。幸好陛下圣明兼听，还记得先父的功勋，考察到臣等从前的忠心，下令重新审理，才让这场冤情昭雪。我们就算粉身碎骨也不能报答。本月十四日，臣与兄长石统、石浚等前去公车门拜表谢恩。二十日，忽然接到兰台禁止符，说是石统被赦免。臣竟然没有表示感谢，再度遭到弹劾。听说这个消息时，臣不禁狼狈惶恐，但静静思考，也没什么奇怪的。真是强势所使，没有什么办不成，期望法令公正是奢望。臣才智平庸，却受重用，不能报答朝廷。一个月内屡遭弹

劾，是非曲直，也不是我能考虑的。所愧疚的是对不起亲人部属。《随巢子》中说‘明君的德行是先考察情理，后考察事情本身’，现在听凭陛下的裁断，我等着被罢黜，没什么好说的了。”晋武帝看到这道上表后，便宽宥了石崇。后来石崇官至散骑常侍、侍中。

金谷园图·清·华嵒

此画描绘西晋富豪石崇在金谷园中与歌伎绿珠吹笛寻欢的故事。金谷园是石崇为与王恺斗富而建的别墅，故址在今河南省洛阳市郊。园子占地广阔，内有亭台楼阁、水榭荷塘、珍玩无数，鸟语花香，皆是奇景。

【出入仕途】

武帝见石崇是功臣之子，为人干练，所以很器重他。元康初年，杨骏辅政，大开封赏，培植了很多党羽。石崇与散骑郎蜀郡何攀共同商议，上表惠帝，劝谏不要广封爵位，导致功劳不高的人忝居高位，数世之后，朝堂之上无不公侯。应该遵从上古法度，论功封爵。可惜惠帝并未采纳。

后来，石崇调为外任，官至南中郎将、荆州刺史，领南蛮校尉，加鹰扬将军。在南中的时候，石崇得到一只幼年鸩鸟，将它送给后将军王恺。按照当时的制度，鸩鸟是不能出现在江北的，因此司隶校尉傅祗纠察此事，最后，这只鸟被当街烧死。

石崇本人资质很高，颇有才气，性格任侠放旷，甚至有时还有些不当行为。在荆州的时候，石崇劫持过远道而来的商人，得到很多财富。朝廷征调石崇为大司农，征书还没到，他就擅自离职赴任，结果被罢免了官职。可是没过多久，他就被拜为太仆，出为征虏将军，监徐州诸军事，镇下邳。石崇在河阳金谷有一处宅邸，他上任的时候，很多人相送，大家在这里搭着帐子畅饮。到了下邳，石崇与徐州刺史高诞喝酒争斗，相互侮辱，结果被军中有司参奏，再次被免官。后来，朝廷再次封石崇为卫尉，他竟与潘岳一道巴结贾谧。贾谧对他很亲善，号称“二十四友”。侍奉贾家，石崇可谓是卑躬屈膝。贾皇后的母亲广城君出入的时候，石崇都要下车站在路边，望尘而拜。

【奢靡的生活】

石崇是中国古代著名的富豪，他与王恺斗富的故事可谓家喻户晓。石崇家财庞大，积攒丰厚，家中楼宇宏大瑰丽，绵延数百间，每一间

房都用锦绣装饰，配以金翠饰物。石崇家中的乐器都是当时最好的，厨房里的食材尽是珍馐异兽。当时的大族王恺、羊琇也都崇尚奢华，而且这些人之间互相攀比。王恺饭后用糖水洗锅，石崇就用蜡代替柴草生火；王恺用名贵的紫丝布做了40里的步障，石崇就用更昂贵的锦做了50里步障；王恺用赤石涂刷墙壁，石崇就拿香料当涂料。二人就是这样互相攀比。晋武帝在世时常常暗中帮助王恺，一次送给他一颗珊瑚树，高逾两尺，枝叶延展，十分茂盛，世所罕见。王恺为了炫耀，便拿给石崇看，谁知石崇竟然用铁如意敲打珊瑚树，珊瑚应声而碎。王恺惋惜，认为这是石崇妒忌他的宝贝，刚要发怒，石崇便说："不要遗憾，我现在就还给你。"说罢，让下人把家里的珊瑚树抬出，高三四尺的就有六七株之多，而且形态绝俗，颜色艳丽，至于像王恺那株档次的,多得难以胜数。王恺怅然自失。

做豆粥是比较费时的，石崇请客人吃豆粥时，只要吩咐一声，须臾便能吃到做好的。到了冬季，石崇家还能吃到韭菜。石崇与王恺出游，回来时争抢着要先入城，石崇家的牛快得犹如飞禽，王恺怎么也追不上。王恺时时以这三件事为恨事，于是他用重金贿赂了石崇的下人，询问他们缘故。下人回答说："豆是很难煮熟的，所以要先把豆子加工磨成粉末，客人来了，只要煮好白粥，再把豆末投进去就行了；冬天的韭菜是把韭菜根捣碎藏在麦苗里。牛跑得快是因为驾车的人技术好，对牛不加限制，反而跑得更快。"王恺照办，终于能与石崇一争长短。石崇知道这件事后，便杀了那个泄密的下人。

刘舆兄弟少年时得罪过王恺，王恺把他们叫到家中留宿，想要秘密坑杀他们。石崇与这两个人关系很好，知道这件事后，连夜赶到王恺家，质问刘舆兄弟在哪里。仓促之间，王恺无法隐瞒。石崇直接到了后宅，带着刘舆兄弟同车离开。事后，他对刘舆说："少年人怎么就这么容易轻信于人呢。"刘舆对他十分感激。

【石崇之死】

石崇之死，伴随着一个凄婉的爱情故事，千年以来，无数文人墨客为之嗟叹。

贾家败亡，贾谧伏诛，石崇作为贾谧的党羽被免官。当时，赵王司马伦专权，石崇的外甥欧阳建与司马伦有私仇。石崇有一个妾，名唤绿珠，姿容美丽，擅长吹笛。跟随司马伦的孙秀心中向往，派人来求。

那时，石崇正在金谷别馆，刚刚登上凉台，面对着小溪，身边有女子服侍着。使者说了孙秀的请求，石崇叫出几十个婢妾，各个麝香罗裙，说:"在这里挑一个吧。"使者说:"您的婢妾美丽是很美丽，但我是奉命来求绿珠的，不知道哪一个是。"石崇勃然大怒，说："绿珠是我所爱，不会给他的。”使者说：“君侯您博古通今，察远照迩，请您三思啊。”石崇还是坚持。使者离开又返回，石崇还是不同意。孙秀大怒，怂恿司马伦杀石崇、欧阳建。石崇和欧阳建也知道了他们的计划，便与黄门郎潘岳暗中劝淮南王司马允和齐王司马冏图谋赵王司马伦和孙秀。这件事被孙秀知道了，竟然矫诏抓捕了石崇、潘岳、欧阳建三人。

当时石崇正在楼上与宾客宴饮，抓捕的武士破门而入。石崇对绿珠说：“我是为了你才遭逢横祸啊。”绿珠哭着说：“我会死在你之前，算是报答了你。”于是纵身跳楼而死。临死前，石崇感叹道：“这些人不过是贪图我的家财啊。”行刑的人说：“你知道是财富害了你，为什么不及早散去？”石崇茫然，不知该如何回答。石崇之死，累及全家，而他自己当时也不过52岁。之前，石崇家曾有一桩怪事，那就是稻米饭掉在地上，一夜之后变成螺。当时人都认为这是灭族的征兆，不想后来真的应验了。直到后来惠帝司马衷复继帝位，才以公卿之礼安葬了石崇。

论赞

史臣曰：夏禹节俭，殷商时有增有减。祭祀时用什么东西都是有章法的，诸侯不总是用牛，士不总是用猪。禁止骄奢关系到治国。石崇博学多闻，性情乖戾，很少悔改，他的富有程度超过其他富豪，还与公侯斗富。正所谓蝉在高树上，不知道螳螂就在后面偷袭。石崇为人风流骄矜又奢侈，最终害了自己，国家罹难，身死名裂，真是福兮祸之所伏。

绿珠坠楼

卷三十四

羊祜 杜预列传

有晋一代，四海沸腾，宇内震荡，宗庙之上有平庸之主，朝堂之上有奸佞之臣，内则外戚专擅，乌烟四起，外则藩王并立，觊觎神器，大臣无状，更是不胜枚举。然而，就是在这样一个短命的王朝，也有忠诚高雅的重臣，他们秉承着士大夫独有的气节，以他们的经略才干，书写着与众不同的魏晋风流。他们中杰出的代表就是羊祜和杜预。

【羊祜戍边】

羊祜，字叔子，泰山南城（今山东新泰）人。先祖曾经做过俸禄两千石的高官，传到羊祜，已经是第九代了。羊祜的祖父和父亲都做过太守，而羊祜的外公就是大名鼎鼎的蔡邕，羊祜的姐姐是司马师的皇后。羊祜12岁丧父，侍奉叔父十分恭谨。少年羊祜曾在汶水一带游学，当时的一位老人看到他便预言：这个孩子的面相好，60岁之前一定能建立天下奇功。长大之后，羊祜博学，擅长写文章，身长七尺三寸，生得一副漂亮的胡须，时常臧否时事。夏侯霸的弟弟很看重羊祜，便将夏侯霸的女儿嫁给了他。后来，曹爽征召羊祜入朝为官。当时的朝廷内部，皇帝年纪幼小，两大辅臣司马懿和曹爽斗争激烈，而羊祜偏偏与这两家都有姻亲关系。羊祜看出曹爽不及司马懿，早晚必败，因此没有出仕，可见其先见之明。

夏侯霸投降蜀国后，家中亲戚害怕受牵连，多与之断绝关系，只有羊祜还像从前一样，对待夏侯家的人一如既往，甚至更加有恩、有礼。羊祜母亲和兄长先后去世，他为之守丧十余年，常年素服，品格之高就像一位真正的大儒。

司马氏掌权后，司马昭征辟羊祜，羊祜还是不肯出仕，于是，朝廷公车征拜羊祜为中书侍郎，后来屡屡升迁。

司马炎受禅称帝后，加封羊祜为公爵。当时朝堂上的王佑、贾充、裴秀等人都是当世名流，羊祜辞让，不敢位列其上，最后受封为侯爵。

司马炎早有吞吴之心，就封羊祜为都督荆州诸军事。羊祜率兵镇守南夏，开设学校，安抚远近百姓，在江汉一带深得人心。羊祜不仅如此对待晋人，对待吴人也是开诚布公，凡是投降的人，可以自行决定去留。

在襄阳城外七百余里，吴人修建了一座石头城，那里的驻军经常滋扰西晋的边境。羊祜深以为患，于是便

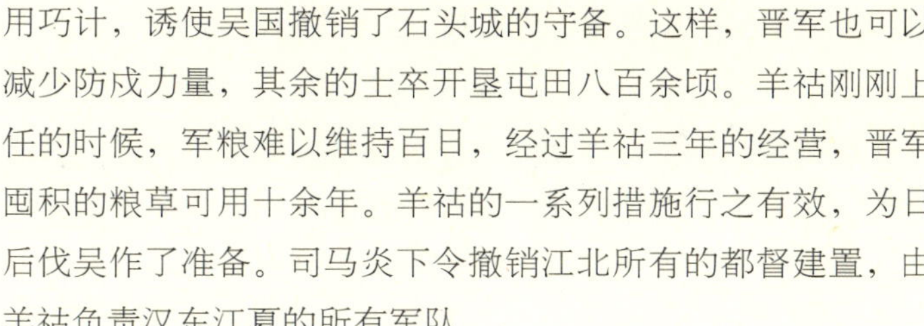

用巧计，诱使吴国撤销了石头城的守备。这样，晋军也可以减少防戍力量，其余的士卒开垦屯田八百余顷。羊祜刚刚上任的时候，军粮难以维持百日，经过羊祜三年的经营，晋军囤积的粮草可用十余年。羊祜的一系列措施行之有效，为日后伐吴作了准备。司马炎下令撤销江北所有的都督建置，由羊祜负责汉东江夏的所有军队。

后来，朝廷授予羊祜车骑将军，开府。羊祜上表辞让，朝廷还是授予了他这样的殊荣。

当羊祜回到驻地的时候，东吴西陵（今湖北宜昌）督步阐举城投降。东吴名将陆抗率兵出袭，羊祜领兵五万出江陵，派遣荆州刺史杨肇出战，但未能取胜，步阐被擒。有关官吏以此为由，弹劾羊祜，羊祜被贬为平南将军。

【德名远扬】

羊祜挥军东进，占领了石城以东的战略要地。周边的吴人望风投降，羊祜为建立德信和威望，对投降的人实行怀柔政策，渐渐地有了吞并吴国的势头。羊祜对吴人秉承赤诚之心，与吴兵交战时从不掩袭，手下将帅有献诡诈计策的，羊祜便敬献好酒将话题带过去。交战中，羊祜斩杀了两名吴将，却因这二人的忠勇，将之厚葬。羊祜从不在吴国境内掠夺粮食，如果征采，都用绢换取；打猎的时候也从不越过边境，如果碰到被吴人射伤的野兽，还要送还给吴国。吴国人对羊祜无不心悦诚服，从不直呼其名，而是尊称其为“羊公”。

羊祜与敌国将领陆抗的君子神交堪称一时佳话。虽然双方处于敌对状态，但陆抗称赞羊祜有德量，纵然乐毅与诸葛孔明也不过如此。陆抗生病的时候，羊祜送来药材，陆抗毫无戒心地吃了。当时很多人都谏阻，陆抗却说：“羊祜岂是下毒害人的人？”陆抗还对手下人说：“他在此是为了德，我在此却是为了战争，所以不

羊祜

羊祜是西晋的开国之臣，著名军事家、政治家。

用打仗，我已然服了。现在大家各保疆土，无他所图。”

羊祜为人忠贞正直，大公无私，疾恶如仇，因此遭到许多小人的忌恨，那些人经常在背后诋毁他。尤其是王戎、王衍两个人，以至当时人们中纷纷流传这样一句话：二王当国，羊公无德。

咸宁初年，羊祜升任大将军。羊祜一心志在吞吴，他推荐名将王濬监益州诸军事，密令建造舰船，为伐吴作了充分的准备。羊祜上表力主伐吴，皇帝也深以为然，然而此时西晋王朝却兵败秦凉。羊祜再次上表说明平定了吴国，胡人自然就会平定。可是朝廷中多数人都反对伐吴。羊祜大志难酬，不由得叹息：“天下不如意事，十之八九，这就是当断不断啊。天予不取，早晚要后悔啊。”

后来，朝廷又要授予羊祜爵禄，羊祜态度坚决地推辞掉了。每次升迁的时候，羊祜都诚心辞让，朝野上下无不仰慕他的德名，人们都认为羊祜当居台辅。羊祜历任两朝，担任重要职务，皇帝每遇问题，都会咨询羊祜。羊祜的女婿曾经劝羊祜在外别置经营，羊祜当时什么也没说，回去后对儿子们说：“这就是知其一不知其二。为人臣者，背公营私，这是大错。你们一定要懂得我的深意。”羊祜曾写信给堂弟说：“等天下平定，我就会辞官回归故里，将来就死在那里好了。我以布衣的身份而居重位，最后一定会受到指责，我当效法东汉的疏广，功成身退。”

【壮志未酬】

羊祜晚年生病，来到洛阳，正赶上景献皇后出殡，羊祜悲痛万分。晋武帝命令羊祜可以乘坐车辇直接入殿，不必下车参拜，十分礼遇。入座之后，武帝向羊祜询问伐吴的计策。后来，羊祜病重，武帝便不常让他入朝，如果有事情，便派中书令张华前去询问。

羊祜弥留之际，推荐杜预接任自己的职位。没过多久，羊祜去世，终年 58 岁。终其一生，也未能实现吞吴之愿。他死后，武帝为之素服痛哭。当时正值冬季，武帝流下的眼泪在胡须上结了冰。百姓们听说羊祜的死讯，无不号啕，商人罢市，巷闾之间哭声相闻，就连吴国边界驻守的将士中曾经受过羊祜恩惠者，听闻死讯也都为之泣涕。羊祜生前的仁德由此可窥见一斑。

羊祜为官清正俭朴，穿着粗布的衣服，吃着素食，所得的俸禄或支援亲属，或赏赐战士，他死的时候，家中没有多余的财产。羊祜遗命不要将南城侯的大印带入灵柩。羊祜的堂弟深深了解羊祜的为人和愿望，便提出将羊祜按照辈分葬在祖坟。武帝却不肯答应，赐予皇陵附近的一块墓地，占地面积多达一顷，并以隆重的礼仪下葬了羊祜。

羊祜深得百姓爱戴，他的文章在当时广为流传。羊祜生前喜欢畅游山水，常常一个人流连山间，襄阳地区的百姓在岘山为羊祜建碑立庙。前来拜祭的人，见到石碑无不落泪，因此这块石碑又被称为堕泪碑。荆州百姓甚至为讳名（即避称其名）原本以“户”称屋室，现在只叫“门”，“户曹”也被改称为“辞曹”了。

羊祜去世后的第二年，西晋平定东吴，群臣祝贺武帝，武帝却执着爵哭了，他说：“这都是羊太傅的功劳啊。”接着，晋武帝派人到羊祜的庙，告诉他，他坚持了一生的愿望终于实现了。

【“杜武库”】

杜预，字元凯，京兆杜陵（今陕西西安）人，其祖父是曹魏的尚书仆射，父亲官至幽州刺史。杜预博学多才，了解兴废之道。杜预的父亲与司马懿不和，最终因此去世，所以杜预的仕途很不顺利。司马昭接替司马师后，杜预娶了公主，拜尚书郎，袭祖爵位，屡有升迁，最后在钟会手下做了镇西长史。钟会谋反时，他手下官吏无不被杀，只有杜预因急智得免，还增加了食邑。西晋建国后，车骑将军贾充等人制定律令，杜预为律令作了注解。

杜预

杜预博学多才，精通政治、军事、经济、历法、律令、工程等，被誉为“杜武库”。

杜预与司隶校尉石鉴有宿怨。陇右叛逆时，石鉴为安西将军，杜预为安西军司。石鉴命杜预出兵迎敌，杜预认为敌人的战马壮硕，己方与之相比，相差悬殊，此时应该运送物资，等到春天的时候再出兵进讨，并对出兵事宜提出“五不可”、“四不须”。石鉴大怒，上奏朝廷，说杜预擅自装饰城门官舍，导致军力疲乏。由于杜预是公主的丈夫，所以没有判罪，只是免了侯爵之位。而后来战斗的发展，便如杜预预见的一模一样。

北方匈奴举兵反叛，朝廷以杜预明于筹略，拜他为度支尚书。杜预在任时施行了一系列颇见成效的措施。他奏请朝廷建立藉田，安定边境，制造人排（古代冶炼时用人力带动的鼓风机械）新器，扩充仓廪，平定粮食价格，管理盐运，制定赋税征调制度等，一共五十余条制度，内可安民，外可御敌，朝廷尽皆采纳。

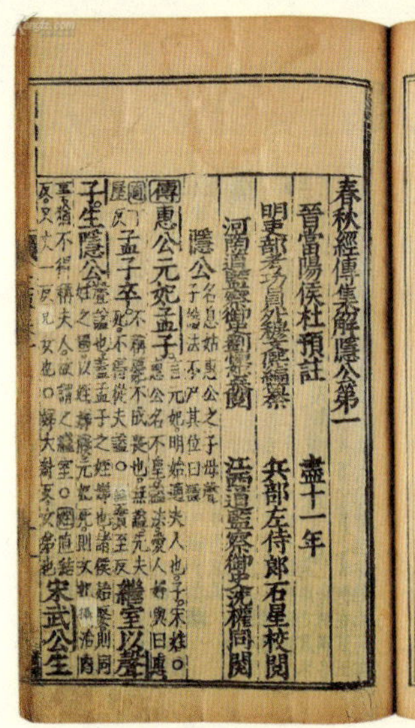

周身之防既作之後方復隱諱以辟患非所聞也子路欲使門人為臣孔子以為欺天而云仲尼素王丘明素臣又非通論也先儒以為制作三年文成致麟既已妖妄又引經以至仲尼卒亦又近誣據公羊經止獲麟而左氏小邾射不在三叛之數故余以為感麟而作作起獲麟則文止於所起為得其實至於反袂拭面稱吾道窮亦無取焉

春秋經傳集解隱公第一

晉當陽侯杜預註　盡十一年

兵部左侍郎石星校閱

浙江道監察御史沈權同閱

隱公

傳　惠公元妃孟子

孟子卒

繼室以聲子

生隱公

宋武公生

杜预在朝，政绩斐然。当时孟津渡险要，经常有船在此覆没，杜预请求在富平津修建河桥。有人认为孟津所在之地是当年殷周的故都，经历了很多圣贤，都不曾有所建设，不应该破坏这种秩序。杜预力排众议。桥成之时，晋武帝司马炎带领百官前来观看，司马炎对杜预说：“如果没有你，这座桥是建不成的。”杜预则回答：“如果没有陛下的圣明，臣也不能施展巧计。”咸宁四年（278），天降大雨，蝗虫四起，杜预上疏陈述许多务农的建议、要领。杜预在朝廷的七年中，提了很多裨益国家百姓的建议，朝野上下无不称颂他。杜预有个别号，叫做“杜武库”，意思是说他所知之广博，无所不包。

明刻本《春秋经传集解》书影

杜预著《春秋经传集解》，共30卷，将《春秋》和《左传》合为一书，是现存最早的关于《春秋左氏传》的注释。

司马炎常有灭吴的想法、计策，可是朝议时总是反对者居多，只有杜预、羊祜、张华三人赞同司马炎伐吴的想法。羊祜弥留之际，推荐杜预代替他，杜预加平东将军、领征南军司。羊祜死后，朝廷又拜杜预为镇南大将军、都督荆州诸军事。杜预上任后，修缮武备，恢弘军威。杜预袭击了东吴的西陵都督张政，大获全胜。张政本是东吴名将，占据着要害之地，却因疏于防备而吃了败仗，深以为耻，因此没有据实禀告吴主孙皓。杜预以此为把柄，离间东吴君臣，他写信给孙皓，归还抓到的东吴俘虏。孙皓知道这一役东吴损失的真实情况后，果然召回张政。大战之际更换主帅，这一切都昭示着东吴倾覆在即。

【杜预灭吴】

做好了战前准备，杜预请示伐吴之期，司马炎指示第二年大举伐吴，杜预则说明理由，请求当年伐吴，最后司马炎

同意了他的请求。

太康元年（280）正月，杜预陈兵江陵，派遣参军樊显、尹林、邓圭、襄阳太守周奇等率兵西上，一路上就像杜预料的一样，攻城拔寨，又遣牙门管定、周旨、伍巢等率奇兵八百，连夜从水上出兵，袭取乐乡。晋军旗帜大张，在山中放火，震慑敌人。吴国都督孙歆既震惊又害怕，称晋军是飞着渡江的。他引兵抵挡晋朝大将王濬，结果大败而归。周旨带领伏兵偷偷地跟在孙歆后边，孙歆没有察觉，就这样一直跟到孙歆的帐下，俘获了孙歆。杜预率领将士逼近江陵。吴国都督伍延诈降，结果反倒被杜预攻克。杜预将屯兵的将士家属迁到江北。最后，荆州百姓无不肃然，很多人都投降了杜预。

杜预指挥众将，兵出神速，直取秣陵（县治在今江苏南京），所过城邑无不束手投降。就在这一年，吴主孙皓请降，长达60年的三国鼎立局面就此结束，历史再度走向统一。

天下平定后，杜预居安思危，仍然勤于讲武，攻破山夷，交错布置营盘，修缮遗迹，军内事宜，各有定分，上下无不信服，大家称呼他为“杜父”。

杜预平素不骑马，射箭的功夫也很差，却每每承担重任，率领众将。他待人接物谦恭有礼，问他问题，他绝对不会有所隐晦，教诲他人不知疲倦，做事敏捷而出言谨慎。平定吴国、立下大功后，杜预便少理政事，改治经典，所著之书有《春秋左氏经传集解》《盟会图》《春秋长历》《女记赞》等。当时的人大多认为杜预的文字过于质朴，只有秘书监挚虞十分欣赏。当时流传这样一句话：“济有马癖，峤有钱癖。”意思是王济喜欢马，和峤喜欢聚财。晋武帝问杜预有什么癖好，杜预说：“臣有《左传》癖。”

太康五年（284），杜预路过邓县时去世，终年63岁。晋武帝为之嗟叹哀悼。杜预生前遗命死后葬在密县邢山山顶，面向新郑城，以示不忘本；墓葬不填土，以示不藏珍宝。

论赞

史臣曰：泰始年间，羊祜提出平定吴国的计策，由此可见天地之心。过去齐国有黔夫，燕人在北门祭鬼；赵国有李牧，秦王于是不向东征伐。在南方显示威信，在汉水边收服吴人，江南平定，人人归心。他建功而不倨傲，居住于陋巷，是个有风度气量的人。杜预不是生而知之，而是用时就学，颇有儒将风范。孔门有四大弟子，杜预崇敬其中三人；《春秋》分为五家，杜预擅长其中一家。这样的他难道还不够优秀吗？

赞曰：蜀汉有西川之险，东吴有长江天堑。羊公的恩德威信，致使百万之众前来归附。杜预讲武誓师，宏赡经文，所学广博，无愧于“武库”之称。

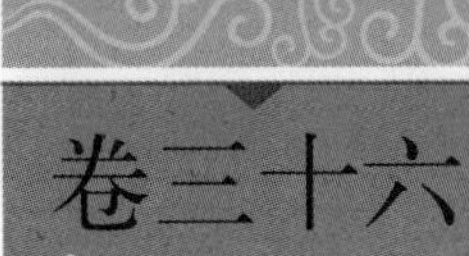

卷三十六

卫瓘 张华列传

卫瓘，出身于世代簪缨之家，修身明德，两大灭蜀名将邓艾、钟会均败亡于卫瓘之手，他权倾一时，辅弼两朝；张华，少年英才，鸿儒硕士，一代重臣，功勋卓著。卫瓘、张华同为晋初名臣，都有王佐之才，辅国之功，然而西晋这一庸主当道、奸佞横行的时代，却注定了他们共同的命运——功败身死，祸及子孙。

【诛灭邓钟】

卫瓘，字伯玉，河东安邑（今山西夏县）人，士族出身，其高祖便是一代鸿儒，父亲做过曹魏的尚书。卫瓘十岁丧父，为人很孝顺，性格贞静，以明于识人、清正公允著称。他承袭父亲的爵位，20岁的时候就做了尚书郎。当时的曹魏权臣专政，而年轻的卫瓘却能应付自如，穿梭其间，对任何人都不会表现得过于亲密或是疏远。在任的10年中，卫瓘的称职远近闻名，因而不断升迁。

邓艾、钟会伐蜀的时候，卫瓘随行监军。平定蜀国后，邓艾承制封拜，钟会却有了异心，正好抓到邓艾专擅的把柄，便与卫瓘上疏弹奏邓艾。钟会想给邓艾增加罪名，便派卫瓘去捉拿邓艾，以为卫瓘兵少，一定会被邓艾所杀，这样邓艾就罪加一等。卫瓘知道钟会的用意，便连夜赶往成都，收服了邓艾的多数部下。等到清晨邓艾起床前，卫瓘径直来到成都殿前，抓捕了邓艾父子。邓艾的手下试图救回邓艾，卫瓘伪造表章，申明邓艾的罪行，那些劫营的将领也就作罢了。然而，钟会到来之后，却抓捕了大将胡烈等人，于是军营之中人人思归，内外骚动，大家无不恐惧忧虑。钟会想杀胡烈等将领，卫瓘反对，就这样，两个人互相猜疑。卫瓘上厕所的时候，碰到胡烈以前的给使，便把这个消息告诉了他，让他传遍三军说钟会造反。

这时的钟会逼迫卫瓘作决定，二人彻夜未眠。第二天，城外诸军便围城要攻打钟会，只不过因为卫瓘在，投鼠忌器而已。钟会让卫瓘出去劳军，卫瓘刚走，钟会便后悔了，派人叫回卫瓘。卫瓘本想借机会逃跑，听见钟会叫他，便倒在地上装晕厥，后来又喝了盐水，不停地呕吐。卫瓘原本就体弱多病，如此一来更像重病。钟会派亲信和医生去看他，回报时都说卫瓘病重。于是钟会便无所忌惮。等到天黑关上城门的时候，卫瓘作檄文，

号召将士们讨伐钟会。钟会反击，吃了败仗，周围的人纷纷叛逃，最后只剩下数百名士兵跟随他，最终逃走时被杀。

钟会死后，邓艾的旧部追上囚车，救回邓艾。卫瓘曾与钟会密谋擒拿邓艾，担心邓艾一旦被救出会找自己寻仇，便派人夜袭邓艾，杀死了邓艾和他的儿子。就这样，灭蜀的两员大将都死在了卫瓘之手。后来朝廷论功行赏时，卫瓘说：“平定蜀国是各位将士的功劳，邓艾和钟会两人是自取灭亡。”坚持不肯接受任何封赏。

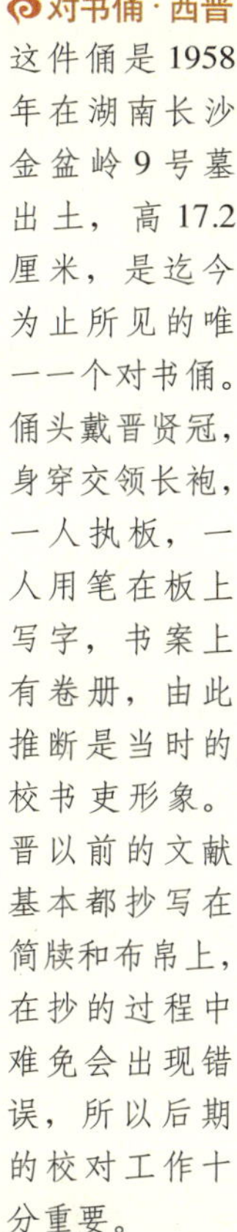

对书俑·西晋

这件俑是1958年在湖南长沙金盆岭9号墓出土，高17.2厘米，是迄今为止所见的唯一一个对书俑。俑头戴晋贤冠，身穿交领长袍，一人执板，一人用笔在板上写字，书案上有卷册，由此推断是当时的校书吏形象。晋以前的文献基本都抄写在简牍和布帛上，在抄的过程中难免会出现错误，所以后期的校对工作十分重要。

【国之重辅】

后来，卫瓘升迁，先后做了青州、幽州两州刺史，护乌桓校尉。卫瓘来到幽州后，便上表请求平定边境。当时的幽州，东有务桓，西有力微，都是鲜卑单于，两方势力无不危害幽州。卫瓘便用离间计，导致两人互生嫌隙，最后务桓投降西晋，力微忧愤而死，由此解决了边境两大危险势力。朝廷为了嘉奖卫瓘，赐其一子为亭侯，可卫瓘却将这一封赏让给了弟弟。卫瓘一共有六个儿子，却无一有爵位，他生平所受恩封都让给了两个弟弟。远近皆以此为美谈，称颂他的品德。

卫瓘为人性格严肃，严格地遵循法度对待下属，他能够视尚书为参佐，视尚书郎为掾属。而他为政又十分清明简朴，朝野上下无不赞誉。晋武帝司马炎将繁昌公主嫁给卫瓘的第四个儿子卫宣。后来卫瓘又领太子少傅。

卫瓘善于治学，学问深而广博，雅善文艺，尤其擅长草书，是魏晋时代著名的书法家，与尚书郎索靖并称当世。

曹魏建国初年，设立了九品中正制度选拔人才，卫瓘认为这种制度只是草创，是需要士族支持时的权宜之策，有违古法，不适合长久实行，便建议恢复汉代的乡举里选制度。司马炎很欣赏这一倡议，但这个制度最终也没有施行。

【身陷权祸】

晋武帝司马炎在位时，西晋曾

有一批中正实干的大臣，但晋惠帝司马衷继位后，外戚专权，朝堂上下佞臣横行，大臣多遭迫害，卫瓘便是其中之一。论及祸因，是卫瓘在司马炎在世时便得罪了太子妃贾氏。

司马炎立司马衷为太子，当时的朝臣都认为司马衷为人太过单纯质朴，缺乏处理政务的能力。卫瓘更是常常想上疏废掉太子，只是没敢这么做而已。一次，司马炎大宴群臣，卫瓘假装酒醉，跪在司马炎的床前说："臣有事启奏。"司马炎问："公有什么话要说？"卫瓘三番五次欲言又止，最后扶着床说："真是可惜了这个座位。"司马炎了解了卫瓘的言外之意，说道："公真的醉了吗？"卫瓘也听出了司马炎的弦外之音，从此便不再提这件事。可是太子妃贾氏却因此深深忌恨卫瓘。

司马衷即位后，诛杀了与卫瓘不和的权臣杨骏，以卫瓘录尚书事，加绿綟绶，让他可以佩剑着履上殿，入朝时不必趋行，与汝南王司马亮共同辅政。司马亮提出让藩王们离开朝廷回到封地，朝议时没有人敢附议，只有卫瓘赞同，卫瓘由此得罪了楚王司马玮。贾后因前事素来怨恨卫瓘，同时还很忌惮卫瓘的方正耿直，听说卫瓘与司马玮有怨后，便诽谤卫瓘与司马亮欲行伊尹、霍光之事，想废掉皇帝，并用皇帝手诏让司马玮罢免卫瓘。黄门将这道诏书送到司马玮处，司马玮为人轻率而奸险，为了报复私怨，星夜让清河王司马遐捉拿卫瓘。看到诏书后，卫瓘便要服从就死，周围的人都认为这道诏书是伪诏，劝他说："按照礼法律令，你是辅政大臣，不能这样轻率，请您暂且拒绝，然后上

表陛下，如若得到同样的回复，那时就戮也不晚。”然而卫瓘没有听从大家的劝解，而是与子孙等九人一同赴死，终年72岁。

后来楚王司马玮获罪伏诛，卫瓘的女儿写信给当朝重臣，对父亲死后未有谥号表示感慨悲愤。于是钟繇等人上表为卫瓘平反，朝廷也以卫瓘全家无辜受祸，追悼卫瓘，谥号成，赐予死后殊荣。

【佼佼人才】

张华，字茂先，范阳方城（今河北固安西南方城）人，其父做过曹魏时期的郡守。张华少年丧父，家中贫寒，从小牧羊，但学业却很优秀，文辞温润华丽，文采斐然，且博览群书，连地图方技等当时被视为雕虫小技的书籍也能详细阅读。张华从小就修身以礼，勇于赴义，急人之难。他气量恢弘，见识非凡，可谓高深莫测。

然而出身庶族的张华少年时并不知名，他曾做过一首《鹪鹩赋》，抒发壮志胸怀。名士阮籍看到后，感叹说："真是王佐之才啊。”就这样，张华名声大噪，郡守推荐他为太常博士，开启了这位一代名臣的仕途之路。张华做官，屡有升迁，西晋代魏时，他官拜黄门侍郎，封关内侯。

张华博闻强识，天下之事莫不了如指掌。司马炎曾向他询问汉代宫室制度和建章宫的情况，他应对如流，

女史箴图·东晋·顾恺之

西晋张华收集历史上各代先贤圣女的事迹，写成九段《女史箴》，宣扬女德，流传很广。东晋顾恺之依据此文作画，原有12段，今仅剩9段，纵24.8厘米，横348.2厘米。

侃侃而谈，听者忘倦，画地成图，周围的人无不惊诧瞩目。司马炎也大为惊讶，当时的人们都把张华比作子产。

晋武帝司马炎与羊祜商议伐吴，权臣都认为不可行，只有张华赞同伐吴。羊祜病重弥留之时，司马炎派张华为使，去病榻前咨询伐吴之计。西晋攻伐吴国时，任命张华为度支尚书，管理供给漕运，筹划预算。战争初期，西晋没有什么大的斩获，贾充等人便上表要求诛杀张华以谢天下。司马炎说："伐吴是我的意思，张华只是恰恰见解与我相同而已。"这时，大臣们都认为不可轻易进兵，唯有张华坚持只有深入才能克敌。后来西晋平灭吴国，张华功不可没。

张华名重一世，众所钦佩，司马炎的诏诰文书等都由张华草定，他的声誉日盛，大有成为台辅之望。荀勖自以为出身大族，仗恃司马炎的恩宠，嫉妒张华，每每暗自谋划，想让张华出任外调。有一次，司马炎问张华，谁能托付后事，张华说："论起明德又是陛下至亲的，莫过于齐王司马攸。"司马攸是司马炎的弟弟，曾经深得司马昭喜爱，又过继给了司马师，司马昭在世时常常想立司马攸为世子。这时张华提出让司马攸辅政，当然忤逆了司马炎之意，于是就有人在司马炎面前进谗言。张华被调出外任，朝廷封其为持节、都督幽州诸军事、领护乌桓校尉、安北将军。幽州附近有很多少数民族，张华到任后，无论少数民族还是汉族，都以德怀纳，很多少数民族政权纷纷归附、朝贺，就连相距数千里，远在朝鲜半岛的马韩、新弥等国也都归附了西晋。就这样，在张华的治理下，西晋边陲稳定，数年丰收，兵马强盛。

【君子死节】

张华再次受召入朝为相，却不幸又遭小人阴毁，最终被封为太常。晋惠帝司马衷即位后，封张华为太子少傅。张华德高望重，因而被外戚杨骏猜忌，于是很少参与朝政。后来西晋王朝几经动荡，杨骏被除，司马亮、卫瓘被诛，一时之间，庙堂之上内忧外患，众人惶恐，计无所出。张华向司马衷建议说："司马玮矫诏杀害了司马亮和卫瓘，将士们也不知道真相，以为是您的命令，所以才跟从了司马玮。现在可以派人戒严外军，这样大家就知道是怎么回事了。"司马衷听从了张华的建议，司马玮果然兵败。在诛杀司马玮的行动中，张华立了首功。

外戚贾谧与贾后谋划，张华出身庶族，儒雅而有谋略，上不至于威胁到皇权，下还能令众望所归，应该多加倚重。就这样，张华竭尽忠诚，匡扶国政。当时虽然皇帝暗弱，皇后凶残，但仍然能够天下太平，这都是张华的功劳。张华担心后族强盛，危及社稷，便写了《女史箴》来规讽。贾后为人凶恶妒忌，却偏偏敬重张华。

贾后怀有废掉太子的野心，太子亲信刘卞曾问张华，知不知道贾后的阴谋，张华说："不知道。"刘卞说："我本来是个微末之人，承蒙您的提拔才有今日，我对您感激不尽，所以才对您言无不尽，您却对我有疑虑啊！”张华说：“如果真有这么回事，你想怎么办？”刘卞说：“太子有精兵万人，您又是执掌权柄的人，只要有您的任命，太子可以录尚书事。至于废掉贾后，两个黄门就够了。”张华说：“有天子在，太子不过是人之子，我若这么做，便是无父无君，就算成功了，也是有罪的。”贾后图谋废掉太子，设计将太子灌醉，让他写下谋反的文字，然后遍示群臣。大家谁也不敢说话，只有张华秉承公正说：“废立太子是国家的大祸。自汉武帝以来，每有废黜嫡子的，一定都会遭遇丧乱。现在我们刚刚建国，陛下一定要谨慎。”这时有人提出这反书是否是太子手书。贾后拿出太子平时写的启事十余页。众人一起比较，断定反书真是太子的笔迹，于是谁也不敢说什么。这件事商议了一天也没结果。贾后知道张华意志坚定，最终各让一步，废太子为庶人。

赵王司马伦性情贪婪，谄事贾后，得居重位，张华极力反对升司马伦为尚书令，因而得罪了司马伦。司马伦和亲信孙秀预谋废掉贾后，想拉拢张华，便派使者连夜见张华说：“现在社稷岌岌可危，赵王想与您共扶朝政。”张华知道他们要行篡逆之事，断然拒绝。使者怒道：“刀刃都架到你脖子上了，还说这种话。”这天晚上，司马伦等人矫诏，召张华等人，就这样抓住了张华。张华对张林说：“你要杀害忠良么？”张林答：“您是宰相，以天下为己任，太子被废时，您就应该以死相随。”张华说：“我已经阻谏了。”张林说：“虽然阻谏了，可是陛下没有听从，你不是该让出宰相之位吗？”张华不能回答，被杀之前，他感叹道：“我是先帝老臣，心中一片赤诚。我不害怕死亡，只是担心王室就此蒙难，大祸将至，难以预计。”张华死后，被诛三族，终年69岁，朝野上下无不悲痛。

翌年，齐王司马冏、成都王司马颖等人起兵，诛杀赵王司马伦。司马冏上表，请求为张华平反。张华一生清廉，酷爱读书，身死之日，家中没有多余的财产，只有一箱箱合不上盖子的文史书籍。

论赞

史臣曰：忠诚是一种美好的品德，好学是一种财富。当年卫瓘抚武帝的床，张华拒绝赵王司马伦，说起进谏，是卫瓘居多，论起临危的气节，则是张华为美。他们都遵循做事的原则，所以能够不改气节，甚至不辞一死。然而，他们最终陷入这肮脏的斗争，以致国、家同丧，怎能不令人感伤。

赞曰：贤德的人，就算死后，道德仍然留于后人；汲汲私利的人，活着也会令人不安。卫瓘因贾氏之祸而死，张华由赵王之乱而亡。他们生于乱世，却尽忠死节，自古不易。

贾充 杨骏列传

西晋，一个外戚当道，祸乱朝纲的短命王朝。这个王朝乱于便佞庸碌，毁于贪婪权柄。始作俑者，便是贾后之父贾充和杨后之父杨骏。贾充谄媚事主，杨骏昏庸无德，却先后独揽朝政，最后祸国殃民。

【谄媚事主】

贾充，字公闾，平阳襄陵（今山西襄平）人，父亲贾逵曾为曹魏时期的豫州刺史。贾充少年丧父，居丧时以孝道闻名。后来入朝为官，每有升迁，曾任司马昭的大将军司马。司马昭总揽朝政的时候，担心地方镇守的将领有异心，便派贾充去见诸葛诞，借伐吴之事，窥察其动向。贾充对诸葛诞说：“现在天下人都愿陛下禅让，您以为如何？”诸葛诞厉声说：“你是贾豫州的儿子，你家世代受魏隆恩，怎么可以帮助他人图谋社稷。如果洛阳有难，我当死节效命。”贾充默然，回到洛阳后对司马昭说：“如果再让诸葛诞在扬州驻守，他的威名愈来愈盛，定能得到人心，为他效死命。看他现在的谋划，将来一定会反叛。如果现在征讨他，很快就会成功，而且牵连会小很多；如果现在不讨伐他，等他坐大，一定会成为大祸。”司马昭征诸葛诞为司空，后来诸葛诞果然谋反了。

司马昭专擅朝政，早有篡逆的图谋，所谓“司马昭之心路人皆知”，当时的魏帝曹髦不想坐以待毙，便带人攻打司马昭的府邸。贾充率众人在相府南阙抵御曹髦，但抵挡不过。有人问该怎么办，贾充说：“司马公养你们就是为了今天，还有什么好说的。”于是大家拼死抵挡，曹髦兵败被杀。作为心腹，贾充在司马昭时期便深受荣宠，与裴秀、王沈、羊祜等人同为重臣。

贾充颇有刀笔之才，又擅长察言观色，很会揣度上意。司马昭一度想让司马师的后嗣继承基业，所以想传位给司马攸。贾充在司马昭面前盛赞司马炎的宽厚仁德，说他身为长子，很有人君的德行。就这样，司马昭立司马炎为世子。司马昭病重，向司马炎交代后事的时候说：“贾公闾是很了解你的。”司马炎继承晋王大位后，大加封赏贾充。

贾充做官为政，重视农业，注重节俭，裁并官员，这些善举都得到司马炎的赏识。贾充请求领兵出征，未获批准，可他仍然从容任职。在任时经常推举人才，因此士人都愿意依附他。司马炎的舅舅王恂曾经诋毁过贾

充，可贾充并不记恨，反倒推荐他。就算是那些背弃贾充，投靠其他权贵的人，贾充也能像从前一样对待。但是贾充缺乏正直的操守，不能以身作则，以献媚取悦皇帝为能事。

【始乱朝纲】

侍中任恺、中书令庾纯等人刚正不阿，与贾充不能相容。氐羌反叛的时候，任恺提出让贾充去镇守关中。贾充不想外任，却苦无良策。即将上任的时候，朝廷官僚们在夕阳亭相送。贾充将自己不愿戍边的想法告诉了荀勖。荀勖与贾充私交甚好，他说："您是一国的宰辅，怎么能为一个匹夫牵制？但是此行难以推辞，除非是与太子结亲。"贾充说："对啊，但是谁能为我提这件事呢？"荀勖承揽下此事。之后的宴会上，大家聊起了太子的婚事，荀勖便说贾充的女儿性格贤淑又有才智，适合嫁给太子。杨皇后等人也都赞同。就这样，司马炎以贾充的女儿为太子妃。当时正好赶上京城大雪，积雪足有两尺厚，大军停滞，贾充出京的事也就此搁置。

伐吴之时，王濬攻克武昌，张华坚决主张平吴，贾充上表说："吴国不是一时之间可以平定的，如今刚刚入夏，江淮地带潮湿，一定会有疫病，现在最好召回大军，以后再慢慢图划。现在就算是腰斩了张华，也不足以谢天下。"这一年，西晋平定吴国，司马炎赏赐群臣。贾充上表请罪，可司马炎还是封赏了他。

太康三年（282），贾充去世，终年 66 岁。

贾充的女儿贾南风是历史上著名的妒后，而他的妻子郭槐也是性情善妒。贾充的儿子贾黎民三岁的时候，乳母抱着他来见贾充。贾充爱抚着儿子的情形被郭槐看到，便认为贾充与乳母有私情，竟然鞭杀乳母。幼小的贾黎民因为思念乳母，发病而死。之后，同样的悲剧，因为郭槐的妒忌再次重演。贾充的小儿子年幼时由乳母抱着，贾充摸他的头，郭槐看到后疑神疑鬼，又杀了这个乳母，结果小儿子也同样死于思慕。就这样，一代重臣贾充因为妻子的妒忌而绝了后嗣。贾充死后，郭槐将博学聪明的外孙韩谧过继给去世的长子贾黎民，让他继承贾充的家业。这个孩子就是日后与贾后狼狈为奸、谋废太子的贾谧。

【奸佞专权】

杨骏，字文长，弘农华阴（今陕西华阴）人，少年时便位居高官，当时有人以礼法惯例提出异议，更有人提出杨骏气量狭小不是社稷之臣，但晋武帝司马炎却很看重杨骏。司马炎的统治进入太康时期后，天下一统，司马炎便不如先前那样励精图治，渐渐开始不理朝政，耽于酒色，宠幸后党外戚。杨骏的女儿嫁给司马炎为后，他与杨珧、杨济三人专擅朝政，权势熏天，时人称为"三杨"。

司马炎病重时，没有顾命大臣，当年平定天下的功臣早已辞世，于

墓壁砖画·魏晋

魏晋时期流行薄葬，主要原因是当时处于乱世。墓中的随葬品随之减少，壁中开始出现大量精美壁画。这四块砖画分别表现的主题分别是放鹰、做饭、放牧和男宾观看童舞。

是朝廷上下人心惶惶，计无所出。这时，心计颇重、热衷权势的杨骏赶走群臣，一个人在司马炎的病榻前服侍。趁此机会，杨骏培植势力，扶植其心腹。司马炎的病情稍有好转后，看到朝堂之上竟然物是人非，便严肃地对杨骏说："怎么这样呢？"于是留下诏书，让汝南王司马亮和杨骏共同辅政。杨骏担心失去司马炎的信任和权柄，从中书那里截来司马炎的诏书，看了之后，竟然私自藏匿起来。中书监华廙害怕，向杨骏索要诏书，杨骏始终不肯。便在此时，司马炎弥留，皇后请求让杨骏辅政，司马炎点头同意。就这样，由中书监华廙、中书令何劭记录司马炎口谕，封杨骏为太尉、太子太傅、都督中外诸军事、侍中、录尚书、领前将军，辅政。翌日，司马炎驾崩，杨骏一跃成为首辅大臣，日渐跋扈。

晋惠帝司马衷即位后，加封杨骏为太傅、大都督，授予黄钺。杨骏在朝堂上任人唯亲，提拔亲信，封外甥段广、张劭为近侍之职。凡有诏命，司马衷看过后，还要呈给太后杨氏看。杨骏深知贾后性情难以驾驭，深为忌惮，所以在宫中多树亲党，牢牢地控制住禁军。杨骏如此独揽朝政，专横跋扈，引来朝堂公卿的一致不满，天下之人无不愤慨，连杨骏的弟弟都劝他不要如此。杨骏非但不听良言，反倒变本加厉。杨骏违反礼制，司马炎驾崩不足一年他就改了年号，人们对此纷纷提出异议，杨骏竟然让史官将这件事隐没不书。

杨骏自知声望不好，不能聚拢人心，便效法魏明帝大开封赏，想用恩惠笼络众人。然而他为政严苛，刚愎自用，始终得不到人心。冯翊太守孙楚与杨骏私交很好，便劝他说："你是外戚，却有着伊尹、霍光的权力，辅助年轻的君主，应该追思古人至诚谦顺的品质。从古到今没有异姓能够专擅朝政而有好下场的。现在宗室的势力很大，藩王势力强，你不与他们商议朝政，在内猜忌他们，在外树立自己的势力，这样下去早晚会引来祸端。"但杨骏没有听从孙楚的规劝。

贾后野心勃勃，图谋干预朝政，却屡屡受制于杨骏，于是便阴谋剪除杨骏。贾后本欲联合汝南王司马亮，可司马亮却说："杨骏凶暴，早晚自取其祸，不足为虑。"贾后转而拉拢楚王司马玮。司马玮入朝后，与殿中中郎孟观、李肇奏禀杨骏妄图谋取社稷。司马衷连夜下诏，废掉杨骏，派东安公司马繇带领400人前去捉拿杨骏。

杨骏的府邸就是当年曹魏大将军曹爽的故宅，在武库的南侧。杨骏听说朝中有变，召官员们商议对策。太傅主簿朱振说："这件事一定是宦官给贾后出的主意，我们应该放火烧云龙门示威，向陛下索要祸首，然后打开万春门，把东宫和外营的军队引进城来。您拥护太子，径直进宫抓捕奸人。"不想杨骏过于胆怯，不能决断。

就在杨骏迟疑之际，司马繇派人烧了杨骏府邸，又令弓弩手高居楼上向杨骏府内射箭。杨骏被困在府中，只能躲到马厩里，被找到后当场杀死。孟观等人受贾后密旨，诛杀杨骏亲党，诛其三族，这件事牵连很广，死者数千人。杨骏死后，竟然没有人敢给他收尸，只有太傅舍人巴西人阎纂出面，为他殡敛。

论赞

史臣曰：贾充是谄媚之徒，才质平庸，心术不正，只是时运好，才得到荣宠。他兴兵作乱，不仅是魏的叛逆，也是晋的罪人。然而他荣极一时，身兼文武之职，担任宰相，没有能力德行却享有厚禄，于是灾祸就来了。至于他的子孙，都是乞丐一样的人，奸邪凶恶。杨俊因为外戚的身份而受宠，担任起朝廷重任，恭敬还来不及，反而骄奢淫逸，如此必不能免去灾祸。

卷四十二

王濬列传

265年，司马炎代魏称帝，建立西晋王朝。此时的西晋已然吞并蜀汉，睥睨天下，偏安一隅的东吴已然成为其囊中之物。然而，就是这样一个累卵般的政权，竟然在西晋的虎视下维持了整整15年。15年中，西晋无数名将重臣殚精竭虑，志在吞吴，羊祜、杜预、张华为之倾尽毕生之功，最终实现这一梦想的，却是名将王濬。

【大器晚成的中原名士】

王濬字士治，弘农湖（今河南灵宝）人，家世显赫。少年王濬容貌很美，通读典籍，却不在意功名，所以家乡的人对他评价并不高。他年纪大了之后才有所改变，渐渐地通达人情世故，有了远大的志向。王濬盖房子的时候，在门前开路，路宽数十步，有人问他何必如此，王濬说："我想让我的门前能容下长戟幡旗。"官吏出行有列戟仪仗，所列的戟愈多则身份愈高。大家听了都笑话他，王濬却说："陈胜有言，燕雀安知鸿鹄之志。"

王濬的仕途从从事开始，后来参与了西晋王朝南征的军事行动，羊祜对他极为倚重。羊祜的侄子曾经对羊祜说："王濬为人野心很大，又奢侈不知节俭，不该这样纵容他。"羊祜则说："王濬有大才，现在我满足他，将来他一定是可用之才。"

王濬任巴郡太守时，士兵戍守边境，赋役辛苦，生了男孩大多不养。王濬制定律法，严格执法，减轻徭役赋税，凡是是生育的家庭都减轻赋役，这一制度的施行保全了数千人。之后，王濬又转任广汉太守，在任期间施行德政，百姓无不依赖信服他。不久，王濬升为益州刺史，甫一上任，便诛杀了当地叛乱的贼首张弘，在当地建立了威信，周边的少数民族也都来投降归顺。

【一片降幡出石头】

晋武帝司马炎预谋伐吴，诏命王濬打造战船。王濬造的大船长120步，能载2000人，船上有用木头制作的城楼等防御工事，战马可以在船上驰骋，船头画了怪兽的形象，用以震慑河神。这支船队的规模之隆，可谓空前。王濬在蜀中造船，造船的木屑顺江漂流而下，被吴国建平太守吾彦发现，吾彦向吴主孙皓禀报说："晋国一定是要攻打我们了，应该在建平增兵防御，如果他们攻不下建平，就不

敢东渡。”然而孙皓却置若罔闻，这便为日后王濬水师出征，建功立业减去最大的麻烦。

当时吴国境内流传这样一首童谣：“阿童复阿童，衔刀浮渡江。不畏岸上兽，但畏水中龙。”羊祜听说后，认为这一谶语一定是暗示水军将在伐吴战役中建立功勋，便常常揣度能与这句童谣相对应的人。恰好王濬当时被征调为大司农，小名又叫做“阿童”，暗合了童谣。羊祜益发看重王濬，并极力向司马炎推荐王濬，于是司马炎拜王濬为龙骧将军、监梁益诸军事。

当时，西晋朝议，大臣们都反对伐吴，王濬上疏说：“臣常常比较吴楚的异同，孙皓荒淫暴虐，荆州、扬州的士人百姓都很怨恨他。以现在的天下形势看来，应该速速伐吴。如果现在不伐，也许形势会发生变化。一旦孙皓死了，吴国另立贤明的君主，文武官员各司其职，东吴就会强大起来。七年来，臣一直打造战船，每一天都有战船腐朽的现象出现。如今臣已经 70 岁了，离死亡已经不远。如果现在不伐吴，恐怕以后就更难了。愿陛下不要错失良机。”司马炎深以为然，而贾充、荀勖等人却力劝不可，只有张华全力支持伐吴。这时，杜预上表请求伐吴，司马炎才最终作出决定，兴兵伐吴。朝廷同时派了几路大军，王濬便是其中一路。出征前，先前巴郡那些受了王濬恩惠才得以生养的人全部入伍，参加这场战争。出征前，他们的父母对他们说：“生养你的是王府君（王濬），你一定要多加勉励，不能贪生怕死。”

太康元年（280）正月，王濬率军从成都出发，顺江而下，首先攻克丹杨，擒拿丹杨监盛纪。吴人在长江险要的地方布置铁锁、铁锥等防御工事，

骑马仪仗俑 · 西晋

这是一件陪葬俑，高 23.5 厘米，长 17 厘米，1958 年湖南长沙金盆岭出土。西晋时期的俑以陶质为主，这件仪仗俑是为了满足墓主人在另一个世界出行的需要。

暗藏在江流之中，用来偷袭敌船。然而此前，羊祜在世时已经在吴国间谍处得知这一情况。王濬于是预先制作了几十个巨大的木筏，上面竖着穿着铠甲、手持兵刃的草人，让谙习水性的人驾驶木筏行驶在队伍之前。这些木筏遇到铁锥后，铁锥便刺入木筏中，被飞快行驶的木筏顺水带走。至于铁锁链，王濬则用火炬破解。王濬派人在船头设置巨大的火炬，长有十几丈，里外共有几十围粗，里面灌上麻油。一旦遇到铁锁链，便可停船，点燃火炬。只消片刻工夫，横亘在江面上的铁锁链便被融化，沉入江底。就这样，王濬的船队畅行无阻，扬帆东下。

二月，王濬相继攻克西陵、荆门、夷道、乐乡，一路上兵不血刃，势如破竹。孙皓派游击将军张象率领水军一万拒敌，结果张象望风投降。孙皓听说王濬水军旌旗兵甲，幔遮长江，气势如虹，锐不可当，只能接受光禄薛莹、中书令胡冲的建议，向王濬投降。于是，王濬进入建康城外的石头城，孙皓以亡国之礼，素车白马，赤身面缚，衔着璧，牵着羊，大夫穿着丧服，士兵们抬着棺材来见王濬。王濬亲自为他解开绑缚，烧掉棺材，将孙皓送到洛阳。

【钟鸣鼎食的晚年】

王濬平定吴国，立下盖世奇功的同时，也为自己埋下隐患。西晋起兵初期，王濬受杜预节制调度，兵至秣陵（县治在今江苏南京）的时候，又受王浑的节制调度。早些时候，杜预认为王濬一路捷报，威名卓著，不应该再受他节制调度了，便写信给王濬说："你一举摧毁了吴国在西边的防线，应当径取

青釉提梁熏·西晋

这是一件随葬明器，底径 12.5 厘米，今藏于苏州博物馆。西晋时期的熏炉式样丰富，这件提梁熏以瓷土烧制而成，作敛口折钵式，口沿上置丁字形提梁，器身外施光润的青釉。腹体镂雕三层熏孔，每层有孔 30 个。

秣陵，讨伐逆贼，救吴国百姓于涂炭，从长江到淮水，再渡过泗水和汴河，最后回到京师，这就是旷世之业。”看到这封信，王濬大悦。然而，当王濬要兵进秣陵的时候，王浑却派人阻拦王濬。王濬并未听从，扬帆直指秣陵，只是派人告诉王浑：“现在是顺风，不能停泊。”原来王浑早就击破了孙皓的中军，但却因畏首畏尾而停止进军，偏偏这时王濬乘胜接受了孙皓的投降。王浑既愤恨又深感耻辱，盛怒之下上表弹劾王濬违诏不受节制调度。王濬也上疏据理力争，说明自己进军的必要性。紧接着，王浑第二次上疏，弹劾王濬入秣陵城后抢夺吴国宫廷中的宝物。就此，王濬再次上疏自白。两个人斗争日渐胶着。

暗流不只来源于王浑，当王濬回师洛阳的时候，有官吏上奏王濬不奉诏，不听节制调度，犯了大不敬之罪，应该交给廷尉定罪。司马炎却因王濬立下盖世奇功，完成他毕生的心愿，非但没有降罪，反倒封他为辅国大将军，领步兵校尉（特为王濬增设的官职），封县侯，邑万户。

受到封赏的王濬居功自大，却常常受到王浑父子和其他豪强大族的抑制，其他官员也经常弹劾他，王濬不由得愤愤不平，每次觐见，都自陈功劳，还表现出一副委屈的模样，有时还不胜愤慨，离开时径直而出，毫无礼法。即令如此，司马炎还是容忍了王濬。后来，王濬的亲戚，益州护军范通劝他说：“你固然有功劳，但你这样居功就不好了，要多多称颂主上的功德，将领们的功劳，这样谁还能挑你的毛病？王浑他就该惭愧了。”王濬说：“我怕自己像邓艾一样得祸，不说不行，不能埋在心里。先前是我错了。”就这样，王濬不再居功自称。大家都觉得王濬立了如此大功，得到的赏赐太少了，于是博士秦秀、太子冼马孟康、前温令李密等人一同上表称颂王濬，为他鸣不平。司马炎听从大家的建议，封王濬为镇军大将军，加散骑常侍，领后将军。王浑来见王濬的时候，王濬则严整以待，如临大敌。

此时的王濬位高权重，荣宠一时，便不再像从前那样节俭，而是锦衣玉食，日渐奢华。他所推荐征辟的人大多是蜀人，以此表示他没有忘旧。太康六年（285）王濬去世，终年80岁，谥号武，葬于柏谷山，坟茔规模宏大，围墙周长45里，每一面都开门。

论赞

史臣曰：孙氏占据江山一隅，依仗地利，占有长江，与晋国抗衡。王濬率领西晋劲旅，受命征伐，最终攻克建邺。当时，很多将领参与了讨伐东吴的战役，但论起平定吴国的功勋，谁又能超过王濬呢？如果能像范父那样不战，像阳夏那样不居功劳，上则依赖皇帝，下则全凭将士，这不是增加了自己的功勋和道德，做到善始善终了吗？

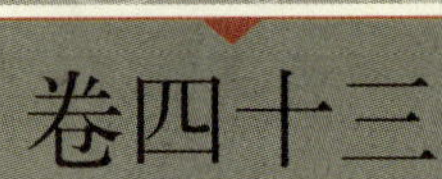

卷四十三

山涛 王戎列传

穿越历史文化最凝重的积淀，我们看到魏晋风流的遗风，这是一个流泻着浪漫与不羁的镀金时代，在乱世中凝聚深邃的思想精髓与永恒的传承。当我们仰望这个充满神韵的时代时，竹林七贤相携而出，他们用最激荡的语言向我们展示这个时代最华美的篇章。山涛，最长者；王戎，最善臧否者，他们都曾展现过竹林七贤迥然的风采。

【中年入仕】

山涛，字巨源，河内怀（今河南武陟西南）人。其父曾为宛句令，在山涛幼年时就去世了。山涛家中贫寒，却很有器量，卓然不群，好读《老子》《庄子》，常常隐身自晦，与嵇康、吕安交情很好，后来又遇到阮籍，他们经常相聚在山阳县的竹林下，被称作“竹林七贤”。后来嵇康因事被诛，死前将儿子嵇绍托付给山涛，并对嵇绍说：“有山巨源在，你就还有父亲。”

山涛 40 岁的时候才开始走上仕途，最早做的是郡主簿、功曹，后为上计掾，举孝廉，被任为部河南从事。山涛与司马懿的妻子是中表亲，因此得见司马师，司马师说：“吕望也要出仕了吗？”于是就命司隶举山涛为秀才，任郎中，转任骠骑将军王昶的从事中郎。过了很久，又官拜赵国相、迁尚书吏部郎。司马昭给山涛写信，并给予赏赐。

山涛晚年时，与尚书和逌相交，又与钟会、裴秀关系要好。这两人在政治上斗争激烈，争权夺势，山涛却以平常心待之，各得其所，而这两人也都不记恨山涛。钟会在蜀国作乱，司马昭率兵西征。当时曹魏的诸位王公都在邺城，司马昭对山涛说：“西边的叛乱我自会处理，这边的事务就拜托你了。”于是又加封山涛为行军司马，增领五百亲兵，镇守邺城。

曹魏咸熙初年，司马昭以山涛素有德望，让太子拜他为师。那时司马昭在立储之事上倾向于司马攸，想让司马攸继承司马师，并曾以此事咨询裴秀说：“大将军（司马师）大业未竟，我只是继承了他的基业，所以我想立司马攸，将此功业归还给我兄长，可以吗？”裴秀认为不可。司马昭又问山涛。山涛说：“废长立幼，不合礼法。大凡国家危难，大多源自废长立幼。”就这样，司马昭立司马炎为太子。为此事，司马炎亲自拜谢了山涛。司马炎称帝后，封山涛为大鸿胪。

【正直的竹林贤士】

山涛石像

山涛是竹林七贤中年纪最大的，也是官当得最大的。

羊祜执政的时候，裴秀与之敌对，人们趋利避害，很多人都疏远甚至想危害裴秀，只有山涛始终都秉持正色。山涛的这种态度开罪了当政的权臣，被外任为冀州刺史。冀州当地习俗鄙薄，山涛并无推辞，到任后甄选那些隐居的人才，遍访贤士，遴选任命了三十多人，都是当时有名的士人。冀州人人敬重山涛，风化也为之焕然一新。后来，山涛再度升迁，入朝为侍中，迁尚书后又因母亲年老而辞官，司马炎不许。山涛却一心只想回家侍奉母亲，数十次上疏，司马炎终于批准他辞官。山涛平素清廉简朴，司马炎给了很多赏赐，当时没有哪个大臣能与之相比。

后来，朝廷敕封山涛为太常卿，山涛因病未能赴任，之后又赶上其母去世，山涛回归乡里。这时的山涛已经年过六十，居母丧的时候还亲自负土成坟，在墓上种植松柏。山涛居丧后，朝廷再次征召他，他又以病丧为由推辞，因诏命紧迫，山涛才就职。再度出仕的山涛为朝廷推荐选举了很多人才，遍及朝堂内外，每个人都能各尽其才。

然而山涛决心辞官，不断上表陈情，最后终于引发司马炎的不满。山涛也因此惴惴不安，但却丝毫没有改变归隐的决心，可最终还是又一次为官理事。

山涛再次担任遴选官吏的职务，在位十余年。每有官缺，山涛都会找好几个候选官吏，上表推荐给司马炎，司马炎有意向后，山涛再公开上表推举，这一切，都是以司马炎的意愿为主。然而，这样选拔的人才，有的并不是山涛推举的首选，大家都不了解这种情况，以为是山涛不加考量，随意任用，有些人甚至以此来参奏山涛。司马炎也下手诏告诫山涛

要任人唯才，不能有所遗漏。然而山涛一如既往，一年之后，大家终于了解了真实情况。

后来，朝廷几次升迁山涛，都被山涛拒绝了。太康四年(283)，山涛去世，终年 79 岁。

山涛出仕之前，家中贫寒，他便对妻子开玩笑说："你且忍耐着，日后我必然位列三公，只是不知道那个时候你是不是有资格做公夫人。"后来，山涛飞黄腾达，却仍谨慎俭约，纵然爵同千乘，也始终没有纳妾，所得的俸禄都送给了从前的亲友。

【卓尔不群的奇才】

王戎，字濬冲，琅邪临沂（今山东临沂北）人，出身世家，祖父王雄为幽州刺史，父亲王浑曾任凉州刺史，爵封亭侯。王戎年幼时便十分聪明颖悟，神采透彻，六七岁那年到宣武场看斗兽戏，笼中的猛兽嚎叫声震天动地，大家吓得纷纷逃走，王戎却岿然不动，面不改色。王戎与同伴在路边玩耍的时候，路边李树上结满果实，同伴都赶去采摘，只有王戎不去。有人问他为什么不摘果子，王戎说："长在路边，又这么多果实，一定是苦的。"大家摘了李子尝，果然是苦的。

名士阮籍和王浑是朋友，王戎比阮籍小了 12 岁，可两人却相交至深。阮籍每次来看王浑，只停留少许时间，之后去看王戎，却要相处很久才出来。阮籍曾对王浑说："王戎聪明，淡定清雅，不是你能与之相比的。和你谈话，还不如和王戎谈话。"王浑去世的时候，故吏赠送钱财有数百万，王戎一概辞而不受，于是声名鹊起，被那些雅善清谈、臧否人物的人所赏识。

剔红镶螺钿竹林七贤桌屏

曹魏大将钟会伐蜀前与王戎道别，并询问计策。王戎说："道家有言'为而不恃'，建功

立业并不难，难的是保住这份功业。”后来，钟会事败，议论这件事的人都称王戎有先见之明。

【惨淡人生】

王戎继承父业出仕，来到江南，负责安抚、平定依附者，宣扬司马炎的威严和恩惠。原吴国光禄勋石伟性格方正耿直，不容于孙皓，称病归家。王戎嘉奖他的清廉高洁，上表推荐石伟，于是朝廷拜石伟为议郎。荆州本地人无不对王戎心悦诚服。朝廷征召王戎为侍中，当时的南郡太守刘肇想贿赂王戎，就在竹筒中装了五十端细布送给王戎，后来这件事被司隶查到，虽然王戎最终没有接受贿赂，不能定罪，可当时的清议还是对王戎多加诟病。司马炎对大臣们说：“王戎的行为并未怀私心图私利，只是不想显得与众不同。”虽然司马炎这么说，可是那些清高谨慎的人还是很瞧不起王戎，王戎的名声也就此一落千丈。

王戎是出名的孝子，母亲去世时，他丁忧去职，为母守丧却并不遵循礼法，照旧喝酒吃肉，看人下棋，然而王戎却形容销毁，日渐消瘦。王戎居丧时，和峤也为父居丧，以礼法自持，减少饮食，但哀毁程度却不及王戎。司马炎对刘毅说：“和峤居丧礼过，令人担忧啊。”刘毅却说：“和峤虽然睡着草席，吃着粥，但这是生孝，而王戎则是所谓的死孝。陛下应该先担忧王戎啊。”果然，王戎因母丧，旧病加重。

后来，赵王司马伦作乱，齐王司马冏起义，以王戎为尚书令，河间王司马颙、成都王司马颖又讨伐齐王。王戎劝司马冏说：“您举义匡扶社稷，这是自我朝建立以来从未有过的。但论起功绩来，却是朝野上下各怀异志，现在河间王和成都王率兵百万，势不可当。如果您回到封地，把权利让给别人，还能保住王位。”司马冏的谋士臣葛旟怒斥道：“汉魏以来，回到封地的诸侯王，哪里有能保得住妻儿的，应该杀了王戎。”群臣惊惧，王戎佯装药力发作，跌倒在厕所中，才幸免一死。

在错综复杂的权力争夺中，王戎跟随晋惠帝司马衷被成都王司马颖挟持到洛阳，不久又被河间王司马颙部将劫持到长安。最后王戎出奔到郏县，此后终日宴饮为乐。永兴二年（305），王戎去世，终年 72 岁。

王戎生好兴利，但善于识人，曾经称山涛就像浑金璞玉一般。当代名士，他都能给出贴切的评价，且极有先见之明。

论赞

史臣曰：为官既清正廉明，务其本职，又能如山涛这样终身事亲，矢志不移，谁能与之媲美呢？非但如此，他还能公正公开地选拔人才，使人尽其才，于是《山公启事》受到后人称颂。魏晋之际士人崇尚清谈，王戎擅长此道，臧否人物，但却因性好积财、贪得无厌，为人诟病。

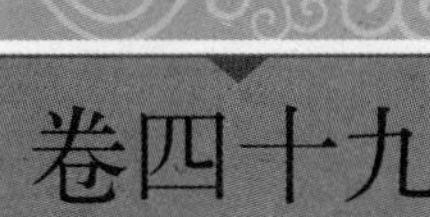

卷四十九

阮籍 阮咸 嵇康 向秀 刘伶列传

魏晋风骨多名士，其中翘楚便是大名鼎鼎的“竹林七贤”。阮籍、嵇康是其中最放达不羁的，是名士风流的代表。阮籍是优秀的文学家，嵇康是历史上绝无仅有的音乐家，而令他们名垂青史的，却是清谈无为的玄学。阮咸、向秀、刘伶虽然在名望上不及山涛、嵇康、阮籍等人，可他们一样放荡不羁，有惊世奇才。在他们的推动下，魏晋玄学发扬光大。七人携手竹林，濯染一代魏晋风流。

【放浪形骸阮嗣宗】

阮籍，字嗣宗，陈留尉氏（今河南开封）人。他的父亲阮瑀曾为东汉丞相掾，知名于当世，是著名的“建安七子”之一。

阮籍相貌英俊，气度恢弘豪放，傲然不群，任性不羁，却喜怒不形于色。他常常经月闭门不出，在家中读书，有时则登高，在山林江河处流连忘返。他博览群书，尤其喜欢《庄子》《老子》。此外，阮籍嗜酒，常常长啸，又擅长弹琴，每当得意之时，往往忘记世俗礼节。当时的人都说阮籍痴，只有族兄阮文业常常感叹阮籍才能在自己之上。

太尉蒋济素闻阮籍才名，便要征召阮籍，开始时担心阮籍这样狂傲的名士不会就职，后来看到阮籍写了一篇自谦的奏记，心中大喜，便派人去迎接阮籍，可没想到阮籍却离开了。蒋济大怒，于是乡里们都劝阮籍，阮籍才勉强就任，没过多久，便因病归隐。官府数次征召，阮籍都以疾病为由辞官。

阮籍本是个有大志向的人，身处魏晋之交的乱世，当时很多名士都不能保全自己，阮籍于是不问世事，终日饮酒，酣畅淋漓。司马昭为司马炎求娶阮籍的女儿，而阮籍大醉60天，不能说话，此事便不了了之。钟会多次向阮籍咨询天下大事，想以此抓住阮籍的口实把柄陷害他，阮籍同样因大醉得免。

司马昭辅政的时候，阮籍曾说：“我曾游览东平，非常喜欢那里的风土。”司马昭听了很高兴，就拜阮籍为东平相。阮籍骑着驴去上任，到任之后便毁了衙府和居所之间的屏障，使内外一望可见。阮籍为官，法令清明简约。后来，司马昭又升阮籍为大将军从事中郎。当时，有官吏上奏一起儿子杀母亲的案件。阮籍说：“杀父亲也就罢了，怎么还能杀母亲呢。”在座的人都怪阮籍胡言乱语。司马昭说：“杀父亲是天下众恶之首，怎么能说还可以呢。”阮籍回答说：“禽兽便是知母而不知父。杀父，便如禽兽一般，杀母，连禽兽都不如。”

阮籍听说步兵厨营中有人擅长酿酒，珍藏了三百斛美酒，便申请去做步兵校尉。阮籍不理事务，终日游荡府中，只要有宴会就一定参加。当时正逢司马昭辞让加九锡，公卿们都上表劝进，因阮籍文采斐然，便让阮籍写劝进辞。而阮籍沉醉，忘了这件事，使者来取辞表时，他还在伏案沉睡。使者催促，阮籍挥笔而就，文不加点，辞藻清丽雄壮，被当时人誉为奇文。

阮籍长啸石像

阮籍嗜酒能啸，喝酒谈琴到得意时就会忘形长啸，甚至即刻睡去。啸是撮着嘴吹口哨，古时代，啸是一种音乐，有专门的乐章，今已失传。《世说新语》中说阮籍的啸声可传几百步远。

【不拘礼法，洒脱做人】

阮籍为人轻薄礼法，但言论却都玄妙悠远，从来不肯臧否人物。阮籍十分孝顺，母亲去世时，他正与人下围棋，得到消息后，对方便要收局，阮籍却坚持把棋下完。下完棋，阮籍饮了二斗酒，继而举声哀号，竟然吐血数升。母亲下葬时，阮籍吃肉喝酒如常，诀别时也没有什么言辞，却纵声哀号，再次吐血，整个人形销骨毁，险些没了理智。裴楷等人前去吊唁，阮籍披着头发，双腿叉开坐着，目光呆滞。后来有人问裴楷说：“凡是吊唁的，都是主人哀哭，宾客行礼。阮籍都没哭泣，您为什么哭啊？”裴楷回答说：“阮籍是方外之士，并不尊崇礼典。我是凡俗之人，所以要遵守礼仪。”从前阮籍如果碰到尊奉礼法的俗人，便用白眼相对。嵇喜来吊丧时，阮籍就作白眼。嵇喜的弟弟嵇康听说后，便带着酒携着琴来到阮籍家，阮籍很高兴。所以那些守礼的士大夫对他们疾恶如仇，司马昭却常常维护阮籍。

阮籍外表坦荡，内心淳厚。一次，嫂子要回娘家，阮籍看到后与嫂子道别。这件事为士人讥讽，阮籍却说：“礼法岂是为我所设？”邻家少妇相貌美丽，当垆沽酒，阮籍喝醉后便躺在那少妇之侧。阮籍不以为意，那少妇的丈夫也毫不生疑。军士家中有一个很有才色的女孩，未嫁便去世了，阮籍

并不认识她的父兄，便径直跑去痛哭，哀尽而还。

阮籍常常信步独驾，当无路可行时便痛哭而返。他曾经登临广武，俯瞰当年楚汉相争的古战场，叹息道："当时没有真正的英雄，才使竖子成名。"

阮籍曾作《咏怀诗》八十余篇，为当世人称道，另著有《达庄论》，阐述无为思想。

曹魏景元四年（263）冬天，阮籍去世，终年54岁。

【不拘礼法的狂士】

阮咸，字仲容，其父官至太守。他任性放达，不拘礼法，与叔父阮籍共游于竹林之中，那些秉承礼法的士大夫都讥讽他的行为。阮家是当地大户，多数人都住在道北，而阮咸与叔父阮籍住在道南，北阮富贵而南阮贫穷。每年七月七日，道北的阮家人都要晒衣服，挂出来的都是锦绮，粲然夺目，阮咸却挂出一个寒酸的短裤。有的人很奇怪，便问阮咸为何如此，阮咸说："我也不能免俗，就将就着挂出一件东西吧。"

阮咸曾任散骑侍郎，山涛推荐阮咸时说："阮咸忠贞寡欲，认得世间清浊，世间万物都不能改变他的志向。"晋武帝司马炎却以阮咸耽溺饮酒，性行虚浮而没有起用他。作为一代名士，阮咸的行为也很不羁。母亲去世时，阮咸纵情越礼。阮咸姑姑有一个婢女，与阮咸感情很好，姑姑也答应将婢女留给阮咸。可临走时，婢女却跟姑姑走了。当时阮咸正在会见客人，听说之后，竟然骑着客人的马，把那婢女追了回来。大家说到这件事，少不得又是一番非议。

阮咸谙习音律，擅长琵琶，处事不与人相交，只是乐于丝竹宴饮而已。后来阮咸出任始平太守，终老而死。

【广陵绝响嵇叔夜】

嵇康，字叔夜，谯国铚（今安徽宿州境内）人。

嵇康少年丧父，身负奇才，志趣超群，身高七尺八寸，文采华美，仪表不凡，但却从来不重视外表，毫不修饰，但人们都认为他有龙凤之姿，天质自然。嵇康性格恬静，清心寡欲，宽宏大量，学东西能无师自通，博览群书，擅长《老子》《庄子》。

嵇康的妻子是曹魏宗室之女，他平素修身养性，弹琴咏诗，自足于胸怀。嵇康认为，神仙秉承自然，并不是学习就能达到的境界，只要导引修养得当，便可以像安期、彭祖一样，于是便写了《养生论》。嵇康胸襟之广阔，常人难以企及，能与他神交的只有陈留阮籍、河内山涛，又与河内向秀、沛国刘伶、阮籍的侄子阮咸、琅玡王戎等人共游竹林，便是世人所谓的"竹林七贤"。王戎曾说过，他与嵇康在山阳共住了20年，没见过嵇康高兴、恼怒之色外露。

嵇康常为心神所感，遇到一些幽逸之事。他在山中采药时，常常自得其意，忽而忘形。路过的樵夫看到了，都以为是神仙。嵇康曾跟随孙登出游，孙登沉默自守，不言不语。嵇康离开时，孙登才说：“你性格刚烈又有才华，看来免不了会有灾难。”嵇康又曾与王烈共入山中，王烈先前服食了五石散，留了一半给嵇康，可等嵇康来的时候，五石散已经化为石头。后来，王烈又在一间石室中看到一卷书，等他叫嵇康一同过来的时候，书却不见踪影。王烈感叹道：“叔夜志趣与众不同，所以才屡屡失之交臂，这是命啊。”

山涛升任吏部侍郎的时候，曾举荐嵇康代替自己为大将军从事中郎，嵇康因此写下了千古名篇《与山巨源绝交书》，表明心志。

东平吕安一向佩服嵇康雅量高致，只要一思念嵇康，便不辞驰驾千里去看望嵇康，嵇康对他也很友善。后来吕安被其兄长吕巽冤枉入狱，嵇康为他申辩，并受到牵连。嵇康一向谨言慎行，入狱后却写了《忧愤诗》抒发胸中之郁结。

【千古绝响】

嵇康早年家贫如洗的时候，钟会曾来拜会他，嵇康却不起身行礼，兀自在树下锻铁。钟会要离开时，嵇康才问他：“听说什么才来的？看到什么才离去的？”钟会说：“听说了我听说到的事情而来，看到了我所看到的事情而去。”钟会以此为恨。后来，嵇康下狱，钟会便对司马昭说：“嵇康是卧龙，您不忧虑天下，只忧虑嵇康。”非但如此，钟会还陷害嵇康说：“嵇康本要助毌丘俭叛逆，幸好有山涛的规劝才作罢。昔日齐国诛杀华士，鲁国诛杀少正卯，就是因为他们祸乱当时。嵇康、吕安等人言论放荡，经常诋毁时政，成就帝王功业的人是不能容忍他们的。应该除去他们，这样风化才能淳朴。”司马昭竟然听信了钟会的谗言，判了嵇康死刑。

嵇康行刑前，3000名太学生为之请命，请求让嵇康做他们的老师，但未获准许。东市行刑的时候，嵇康看了看太阳的影子，向人要了一把琴弹奏千古绝唱《广陵散》。他说：“以前袁孝尼要跟我学习《广陵散》，我没有教给他，没想到今日《广陵散》

高逸图·唐·孙位

此画为绢本设色，纵45.2厘米，横168.7厘米，留存至今也只是残卷，七贤中还剩四贤，现藏于上海博物馆。画中从左至右分别是阮籍、刘伶、王戎、山涛，他们身旁侍立的童子分别抱方斗、唾壶、书卷、琴。

就要永诀于世了。”相传嵇康早年游学洛阳时，晚上留宿在华阳亭，引琴而弹。这时，有客来访，这人自称是古人，与嵇康一起谈论音律，言辞清雅。这人为嵇康弹奏了这曲天籁绝音

竹林七贤

魏晋才子阮籍、嵇康、山涛、向秀、刘伶、王戎、阮咸七人常聚在当时的山阳县（今河南辉县、修武一带）竹林之中，肆意酣畅，世谓“竹林七贤”。在司马氏和曹氏争权的时代，他们大都“弃经典而尚老庄，蔑礼法而崇放达”，一心想从虚无缥缈的神仙境界中寻找精神寄托，用清谈、饮酒、佯狂等形式来排遣苦闷的心情。

《广陵散》，声调绝伦。之后，这人将这首《广陵散》传授给嵇康，嵇康发誓，绝不将此曲传给别人。

嵇康之死，海内人士无不痛惜，醒悟之后的司马昭也每每后悔。

【心向山林的玄学大师】

向秀，字子期，河内怀（今河南武陟西南）人。他为人清雅有悟性，且有远见卓识，雅好老庄之学。《庄子》内篇、外篇共计数十篇，历代阅读的士人不能概括其宗旨要义，向秀则为《庄子》作注，加以解释，引发奇趣，振起玄学之风，让阅读老庄的人能够从内心领悟。到了晋惠帝一朝，郭象进一步补充向秀的《庄子注》，这样，社会上儒墨之学渐渐没落，道家之学兴起。

向秀刚开始作注时，嵇康不以为然，说：“这书不用再行作注，一旦有了注反倒妨碍人们阅读。”等到《庄子注》完成时，向秀拿给嵇康看，说：“这不比以前更好吗？”之后，向秀又与嵇康谈论养生，激发了嵇康的高论雅致。

嵇康善于锻铁，向秀常常佐助他，两人相对欣然，旁若无人。钟会便是因此受辱，最终陷害嵇康。向秀也曾与吕安、嵇康一起在山阳浇灌田园。嵇康被杀之后，向秀来到洛阳。司马昭问他说：“听说你素有如许由般归隐山林的志向，怎么现在会出现在这里？”向秀说：“巢父、许由不过是狷介的狂士，并不了解尧帝求贤的心

情，所以才归隐山林，没什么值得羡慕效仿的。”司马昭听了非常高兴，向秀也就此开始了仕途之路。

做了官的向秀再不能畅达心意，他思念旧友嵇康、吕安，写下名篇《思旧赋》纾解心情。后来，向秀官至散骑侍郎，转黄门侍郎、散骑常侍，虽然在朝，却并不在任。最后，向秀也未能实现归隐山林的夙愿，而是死于任上。

象牙雕刘伶醉酒

刘伶曾因醉酒和人起了冲突，对方捋起袖子，挥着拳头。刘伶慢慢地说：“我瘦得如同鸡肋一样，不足以安慰你的拳头。”那人听罢大笑，此事便这样作罢。

刘伶虽然放任，却不失机智灵活，平素不怎么涉猎文学，传世的只有一篇《酒德颂》，后来做官，官至建威参军。他经常宣扬无为思想，最终竟以长寿终老。

【流芳千古的酒徒】

刘伶，子伯伦，沛国（今江苏沛县）人，身高六尺，容貌十分丑陋，为人放旷肆意，胸襟开阔，沉默少言，不常与人交往，与阮籍、嵇康相识之后引为知己，欣然相交，携手共游竹林。刘伶常常乘着一辆鹿车，带着一壶酒，找一个人扛着锄头跟随他，说：“我如果死了，埋了我就行了。”有一次，刘伶口渴难耐，便向妻子索酒喝。妻子倒了酒，毁了酒具，哭着劝刘伶说：“你喝酒太多，不是养生之道，应该戒酒了。”刘伶回答说：“你说得对，但我不能克制自己，只能在鬼神面前立誓了，你准备些酒肉祭奠鬼神。”他的妻子为他准备了酒肉，刘伶跪下祷祝说：“天生刘伶，因饮酒而出名，每次饮一斛，五斗之后酒醉自醒。妇人的说辞，您可不要听啊。”说完，竟然将酒肉吃了，直到酣然沉醉。

论赞

史臣曰：如果治学为非常之道，万物就融会贯通，进则不追名逐利，退则保持纯真。他们尊崇庄子的放旷通达，辞锋雄辩，视世间荣华为无物，富贵如粪土，轻蔑王侯的高官厚禄，阮籍、嵇康畅游于竹林之中，刘伶以酒为友，藐视世俗礼教。至于嵇康给山涛写的书信，阮籍所创大人先生之传，都是不与世间名流为念。嵇康广陵之绝响，阮籍意气之徒存，他们雅善如此，当然不通风俗，虽然被召在朝为官，却难有什么建树，也许追寻他们的足迹，或能看到闪光之处。

赞曰：老子、孔子的学说各有所长，各存其趣，道家思想的精髓便在于无为，不修礼法，放任而生。以美酒为德，以玄虑为本性，如果不是他们沉溺于这种风气，国政又怎么会败坏呢？

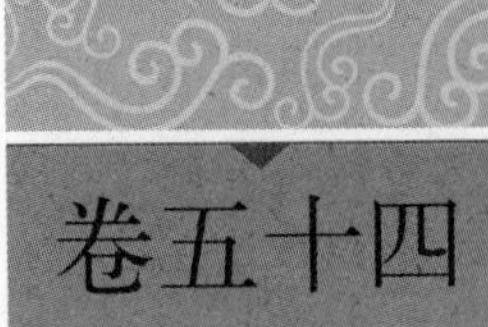

卷五十四

陆机 陆云列传

陆机、陆云兄弟，江南才俊，将门英烈，少年成名，各有经略之才，远赴异乡，志在安邦报国，却最终卷入乱世风云，淹没在分分合合的历史洪流中。他们是名门之后，未能战死沙场、马革裹尸，却最终死于小人之手，天下人莫不喟然叹息。

【将门后裔】

陆机，字士衡，吴郡华亭（今上海松江）人。他身高七尺，声如洪钟，年少时便有异才，文章冠绝当世，专长儒术，非礼不为。陆抗死后，陆机接领了父亲所带的兵士。在他 20 岁的时候，东吴为西晋所灭，陆机退居故里，闭门勤学，就这样过了整整 10 年。陆机一家世居江表，祖父和父亲皆为东吴将相，有大功于江表，陆机常常慨叹孙皓对他弃而不用，于是写了著名的《辩亡论》两篇，论述了孙权之得和孙皓之失，同时也记述了祖父陆逊和父亲陆抗的功业。

西晋太康末年，陆机与弟弟陆云一起来到洛阳，造访太常张华。张华素来敬重陆机，对待他就像老朋友一样，说："伐吴之役的获利，是得到两位俊杰。"张华将陆机兄弟推荐给洛阳的诸位公卿。后来太傅杨骏征召陆机为祭酒，杨骏伏诛后，陆机累迁太子洗马、著作郎。然而，陆机兄弟在洛阳还是备受歧视，范阳卢志曾当众问陆机说："陆逊、陆抗与你是什么关系啊？"陆机则说："就好像卢毓、卢廷与你的关系。"卢志自讨没趣。事后，陆云对陆机说："我们身在外邦，不相容于人，何必如此不客气呢？"陆机说："我祖父和父亲名扬四海，他能不知道吗？"后来，人们都以这件事来评论陆机和陆云的优劣。

吴王司马晏出镇淮南，以陆机为郎中令，后来迁为尚书中兵郎，转为殿中郎。赵王司马伦辅政的时候，封陆机为相国参军。陆机曾参与诛灭贾谧，被赐爵为关内侯。司马伦篡位被杀后，齐王司马冏因陆机职位机要，怀疑他也参与了司马伦叛乱，便捉拿了陆机等九人交付廷尉。幸好成都王司马颖、吴王司马晏并力救助，陆机才没被判死刑，但还是被流放边疆，直到遇到大赦，才得以返回。

先前，陆机有一只名叫黄耳的狗，陆机对它非常喜爱。陆机羁留京师的时候，很久没收到家书，便笑着对黄耳说："我家没有书信送来，你能为我送信吗？”这只狗居然摇着尾巴叫唤。陆机便真的将书信装到竹筒中系在黄耳脖子上，黄耳顺着路向南走，找到了陆机家乡，还把回信带回洛阳。此后，陆机竟然经常让狗送家书。当时中原动荡多难，顾荣、戴若思等人都劝陆机回到家乡吴郡，而陆机却认为，既然自己有这样的才能和德望，就应该匡扶国家，拯救时难，于是坚持留在京师。

陆机嫌恶齐王司马冏为人骄矜，居功自大，便作了一篇《豪士赋》讽刺司马冏。而司马冏毫无悔悟，最终身败名裂。

【含冤获罪】

剪除司马冏后，成都王司马颖推功不居，而且礼贤下士，又救过陆机性命。在这样一个多事之秋，陆机认为司马颖可以中兴晋室，便决定为司马颖效命。司马颖也重用陆机。其后，陆机参与了讨伐长沙王司马乂，被封为后将军、河北大都督，督北中郎将王粹、冠军牵秀等将领及士卒二十余万人。陆机认为一个家族中三代为将，是道家的大忌，况且他在东吴灭后入晋为官，现在又位居王粹等人之上，这些人不免生出怨心，因此固辞不受。陆机的同乡也劝陆机将都督之位让给王粹，陆机不禁感叹：“若将士们认为我为避贼而动摇不定，大祸会来得更快。”临行前，司马颖勉励陆机说：“如果能功成事定，你一定会爵封郡公，位至台司。”陆机则回答说：“昔日齐桓公任用管仲而建立了九合诸侯的功勋，燕惠王猜疑乐毅，导致伐齐功亏一篑。决定今天事情成败的关键在于您，而不在于我。”司马颖的左长史卢志妒忌陆机所受的信任和重用，便在司马颖面前诋毁陆机说：“陆机自比管仲、乐毅，便是含沙射影地将您比喻为昏聩

黄耳寄书·清·吴友如

陆机在洛阳的家中有一只狗名唤黄耳，陆机将信装入竹筒套在黄耳的脖子上，聪明的黄耳会把信送到陆机的吴郡老家中，然后再将亲人的回信给陆机带回来。

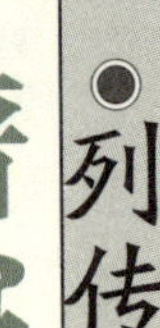

的君主，自古以来君主任命上将，但凡是臣子凌驾于君主之上的，没有能够成事的。”司马颖听罢默然。陆机的队伍从朝歌（今河南淇县）出发，到河桥，鼓声大作，响彻数百里，其出师盛况，汉魏以来无出其右。陆机与尊奉天子诏命的长沙王司马乂大战于鹿苑，结果大败，将士们逃往七里涧，死者尸体阻塞河道，河水为之不流，将军贾棱等人阵亡。

司马颖手下有个宠臣孟超，是宦官孟玖的弟弟，率领一万人，被封为小都督，开战之前便纵容手下士卒大肆劫掠。陆机捉拿了肇事者，孟超竟然带了铁骑百余人直冲到陆机麾下把人夺了回来，还对着陆机大骂。陆机手下的司马孙拯劝陆机杀了孟超，陆机不肯，可孟超却当众诬陷陆机谋反，还写信给孟玖说陆机心怀两端，两军临敌时不能迅速决断。两军开战后，孟超又不愿受陆机节度，轻军而进，结果全军覆没。孟玖怀疑是陆机杀了孟超，便在司马颖面前说陆机有异志。孟玖的朋党王阐、郝昌、公师藩等人，此外还有牵秀，一起指证陆机。司马颖大怒，令牵秀秘密逮捕陆机。牵秀的兵到时，陆机慨然而对，他脱去戎装，神色自若地说：“自从吴朝倾覆以来，我兄弟宗族蒙受国家重恩，担任要职，成都王更是委以重任，我甚至推辞不掉，如今却要被诛杀，这真是天命啊。”陆机给司马颖写了一张字条，言辞十分凄凉。临刑前，陆机凄然慨叹：“再也听不到昔日华亭（今上海松江西）的仙鹤鸣叫声了。”陆机死的时候只有43岁，他的两个儿子也同时遇害。对此，士卒们无不悲痛，为之流泪。那一夜，天色昏暗，大雾

平复帖

此书帖距今已有1700余年，为中国古代存世最早的名人书法真迹之一，是西晋陆机写给友人问候疾病的一封书札。民国时期，此书帖险些流落海外，是收藏家张伯驹以重金购得，才保住了这件国宝。

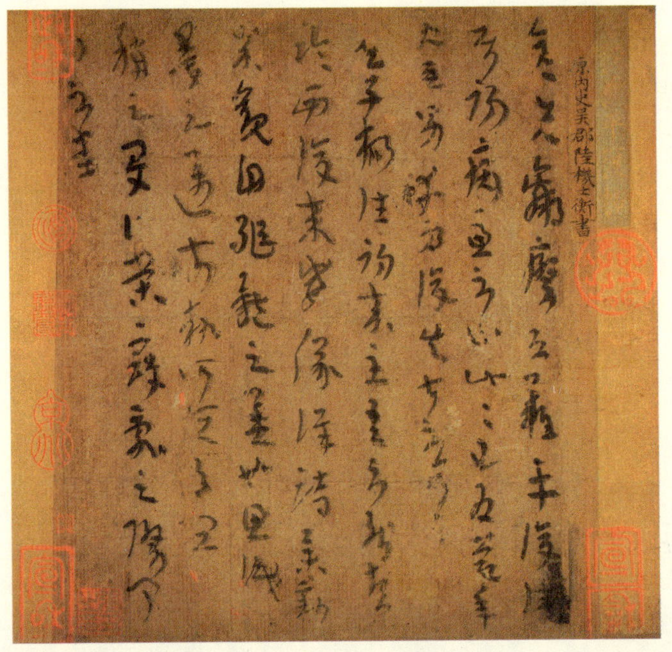

弥漫，飓风吹折了树干，大雪厚过一尺，人们都认为这是陆机蒙冤所致。

【良臣名士】

陆云，字士龙，6岁的时候便能写文章，性格清廉正直，很有才能，年轻时与兄长陆机齐名，虽然陆云的文采不如陆机，但在讨论时事方面却胜过其兄，当时人们把他们合称为“二陆”。东吴的尚书闵鸿看到陆云后，惊讶地说：“这个孩子不是龙驹，就是凤雏。”吴国被灭后，陆云与兄长陆机来到洛阳。陆机拜访张华，张华问陆云为什么没来，陆机说：“陆云有笑疾，没敢来见您。”过了一会，陆云来到，看到张华的姿态，用帛绳系在胡子上，不禁放声大笑，不能自已。此前，陆云还曾因在船上大笑而落水，幸好有人相救才幸免于难。

到了洛阳没多久，陆云便被任命为太子舍人，后出任浚仪令。浚仪县处于要地，难以治理，陆云到任后竟使吏治肃然，下级不能欺瞒上级，市场上物价统一。县中有人被杀，陆云抓了死者的妻子，却并不讯问，关了十几天便放了，陆云悄悄叮嘱手下人说：“她出去不到十里地，便会碰到一个男子与她说话，你们把那个男子绑回来。”结果一切正如陆云所料，而那个男子就是凶手。陆云说：“他与死者妻子私通，合谋杀了死者。他听说妇人被放出来，便想和她谈谈，又怕离府衙太近被发现，所以要在离府衙很远的地方见面。”众人听了无不佩服，称赞陆云神明。可是郡守却嫉贤妒能，常常责备陆云，陆云索性弃官而去。百姓思念他，在县社中设了陆云的画像。

后来，陆云在吴王司马晏手下做了郎中令，在任期间针砭时弊，多有进谏。成都王司马颖讨伐齐王司马冏时，封陆云为前锋都督，后迁大将军右司马。司马颖晚年昏聩，陆云屡屡劝谏，忤逆司马颖，后来又得罪了宦官孟玖。陆机被冤杀后，陆云受到牵连。江统、蔡克、枣嵩等人再三上疏求免，司马颖有些犹豫，卢志却劝其斩草除根，蔡克为陆云求情，以至叩头流血，又有数十人为他流泪求情。司马颖动了恻隐之心，可孟玖却扶着司马颖回到内室，催人杀了陆云。这一年，陆云42岁。

论赞

赞曰：陆机、陆云是荆、衡之翘楚，少年才俊，英名远驰，风格澄而爽，神情俊而迈，辞藻华丽，独步当时，言论慷慨，冠绝古今。然而他们的智谋却不如言辞。他们不了解真正的知易行难，自以为智谋可以安定天下，无愧祖先，可是终究未通世事，进不能匡扶危难之国，退不能保全自身，奋力于危难之邦，却服侍了平庸的君主，秉承忠义却不被君主体谅，终因毁谤生疑，家族覆灭，这是天意，而非人事。

卷五十八

周处 周访列传

经历了西晋短暂的统一，华夏再度陷入战乱之中。在九州崩析的乱世，新的一批英雄名将走上历史舞台，在卷帙浩繁的青史上留下铿锵壮丽的笔墨。两晋之际堪称忠勇良将的，当属取义成仁的周处和中兴名将周访。

【弃恶从善】

周处，字子隐，义兴阳羡（今江苏宜兴）人。父亲是东吴时期名将周鲂，曾任鄱阳太守。周处少年丧父，十几岁的时候便力气过人，喜欢纵马打猎，却不注意细节，纵情放肆，简直就是当地一害。

周处曾经问乡亲们说："现在天下太平，五谷丰登，为什么大家还闷闷不乐？"父老叹息着回答："三害未除，何乐之有啊。"周处好奇，问三害是什么，对方回答说："南山的白额猛兽、长桥下的蛟龙，加上你，并称三害。"周处说："这样的祸患，我可以将之除去。"父老说："你若真能除害，那就是我们这个郡的幸事，这并不仅仅是除害而已。"于是周处来到深山中，射杀了猛兽，又跳入河水中与蛟龙搏斗，蛟龙沉沉浮浮，游了数十里，而周处始终没有放弃。就这样过了三日三夜，人们都以为周处死了，便互相庆贺。没想到周处最终杀了蛟龙，当他回到乡里，看到乡亲们庆祝的场面，才知道自己真的是乡亲们的祸患。

周处不知自己该何去何从，便来到吴郡，寻找当时闻名遐迩的陆氏兄弟，寻求指教。周处对陆云说："我想修德，可是年纪也不小了，恐怕来不及了。"陆云说："古人以朝闻夕改为高尚的品格，你还是有前途的。况且大丈夫只忧不立志，何患不显名。"在陆云的鼓励开解下，周处开始励志好学，不仅颇有文思，更重要的是志在忠义、雄烈，言必忠信克己。

【舍身赴国难】

几年之后，周处出仕，当了东观左丞。吴主孙皓末年，出任无难督。西晋平灭吴国后，王浑在建邺宫中喝得酩酊大醉，并对吴人说："各位亡国之后，就不伤心吗？"周处说："汉末天下分崩，三国鼎立，魏国比吴国亡国得还要早，亡国的悲伤又岂止一人？"王浑听罢大为羞惭。

吴亡后，周处来到洛阳，做了新平太守。在任期间，周处安抚联合周边戎狄等少数民族，反叛的羌族也归

附了，雍州一带百姓无不赞美周处。后来，他又出任广汉太守。广汉郡吏治多年松懈，有的事务甚至积压了 30 年而不能决断。周处上任后，在很短的时间内就解决了这些陈年旧案。后来，周处因母亲年老而辞官回乡。后来，周处被任命为楚内史，还没上任，就被征拜为散骑常侍。周处说："古人说辞大不辞小。"就这样，周处去楚郡当了内史。楚郡中新旧居民杂居，风俗各异，周处便敦教礼仪，并将那些无人收敛的死者和暴尸荒野的白骨安葬。在楚郡大治之后，周处才离开这里，就职散骑常侍，远近之人尽皆称叹。

除三害

这幅清末民初时期的苏州桃花坞年画描绘了西晋人周处除虎、斩蛟的故事。

做了散骑常侍后，周处多有进谏，升迁为御史中丞。周处中正耿直，即便是宠臣权贵有错，也弹劾不误，因此得罪了很多人。氐人齐万年造反时，那些怨恨周处的大臣以周处是名将之后，忠烈果毅为由，推荐周处出征，欲将周处陷于必死之地。伏波将军孙秀对他说："你可以以母亲年老为由，推辞掉这件事。"周处回答说："忠孝难以两全，我已经告别父母侍奉君王，父母还能得到我这个儿子吗？今日我死得其所。"齐万年听说这件事后说："我素知周处其人，文武兼备，如果他这次统兵来战，必定势不可当。可他现在受制于人，则会败于我。"指挥的征西大将军是梁王司马肜，周处曾经弹劾过司马肜，他料定司马肜一会陷害自己，然而他认为自己身为人臣，竭尽忠诚，不该推辞，于是慷慨上路，志不生还。当时，齐万年部署 7 万人，屯兵梁山，夏侯骏却逼迫周处率军 5000 人攻击梁山。周处断然拒绝，说："大军没有后继便贸然出击，一定会打败仗，就算是死了，也会令国家蒙羞。"随后，司马肜再次下令让周处出兵，周处无奈，只好攻打齐万年。开战前，周处手下士卒还没来得及吃饭，就被司马肜催促着出发。周处知道这场战斗定然惨败，长叹赋诗，慨然出战。这惨烈的一役持续了一整天，周处军斩将杀敌，数以万计，然而因缺少后继，终于弓断箭绝。左右的人都劝周处后退，周处按着剑说："这是我为国尽忠效命的日子，怎么能退兵呢？古代的良将，只要受命便是抱定必死的决心。现在我们的军队将领各怀鬼胎，军威不振，我便当以身殉国。”就这样，英勇弘烈的周处最终力战而亡。

【中兴名将】

周访，字士达，祖籍汝南安城（今河南原阳西南）。汉末乱世，周访的祖先来到江南避乱，传到周访，已经是第四代了。西晋平吴后，周家便定居在庐江寻阳（今湖北黄梅）。周访的祖父周纂是吴国的威远将军，父亲周敏官至左中郎将。周访年少时性情沉稳刚毅，又谦逊忍让，做事果断，为人慷慨，散尽家财周济身边的人。周访曾做过县功曹，陶侃又推荐他为主簿，两人关系很好，还结为儿女亲家。后来，周访举孝廉，凡有征召，皆不应征。

东晋元帝司马睿渡江南下后，周访参与镇东军务。当时有一个和周访同名的人犯了死罪。负责的官吏却没搞清楚，捉拿了周访。周访奋力反抗，打走了前来的数十人，然后自己到司马睿面前请罪，但司马睿并没有惩罚他。

不久，司马睿任命周访为扬烈将军，领兵1200人，驻守寻阳鄂陵，与甘卓、赵诱一起讨伐华轶。周访部下的武将与华轶麾下的武昌太守冯逸勾结，周访杀了这个武将。冯逸率部攻打周访，结果被周访打得大败而归。冯逸远遁柴桑（今江西九江），周访乘胜追击。华轶派他的同党王约、傅札率领1万人接应冯逸，双方展开一场恶战，周访再次战胜冯逸。周访与甘卓会师后，与华轶的水军交战，大败华轶。华轶手下部将周广烧了城池，华轶所部溃败而逃，最

持刀陶俑·西晋

西晋时期，门阀大族仍然像汉末时期一样拥有大量私兵，于是在这一时期的门阀士族墓葬中，墓主人为了显示自己身份的高贵，往往随葬这种陶制的兵俑。

后还是被周访寻访捉到。周访斩杀华轶，平定了江州。

【智勇过人】

司马睿任命周访为振武将军、寻阳太守，并特赐鼓吹、曲盖等仪仗，之后再次任命周访出兵征讨杜弢。

杜弢做桔槔来攻打官军的船舰，周访做了长岐枨来抵御杜弢的攻击，成功地遏制了桔槔的威力。杜弢秘密从青草湖包抄官军后路，与此同时，又派部将张彦攻陷了豫章，焚烧城邑。周访在权臣王敦的帮助下，大败敌兵，斩杀张彦。在这场战斗中，周访中了流矢，折了两颗门齿，可他依旧颜色不变，指挥若定。

天色渐晚时，周访与敌人隔水对峙。敌军数量是周访的数倍，周访自知不能力敌，便悄悄派人装成砍柴人而出，然后列阵鸣鼓，大呼“左军来了”，由此军心大振，高呼万岁。周访又让士卒们在夜间多多生火做饭，敌人以为援军真的到了，没等到天亮，便自己退兵了。

周访料到敌人知道自己虚张声势后，一定会再来追赶，便命令大军迅速渡江，最后毁掉桥梁，果然，当敌人发现被骗并追赶到江边时，只能望着断桥兴叹，最终回到湘州。周访再次出动水师，直抵富口，杜弢派杜弘领兵到海昏。周访带着水师直逼湘城，敌人退保庐陵。周访派兵围困庐陵城。杜弘无奈，只好将城中的宝物扔到城外，趁着官军竞相捡敛财物时，突出重围，一路逃窜到南康、临贺。周访一路追杀。为了表彰周访的功劳，司马睿加封周访为龙骧将军。同时，王敦也上表，推荐周访为豫章太守。

后来朝廷下诏，命周访镇守荆州。周访声威日隆，王敦开始猜忌周访。王敦的手下劝王敦亲自统领荆州，改派周访守梁州。周访大怒，却只能改赴襄阳。

周访智勇过人，为中兴名将，却性情谦恭，从来不曾夸耀自己的功劳。有人对他说：“人们有了一点小的成绩，便会向人夸赞自己，您有这样的大功劳，为什么没说过一句话？”周访说：“那都是将士们浴血奋战的结果，我有什么功劳？”从此，将士们更加敬重他。

周访志在克复中原，众部下也愿为他效死命。周访疾恶如仇，他素知王敦有谋反之心，每每提及，无不切齿。终周访一世，王敦都不敢胡作非为。

东晋大兴三年（320），周访去世，终年 61 岁。

论赞

史臣曰：仁义并没有一定的模式，履行者即为君子，背弃者就是小人。周处曾经是乡里一害，放荡无忌，可最终克己向善，舍生取义，殉国身亡，可以说是忠心守节的贤士了。周访文武兼修，在宗庙倾颓之际平定湘、罗等地，泽被子孙，被推为中兴名将。

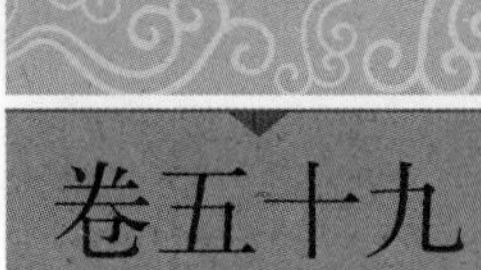

卷五十九

八王列传

280年，西晋占领东吴都城建业，结束了汉末以来近百年的丧乱纷争与飘摇动荡。然而，西晋的天下一统并未给久经分裂战乱的中华大地带来长治久安，短短的26年后，天下再次陷于乱世战火，中国历史进入最混乱的五胡十六国时期，一个始于“八王之乱”的乱世。

【乱世诸王】

汝南文成王司马亮，字子翼，是晋宣帝司马懿的第四个儿子。少年时便很有才干，曹魏时先后历任散骑侍郎、东中郎将，左将军，加散骑常侍、镇西将军。司马炎代魏后，封司马亮为扶风郡王，食邑万户，都督关中雍、凉诸军事。司马亮的仕途几经沉浮，咸宁三年（277）徙封汝南王，封镇南大将军、都督豫州军事，开府、假节，没过多久，又被征为侍中、抚军大将军、领后军将军。晋武帝司马炎病重时又有晋封，深受司马炎信任，却遭到外戚杨骏的排挤。杨骏死后，司马亮攫取了朝廷政权，但却始终没能逃脱身死人手的厄运。

楚隐王司马玮，字彦度，是晋武帝司马炎的第五个儿子，最初被封为始平王，担任屯骑校尉。太康末年，徙封楚王，都督荆州诸军事、平南将军，转镇南将军。司马炎去世后，入朝为卫将军，领北军中侯，加侍中、行太子少傅。少年时期的司马玮性格果敢锐利，在任时又立了威名，朝廷上下都对他有所忌惮。汝南王司马亮和太保卫瓘一致认为司马玮性情乖戾，不堪大用，建议司马炎将司马玮遣回封国。司马玮心中愤愤不平，与人合谋扳倒辅政的司马亮和卫瓘。然而，司马玮终究没能在纷繁复杂的政权角逐中全身而退，被贾后设计诛杀。

赵王司马伦，字子彝，是司马懿的第九个儿子，不学无术。曹魏嘉平初年，爵封亭侯，后出仕为谏议大夫。司马炎代魏后，封司马伦为琅邪王。他曾坐事论罪，因是宗室而免受处罚。咸宁年间，改封为赵王，元康初年迁征西将军、开府，镇关中。司马伦治军，行赏有失公允，所辖的氐族、羌族人相继反叛，于是朝廷召司马伦回京，不久便被拜为车骑将军、太子太傅。司马伦刻意攀附贾家，侍奉贾后十分殷勤谄媚，深得贾后信任。贾后等人废黜太子后，司马伦执掌重兵，以为

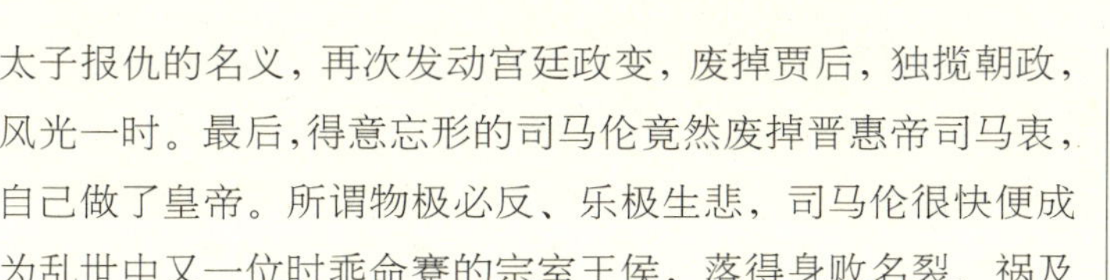

太子报仇的名义，再次发动宫廷政变，废掉贾后，独揽朝政，风光一时。最后，得意忘形的司马伦竟然废掉晋惠帝司马衷，自己做了皇帝。所谓物极必反、乐极生悲，司马伦很快便成为乱世中又一位时乖命蹇的宗室王侯，落得身败名裂、祸及子孙的悲惨下场。

齐王司马冏，字景治，是献王司马攸的儿子，少年时便以仁德恩惠著称，常常赈济布施，颇有乃父之风。当年司马攸病重的时候，司马炎并不相信，派太医诊治，太医们都说司马攸没病，然而没过多久，司马攸却真的病逝了。司马冏号啕着痛诉父亲被这些太医加害，于是司马炎下令杀了看诊的太医。元康年间，朝廷拜司马冏为散骑常侍，领左将军、翊军将军。贾后专擅朝政，司马冏与赵王伦密谋废掉贾后，被晋封为游击将军。司马冏对这个官位并不满足，因此衔恨。司马冏的这些心思被司马伦的心腹孙秀识破，孙秀忌惮司马冏，便使司马冏离开京师，出任平东将军，镇守许昌。司马伦篡位后，封司马冏以高官，希望用这种方式笼络司马冏，而司马冏却联络了河间王司马颙起兵讨伐司马伦，迎回晋惠帝。司马冏因勤王之功，被加封为大司马，加九锡，一切礼仪竟如当年的司马懿祖孙辅佐曹魏时一样，一时间位极人臣。然而，在这样一个政权动荡的时代，司马冏很快便成为众矢之的。他被长沙王司马乂率兵打败，身首异处，祸及三族。

长沙厉王司马乂，字士度，是司马炎的第六个儿子，太康十年（289）受封为王，拜员外散骑常侍。司马乂虽然年轻，却很孝顺，司马炎去世时，他悲痛欲绝。楚王司马玮奔丧时，诸王皆夹道迎接，只有司马乂一个人在陵前痛哭。司马乂曾参

晋惠帝司马衷

晋惠帝天生愚钝，皇后贾南风搅乱朝政，终于在 291 年至 306 年发生了八王争权的内战，史称“八王之乱”。

与司马玮诛杀司马亮和卫瓘之事，事后，司马乂哭着说："楚王受诏命行事,因此我才跟随他,怎么会知道他是做错了呢。"司马玮被杀后，作为同母的弟弟，司马乂被贬为常山王，回到封国。司马乂身高七尺五寸，为人开朗果断，无论才能、力量都无与伦比，而且待人谦虚，礼贤下士，因此声望很高。三王（司马冏、司马颖、司马颙）起兵讨伐司马伦时，司马乂也举全国之兵呼应,一路上过关斩将,刚毅果敢。事成之后,司马乂因功被封为抚军大将军，领左将军，不久又迁为骠骑将军、开府，复为长沙王。司马冏专权后，司马乂曾对成都王司马颖说："这个天下是先帝的基业，您有责任守护的。"当时听到这句话的人无不惊惧。后来，在剪除司马冏的斗争中,司马乂再次以其勇武果敢取得了胜利。即令如此,司马乂仍然没能免身乱世，最终被囚而死，终年只有 28 岁。他死前冤痛之声传出很远，三军将士无不为之垂泪。

成都王司马颖，字章度，是司马炎的第十六个儿子，太康末年被封为王，食邑十万户，官封越骑校尉，加散骑常侍、车骑将军。权臣贾谧曾与太子争道而行,恰巧被司马颖看到,他厉声呵斥贾谧说："太子是国家的储君，你贾谧怎么能如此无礼！"贾谧很惧怕司马颖，于是将他外任为平北将军，镇守邺城。在一系列政变之后，司马伦篡位自立，司马颖与司马冏一起发兵讨伐司马伦，迎回晋惠帝司马衷。当权后的司马冏骄奢恣意，专政弄权，司马颖便再次发动政变，诛杀司马冏。此役之后，司马颖又联合河间王司马颙剪除长沙王司马乂。排除异己后，司马颖掌控朝政，挟持晋惠帝，自立为皇太弟。幽州刺史王濬联合乌桓、鲜卑讨伐司马颖，在新一轮斗争中，司马颖功败垂成，自缢而死，年仅 28 岁。

越窑青釉堆塑贴花动物纹谷仓罐 · 西晋

这是一件陪葬用的明器，又称魂瓶，意在希望墓主人死后能过上仓满粮实的殷富生活。罐高 42 厘米，分为上下两部分，上部分有楼阁、阙门、坐俑、狗、羊等，堆塑错落有致，下部分为罐体，罐肩上有龟、鱼和蟹。

河间王司马颙，字文载，是安平献王司马孚的孙子，太原烈王司马瑰之子，咸宁二年（276）继承父亲爵位，翌年改封为河间王。少年时代的司马颙便有清誉之名，轻钱财重士人。诸王进京朝拜时，司马炎称赞司马颙堪当诸王仪表。元康初年，司马颙被封为北中郎将，元康九年（299）代梁王为平西将军，镇守关中。按照西晋的规制，只有皇帝的嫡系亲属才能镇守关中，司马颙原本没有镇守资格，但朝廷却考量其才干，将这一重任交给他。司马伦篡位后，司马颙与司马颖一起起兵响应司马冏，随着司马冏日益坐大，司马颙又受密诏讨伐司马冏。后来又大败司马乂，其部将张方拥兵自重，挟持晋惠帝司马衷，引起众怒。虽然司马颙杀了张方，可还是不能改变自己逐渐滑进斗争旋涡的命运，在最后与东海王司马越的角逐中败绩，死于非命。

东海孝献王司马越，字元超，是高密王司马泰的次子，少年时便有很高的声誉，为人谦和简朴，平素就如同平民布衣一样，封国内外的人无不效仿。司马越早年出仕时为骑都尉，入侍东宫，晋封官爵，在讨伐杨骏时立了功，封五千户侯，迁散骑常侍、辅国将军、尚书右仆射，领游击将军，侍中，加奉车都尉，后封为东海王。永康初年，封为中书令，迁司空，领中书监。八王之乱中，晋惠帝司马衷一度迁都，后又被张方挟持，司马越联合诸侯及鲜卑人迎司马衷回归洛阳。晋怀帝司马炽即位之初，以司马越为辅政大臣。司马越是八王之乱中唯一的存活者，然而他所得到的，只是一个满目疮痍，风雨飘摇的政权，还有来自北方日渐强大的少数民族的威胁。而司马越却将这危如累卵的政权推向更深的渊谷，最终使得朝廷动荡，天怒人怨。司马越忧惧成疾，于永嘉五年（311）病逝。

【八王之乱】

西晋初年，为了防止权臣篡权，晋武帝司马炎大肆分封同姓为王，授以兵权，镇守四方。可司马炎万万想不到，就是这些曾经保疆守土的同姓兄弟，会在他身死之后争权夺势，令饱经风霜的中华大地再次陷入纷飞的战火，一个短命的王朝就这样走到了尽头。

司马炎去世后，继位的司马衷资质驽钝，外戚杨骏独揽朝政。早有政治野心的贾后为了贾氏家族的利益，发动政变，诛杀杨骏。然而，杨骏之死并未满足贾后的初衷，朝廷政权落在汝南王司马亮和朝廷元老卫瓘手中。于是贾后联合了功勋卓著、素有威名却受司马亮排挤的楚王司马玮，诬陷司马亮和卫瓘有废立之谋，矫诏派长史公孙宏和将军李肇连夜围捕司马亮。司马玮下令，能斩司马亮者必有重赏。就这样，一向以忠义自持的司马亮死于乱军之中。

这时，有人劝说司马玮趁势一并诛杀贾模、郭彰。司马玮犹豫不决，

没想到第二天，司马衷竟然下旨宣布司马玮矫诏。那些跟随司马玮的人看到司马衷的诏命后，纷纷离开司马玮。司马玮孤立无援，窘迫不堪，身边只剩下一个14岁的仆人。司马衷下令召司马玮回营，将之拿下，交付廷尉，以矫诏、诛杀朝廷重臣等罪名杀了司马玮。

司马玮死后，贾后一石数鸟，终于如愿以偿地攫取了梦寐以求的政权。为了进一步巩固贾家势力，贾后害死太子。同样包藏野心的赵王司马伦便以此为由，打着为太子报仇的旗号发动政变。他联合了梁王司马肜、齐王司马冏一起起兵，于永康元年（300）四月的一天夜里矫诏入宫，将司马衷劫持到东堂，然后用司马衷的名义下诏，传贾谧入宫，就地斩首。控制后宫之后，司马伦派人捉拿贾后，废为庶人，将其囚禁在洛阳城西北角的金镛城中，迫使她自杀。

一夜之间，司马伦大权在握，野心膨胀，竟然逼迫司马衷禅位。永宁元年（301）司马伦篡位称帝，他在黄袍加身的那一刻，便将自己推向了风口浪尖，一时之间，司马伦成为众矢之的，诸王、大臣纷纷反对，为首的便是齐王司马冏。司马冏联合豫州刺史何勖，龙骧将军董艾等人起兵勤王，驻守邺城的成都王司马颖和镇守关中的河间王司马颙也举兵响应。在最初的战斗中，司马冏屡败于讨虏将军张泓，只得退守颍阴。不久，左将军王舆等人带兵攻破皇

玉猪握·晋

玉握是墓主人下葬时握在手中的随葬品，象征墓主人手握权力和财富，这件玉握长11.7厘米。古代贵族有墓中陪葬玉的习俗，认为它能保护尸体不坏。猪是财富的象征，在东汉到两晋时期，猪是最流行的玉握样式。

宫，杀了司马伦的心腹孙秀等人，将司马衷迎回宫，最后在金镛城赐死司马伦。

之后，朝廷政权自然落入司马冏的手中，司马冏以大司马之名辅政。染指权力的司马冏再也不肯轻易放手，他武断地立年仅八岁的清河王为太子，以求长期专擅朝政。志得意满的司马冏日益骄奢，沉湎酒色，任人唯亲，刚愎自用，诛杀大臣，引发了众怒。河间王司马颙上表司马衷，列举司马冏的几大罪状，扬言出十万兵马清君侧。成都王司马颖、长沙王司马乂等人响应。将军李含屯兵阴盘，张方兵至新安，司马乂则杀入宫中，封闭宫门，宣读天子诏书，攻打大司马府。司马冏派董艾迎战，司马乂则纵火焚烧千秋门、神武门。双方在洛阳城中展开激战，死者无数。最终，司马冏兵败被擒，被斩首示众，暴尸三日。

司马冏死后，西晋政权落入长沙王司马乂手中。司马乂手握权柄，却事无巨细都要咨询成都王司马颖。在诛杀司马冏事件中，河间王司马颙和李含原本拥戴司马颖称帝，以为势力弱小的司马乂不会取胜。可没想到司马乂不仅大获全胜，还掌握了朝廷政权。于是司马颙密谋铲除政敌司马乂，他们暗中指使李含、侍中冯荪和中书令卞粹等刺杀司马乂，结果事情败露，司马颙只能联合司马颖起兵。

太安二年（303），司马颙的部将张方领兵7万，与司马颖的20万大军一起攻入洛阳，双方在洛阳展开连续数个月的大战。其间，朝中大臣和司马乂都曾尝试和解，但司马颖提出杀掉皇甫商等人才能罢手，司马乂拒绝，于是这场旷日持久的战役一直持续到第二年。司马乂虽然打了多次胜仗，但洛阳城中的积蓄却愈来愈少，士卒疲敝，但将士上下一心，誓死效忠司马乂。没想到在紧要关头，东海王司马越担心司马乂兵败自己受牵连，暗中捉拿了司马乂，将他囚禁在金镛城。

成都王司马颖终于进入洛阳城，官封丞相，胁迫司马衷封自己为皇太弟，并将政治中心迁往自己驻守的邺城，此举引发了司马越的不满。司马越挟持司马衷北上，讨伐司马颖，结果大败，司马衷也被司马颖俘获，司马越逃回封国。紧接着，安北将军王濬率领联军攻破邺城，司马颖与司马衷逃往洛阳，转赴长安。永兴二年（305），司马越从山东出兵，击河间王司马颙，迎回司马衷，先后斩杀司马颖和司马颙，取得了最后的政权。

就这样，持续了16年的诸王之战结束了，同时，西晋王朝国力耗尽，百姓流离失所，少数民族相继崛起，中原进入动荡的五胡十六国时期。

论赞

赞曰：司马亮总揽朝政，司马玮阴怀不满，最终两人都死于非命。司马伦为人愚昧，却窃取政权，奸佞为患，终于也以被诛告终。司马冏原本英武雄烈，却没能建树德政，实在是可悲。司马乂以忠诚报效国家，最后却功亏一篑，惨死收场。司马颖、司马颙以勤王为名，出兵争权，却事穷势危，在乱世中败亡。至于司马越，只是乱世中的一个恶臣，目无君主，败坏国家，劳民伤财。

卷六十二

刘琨 祖逖列传

西晋永嘉五年（311），匈奴南侵，虏获晋怀帝，晋王朝内忧外患，宗室举国南迁，偏安一隅，中国进入历史上最混乱的东晋五胡十六国时期。面对山河沦陷、亲友惨死的国仇家恨，很多爱国武将剑指北方，誓死收复中原，回归故土，他们中最负盛名的便是闻鸡起舞的刘琨和祖逖。

【历经丧乱】

刘琨，字越石，中山魏昌（今河北定州）人，是西汉中山靖王刘胜的后人，其祖父刘迈有经国之才，官至相国参军、散骑常侍，父亲刘蕃性情清高简朴，曾为光禄大夫。少年刘琨形容英俊，以雄烈好爽而闻名，26岁时出仕，为司隶从事。刘琨擅长文赋，征虏将军石崇在河南金谷涧有宅邸，其建筑装修冠绝一时，石崇邀请了很多文士，终日赋诗，刘琨便在其中，而且他的文章颇受人们嘉许。贾谧参管朝政，京师的士人无不倾心相投，石崇、欧阳建、陆机、陆云等名流都降节依附，刘琨兄弟亦在其中，这些人号称“二十四友”。后来，刘琨做了太尉掾，屡迁著作郎、太学博士、尚书郎。

赵王司马伦执政期间，刘琨因与他有姻亲，很受重用。成都王司马颖、河间王司马颙、齐王司马冏讨伐司马伦时，刘琨被任命为冠军将军，率兵3万人抗击司马颖。双方在黄桥展开恶战，刘琨大败，不得已焚烧了桥梁以求自保。司马伦败亡，齐王司马冏辅政，非但没有追究刘琨辅佐司马伦之事，还对其委以重任。

东海王司马越当政后，任命范阳王司马虓代替刘乔为豫州刺史。刘乔起兵反抗，刘琨奉命率领精锐骑兵救援司马虓，尚未到达而司马虓已大败而逃。刘琨遂与司马虓一起奔赴河北，父母却陷于刘乔之手。司马虓领冀州后派刘琨往幽州，向王濬借兵，渡河击败刘乔，接回父母。紧接着一鼓作气，大败司马颖所部，斩杀大将石超，收降吕朗，从长安迎回晋惠帝司马衷。

永嘉元年（307），刘琨出任并州刺史，加振威将军、领护匈奴中郎将。此时的并州，北部有刚刚兴起的匈奴首领刘渊建立的汉政权。刘琨到达晋阳（今山西太原）时，这里已然是一座空城，满目萧条，府衙寺院焚烧殆尽，尸横遍野，存活的百姓无不饥馑羸弱，晋阳府内荆棘成林，豺狼满道。刘琨下令清除荆棘，为死者收敛骸骨，

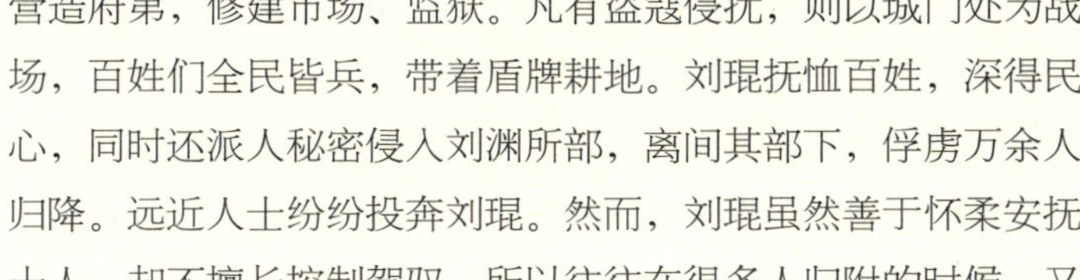

营造府第，修建市场、监狱。凡有盗寇侵扰，则以城门处为战场，百姓们全民皆兵，带着盾牌耕地。刘琨抚恤百姓，深得民心，同时还派人秘密侵入刘渊所部，离间其部下，俘虏万余人归降。远近人士纷纷投奔刘琨。然而，刘琨虽然善于怀柔安抚士人，却不擅长控制驾驭，所以往往在很多人归附的时候，又有很多人离开。而刘琨性喜豪奢，又纵情声色，刚刚取得政绩，便难免放纵。

【结盟鲜卑】

为了对抗匈奴，刘琨与拓跋鲜卑首领拓跋猗卢结盟，上表朝廷推荐拓跋猗卢为代郡公，与刘希屯兵中山。这无疑侵犯了与东部鲜卑结盟的王濬的利益。王濬多次出兵攻打刘琨，刘琨却没有能力抵抗。刘琨宠幸一个叫做徐润的人，徐润与奋威护军令狐盛有仇，便在刘琨面前进谗言，说令狐盛要劝他称帝。刘琨并未调查此事，便草率地杀了令狐盛。刘琨的母亲感叹道："你不懂得经略之道，不会驾驭豪杰，只知道一味铲除威胁自己的人以求自安，怎么能成大事呢？早晚会给我带来祸患啊。"果然，令狐盛的儿子令狐泥投奔了匈奴刘聪，透露了刘琨的虚实。恰好这个时候上党太守袭醇投降刘聪，雁门、乌丸也反叛刘琨，刘琨亲自率领精兵出击。刘聪派儿子刘粲与令狐泥乘虚袭击晋阳，太原太守高乔举郡投降刘聪，刘琨的父母因此丧命。回军的刘琨与猗卢一起攻杀刘粲，大败敌人。刘粲所部死者十之五六，刘琨乘胜追击，却没能取得进一步的胜利。猗卢则认为刘聪并非旦夕之间可以剪除，便引兵离开。刘琨志在报仇，却苦于力量薄弱，只能抚恤伤亡，移居阳邑城，召集亡散的旧部。

晋愍帝司马邺即位后，拜刘琨为大将军、都督并州诸军事，加散骑常侍、假节。刘琨先后两次上

持盾陶武士俑·东晋

武士身上穿的是魏晋时期的戎服，上身为褶，下身为裤，称为褶裤服。褶短至两胯，紧身小袖。这件武士俑身上的褶裤服已经是汉化改良了的，改左衽为右衽。

表，表明誓灭胡虏的决心。建兴三年(315)，司马邺敕封刘琨为司空、都督并冀幽三州诸军事。刘琨上表辞让了司空一职，受了都督职位，上任后很快便再一次与拓跋猗卢联合讨伐刘聪。然而没过多久，猗卢与侄子都生病死了，部落也因此四散。而先前刘琨的儿子刘遵在拓跋猗卢部落做人质，颇有名望，很多人都依附他。拓跋猗卢死后，刘遵率领拓跋鲜卑部落的三万余人归附刘琨，刘琨也由此再一次崛起。强大起来的刘琨立刻发兵攻伐石勒，结果中了埋伏，再次惨败，前军尽失。当时天气大旱,刘琨不能自守。这时，幽州刺史鲜卑人段匹磾多次派遣使者，愿意与刘琨一起辅佐王室。就这样，两个人结成姻亲，约为兄弟。

东晋建武元年（317)，刘琨与段匹磾联合出兵讨伐石勒，他们屯兵固安，等待其他盟约大军。段匹磾的从弟末波因收了石勒的贿赂而拒绝进兵，导致伐赵计划搁浅，刘琨和段匹磾不得已退兵。

段匹磾因兄长去世而去奔丧，刘琨派儿子刘群远送，末波乘势攻打段匹磾，兵败而归，却俘获了刘群。末波厚待刘群，希望他能劝父亲与自己结盟，对抗段匹磾，并许诺让刘琨做幽州刺史。刘群受了末波蛊惑，派人秘密送信给刘琨，希望他为内应。当时刘琨屯兵在以前的征北府小城，并不知道这件事情。送信人竟将这封信送给了段匹磾。段匹磾拿信给刘琨看，说：“我也不是怀疑你，只是把这件事告诉您罢了。”刘琨回答说：“我与你结盟，为的就是匡扶王室，仰仗你的力量，为国雪耻，为家报仇，就算是这封信送到我手里，我也不会为了一个儿子而辜负了你，舍弃了忠义。”段匹磾素来敬重刘琨，原本也没有加害他的想法，就想放他回去，可段匹磾的弟弟却悄悄对段匹磾说：“我们是胡人，晋人之所以服我们，是忌惮我们人多，现在我们祸起萧墙，正方便他们图谋我们。如果这个时候刘琨起兵，我们必有灭族之灾。”就这样，段匹磾软禁了刘琨。刘琨的儿子刘遵害怕段匹磾，闭门自守。段匹磾召唤几次，他都紧闭城门,段匹磾便纵兵攻城。

当年，刘琨刚刚来到晋阳城的时候，便深知自己的艰难境遇，却只想着大仇未报，他很了解夷狄之人不重大义，只能寄希望于用赤诚感化他们，因此常常慷慨陈词，悲痛地诉说形势，激发群情，以求奋力而战，可是没想到最终为段匹磾擒获。刘琨自知必死无疑，神情怡然，慨然赴死。

【闻鸡起舞】

祖逖，字士稚，范阳遒（今河北蓉城北）人，父亲祖武曾为晋王掾、上谷太守。祖逖少年丧父，生性豁达，不修礼仪，十四五岁了还没怎么读书，几个兄长都很忧虑。然而祖逖重义轻财，为人慷慨又有气节，每次到了家中的田舍，就谎称兄长们的意思，用谷物布帛周济穷人，所以宗族都很敬重他。后来，祖逖博览群书，涉猎古今，来到京师，人们都称赞他的才华。24岁时，朝廷征辟祖逖为官，他却不去上任。

祖逖与刘琨关系要好，同榻而眠。夜间听到鸡叫，祖逖叫醒刘琨开始舞剑，这就是著名的闻鸡起舞的故事。

八王之乱时，祖逖先后做过齐王大司马掾、长沙王骠骑祭酒，转主簿，迁太子中舍人、豫章王从事中郎，后来随着晋惠帝司马衷一路颠沛流离。当时很多人都想结交祖逖，王公们先后征辟祖逖，可祖逖从不就任。永嘉之乱后，祖逖率领亲朋乡党数百家避难淮泗。途中，他将自己的车马让给年老和有疾病者，自己则一路步行，乡亲们的粮食药品也都由他供给。此外，祖逖多权谋，众望所归，被推举为行主。到达泗口后，晋元帝司马睿封祖逖为徐州刺史，徙居丹阳京口（今江苏镇江）。

闻鸡起舞

【北上抗胡】

西晋灭亡，社稷倾覆，祖逖常常以此为恨，志在收复中原。祖逖门下聚集了很多杰出勇武的门客，祖逖待他们犹如自己的子弟。当时扬州饥荒，这些门客有的入室偷盗，祖逖包庇他们,为人们所诟病,可他仍然我行我素。

司马睿偏安一隅，只想拓定江南，不思北伐收复失地。祖逖劝谏说："晋室之乱，其原因不在于主上无道和臣下怨恨反叛，而在于藩王争权，自相残杀，使戎狄之人有隙可乘，导致中原沦丧。现在人人都有奋勇反击的志向，您若能发威北伐，命我为统帅，则天下之人无不欣然归附，用不了多久便可一雪国耻。"司马睿无心北伐，又不好推却，便拜祖逖为奋威将军、豫州刺史，拨给士兵 1000 人，布帛 3000 匹，却不供给铠甲兵器，如果要组建军队，则要自行招募。

面对司马睿消极的北伐态度，祖逖带着随他迁徙的一百余户部曲渡江北上。大江之上，祖逖慨然发誓："祖逖如果不能收复中原，便犹如这大江一样东流不回。"人们无不为他的壮烈言辞所感动。过了长江，祖逖屯兵江阴,打造兵器,很快便招募了两千人。

祖逖北上之前，北方多流寇，祖逖设计，诱使流人坞主张平的手下谢浮倒戈杀了张平。得到捷报，司马睿嘉奖了祖逖的功勋，同时运送粮草以兹嘉奖，却因为路途遥远，迟迟未能送到，导致祖逖军中缺粮饥馑。流人坞主樊雅率众夜袭祖逖营垒，他持着戟大声呼喊，奔向祖逖军帐，一时间士卒大乱。祖逖镇定如常，指挥士卒抵抗，督护董昭打败敌人，祖逖率兵追赶，又遭到张平余党的追击。祖逖求救于蓬陂坞主陈川，陈川派大将李头增援。在陈李的帮助下，祖逖顺利攻克谯城。

祖逖占领谯城后，前来襄助的南中郎将王含部下大将桓宣便带兵撤离。石勒养子石季龙闻讯后引众攻打谯城，桓宣则再次出兵救祖逖，石季龙只得退兵。于是桓宣留了下来，协助祖逖共同讨伐未归附的叛逆势力。

祖逖占领谯城，李头功勋卓著。樊雅有一匹骏马被祖逖虏获，李头十分喜爱，却不敢奢求。祖逖知道后，便将骏马送给李头。李头深感祖逖的恩遇，常常感叹说："如果能得此人为主，我就算是死也没什么遗憾的了。"不想陈川听到后大怒，竟然杀了李头。李头的亲党冯宠率领四百余名部下投靠祖逖，陈川更加生气，居然派人劫掠豫州诸郡。为了保卫百姓安宁，祖逖派将军卫策力战陈川，将其虏获的人口财物全部归还，自己军中毫无所留。吃了败仗的陈川大为恐惧，投靠了石勒。祖逖率兵讨伐陈川，石季龙引兵五万救助陈川，被祖逖用奇谋打败，陈川徙襄国，石季龙留桃豹等守陈川故城。

【出师未捷】

就这样，祖逖和羯人共同占有了陈川所守的故城，羯人经南门出入放

牧，祖逖则驻守在东门，如此相持了四个月。祖逖设计，用一千人背着装土的布袋，假装运粮上东台，又派几个人挑着粮食故意掉队，被敌人截获。敌人于是以为祖逖的士兵丰衣足食，自己却要忍受饥饿，于是斗志丧失殆尽。石勒多次派兵出击，都被祖逖击退，许多曾经与祖逖为敌的人也渐渐为祖逖所感，归附了他。

祖逖体恤下属士卒，即便是交情不深甚至身份卑微的人他都以礼相待。在他的努力下，黄河以南重归晋室。黄河沿岸很多大户的儿子在胡人处为人质，祖逖允许他们表面上还依附胡人，时而派兵佯装侵犯。这些大户无不感恩戴德，自愿做祖逖的内应，为他传递消息，祖逖因此打了很多胜仗。只要有少许功劳的人，祖逖一定立刻赏赐。可他自己却躬行节俭，劝督农桑，家中没有任何资产营生，子弟都要亲自种田、砍柴。此外，祖逖还下令收埋枯骨，进行祭奠，百姓们都感激他的恩德。宴会上，曾有年老士绅流着眼泪说："我们都老了，却又如同有了父母一般，就算是死也不遗憾了。"

祖逖威震中原，石勒不敢窥视黄河以南，只能命人修葺成皋县中祖逖母亲的坟墓，然后写信给祖逖，请求互市。祖逖没有回信，却允许双方互市，但对胡人却收取十倍的价格，得到很多利益，兵马更加强盛。

经过祖逖苦心经营，北伐条件已然成熟。正当祖逖要越过黄河，荡平朔北，恢复中原的时候，朝廷却改任戴若思为都督。戴若思是吴人，虽然很有才望，却没有远图，何况祖逖在北方历尽艰难而成的基业，现在却要他人统管，未免心中不平。这时，权臣王敦、刘隗又在司马睿面进谗言，致使北伐大业不能实现。祖逖忧愤成疾，但他仍旧励志进取，信心不辍，修缮武牢城，未及修成，祖逖便病入膏肓。这一年，豫州天现妖星，祖逖感叹说："我快要死了。如今河北刚刚平定，上天却要杀我，真是不保佑国家啊。"不久，祖逖病逝雍丘，终年 56 岁。豫州百姓如丧考妣，谯梁之民为他立祠。

论赞

史臣曰：刘琨年少时本来没有什么特殊的操行，借居在贾谧的客馆，投在司马伦的帐下谋食，当时不过是个轻佻之徒。祖逖散发米粮接济贫民，闻鸡起舞，忧虑于中原战火不断、国运艰难。推究他的宿愿，或许也有贪名作乱的可能。到后来晋的国君失权，世道更乱，他们于乱世驰骋天下，拯救危难，古人说的"世乱识忠良"，就是如此吧。

赞曰：刘琨雄才大略，于危难之际效忠晋室，枕戈长叹，名震山西，威慑戎狄，最终却被段氏所害，可叹世道微末。祖逖英武雄烈，志节高尚，投楫中流，发誓扫除凶孽，恢复山河。周边的人无不归附，百姓无不悦服。然而上苍不予他年寿，导致光复大业夭折，国耻难雪。

卷六十五

王导列传

中国古代的门阀制度在魏晋时期达到鼎盛，有晋一代权势最盛、威望最高的士族，莫过于王氏。东晋王导便是王家的佼佼者，终其一生执掌权柄，辅朝三代，于大厦倾覆之际重整河山，国家危难之时扶持乾坤。

【当世萧何】

王导，字茂弘，其祖父官至光禄大夫，父亲为镇军司马。王导少年时便很有风度，有远见。14岁那年，陈留高士张公见到他，十分惊奇，对他的堂兄王敦说："这个孩子无论相貌还是志向，都是将相之才。"王导出仕的时候，承袭了祖上爵位。

晋元帝司马睿还是琅邪王的时候，王导就与他交情很好。当天下大乱之时，王导全力拥戴司马睿，并立下复兴晋室的伟大志向。司马睿也很器重这位曾经志趣相投的挚友，两人关系十分密切。司马睿在洛阳的时候，王导请他回到封地。等到司马睿镇守邺城的时候，便请了王导做安东司马。上报的军国大计，司马睿一定要与王导商量，王导也积极筹划。后来，司马睿镇守建业时，当地的吴人不肯归附，过了一个月，也没有一个士族拜访司马睿。对此，王导深感忧虑。这时，王敦朝见，王导对他说："琅邪王虽然仁德，但名望还轻。兄长你的威名远扬，应该想办法匡扶时局。"恰逢三月上巳节，司马睿亲自去观看修禊仪式，路上乘坐肩舆，颇有威仪，王敦、王导和诸位名臣骑马跟随。吴中望族纪瞻、顾荣私下观望，看到这威仪的场面十分吃惊，于是迎拜在道旁。王导看到后便对司马睿说："古代王者，无不礼遇遗老贤才，询问风土人情，虚心坦诚，招揽天下俊杰。如今天下大乱，国土分崩，我们的基业还在草创之中，当务之急便是取得民心。顾荣、贺循二人是当地望族，应该先把他们吸纳过来。如此，其他人必定归附。"司马睿于是派王导亲自上门拜访顾荣、贺循，此二人之后又朝见司马睿。以后，各地士族相继以君臣之礼尊奉司马睿。

永嘉之乱后，中原人十之六七逃往江左避难，王导劝司马睿趁机笼络贤人君子，以图大事。当时北方虽乱，荆州、扬州等地却很太平，户口殷实，王导认为执政的首要便是清静，常劝谏司马睿克己勤勉，匡扶皇室，扶绥宇内。司马睿也因此更加依赖王导，朝野上下也无不敬服王导，都称他为

“仲父”。司马睿曾经对王导说：“你就是我的萧何啊。”

永嘉末年，王导迁丹阳太守，加辅国将军。王导上笺推辞。东晋建国后，拜王导为丞相军谘祭酒。

桓彝刚过江时，见朝廷势力微弱，十分忧虑。后来桓彝见了王导，两人谈论时事，一番言论后，桓彝感慨地说：“我见到了管仲，晋室无忧了。”一次，士人们宴饮，周顗感叹说：“风景一样，却不是旧山河了。”众人相对流泪，只有王导变了脸色说：“各位应该齐心协力共扶王室，克复神州，何故在这里像楚囚一样相对饮泣？”大家这才止住悲戚。

东晋草创，很多制度都不完善，王导上书，提了很多有利时政的建议，司马睿深以为然。在王导的倡议下，东晋建立了学校。

司马睿称帝后，曾令王导与自己同坐。王导坚决不肯，说：“如果太阳与万物同列，那么苍生要仰望谁呢？”王导曾推荐太子左卫率羊鉴讨伐叛乱，结果羊鉴大败。王导上疏请求自贬，司马睿不许。

王导

东晋建立以后，王导任宰相，他的堂兄王敦掌握长江中上游的军队，王氏权势甚至盖过了司马氏，所以当时人们说：“王与马，共天下。”

【数平战乱】

后来，王敦起兵，以伐刘隗为由出兵建康。刘隗劝司马睿诛杀王氏满门。王导率家族子侄二十余人，每天早晨跪在宫门待罪。司马睿素知王导的忠贞气节，便将朝服还给王导，召见了他。王导叩首谢罪说：“逆臣贼子历朝历代都有，谁想现在却出在我的家族。”司马睿光着脚扶起他说：“茂弘，我刚刚以重任托付给你，你怎么就说这样的话呢？”从此对王导更加倚重。司马睿称帝之初，王氏家族势力如日中天，王敦本人也有专权的野心，贤明的司马睿便成了他的绊脚石。王敦便想拥立他人为帝，王导却坚持拥戴司马睿。及至这次事件，王敦对王导说：“从前不听我的话，现在差点全族覆灭。”然而王导依旧秉承公正，王敦拿他也没办法。

王导一向待人宽和，但有一件事令他耿耿于怀。王导诣台请罪的时候，正逢周𫖮入宫，王导哀求周𫖮说："我一家百余人的性命就拜托你了。"周𫖮当时并未理睬王导，入宫之后，却对司马睿说王导是个忠臣，恳求司马睿宽恕他。周𫖮出宫时，王导仍跪在那里，再次请求他，他不仅没有答应，还说："杀了那些贼人，也换个大官当。"王导以为周𫖮见死不救，便衔恨在心。后来王敦进了建康城，王氏家族再度得势。提到周𫖮时，王敦说："周𫖮、戴若思很有人望，应该位列三公吧。"王导沉默不语。王敦又说："那就做个仆射吧。"王导还是不说话。最后王敦说："那就只能杀了他们了。"王导仍旧沉默。于是，王敦杀了周𫖮和戴若思。历经此劫后，王导重新执政，当他翻阅从前的档案，看到周𫖮请求赦免他的奏折时，不禁追悔莫及，悲痛万分。他对儿子们说："我不杀伯仁，伯仁却因我而死。幽冥之中，我辜负了这位良友啊。"

司马睿去世后，晋明帝司马绍即位，王导受命辅政，迁司徒，一切就好像当年陈群辅佐曹魏一样。王敦再次兴兵作乱。这时，王敦生病，王导便带着家族子弟发丧，群臣得知后以为王敦病死了，登时斗志高昂。司马绍讨伐王敦时，对王导毫无猜忌，授予他符节，都督诸军，领扬州刺史。平叛王敦后，司马绍赐予王导无上殊荣，王导固辞不受。

不久，司马绍去世，晋成帝司马衍即位，王导再次受诏为托孤大臣，同时受命的还有大臣庾亮。将军苏峻在讨伐王敦之役中立功，颇受重用，庾亮要削其兵权，苏峻起兵叛乱，杀入建康城。苏峻敬重王导德望，不敢加害，可他对司马衍却毫无君臣之礼，王导便谋划着带司马衍离开建康，可惜没能成功。

咸和四年（329），温峤、陶侃平定苏峻之乱，建康城中宗庙宫殿化为灰烬，大臣纷纷提议迁都，相持不下。王导力排众议，说："建康，古代的金陵，是帝王的旧居，孙权、刘备都称此处为王者之宅。

陶俑·东晋

江苏南京西善桥出土，现藏于南京博物馆。

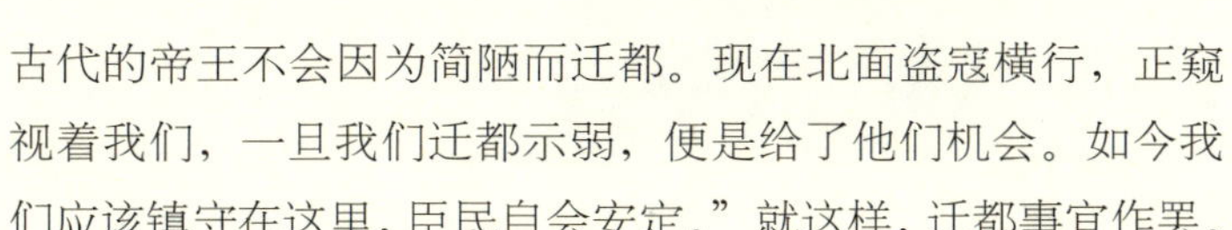

古代的帝王不会因为简陋而迁都。现在北面盗寇横行，正窥视着我们，一旦我们迁都示弱，便是给了他们机会。如今我们应该镇守在这里，臣民自会安定。”就这样，迁都事宜作罢。

【三代重臣】

年轻的晋成帝司马衍很尊重王导，每次见到王导都要行礼，他给王导写的信中，常常出现“惶恐言”等谦恭的言辞，就连中书作的诏书询问王导事宜，都要称“敬问”，渐渐地，这便成为定制。王导生性简朴，家中的粮仓从不储存粮食，衣服也很简单。司马衍知道后，便赐给王导一万匹布。王导生病的时候不能上朝，司马衍便亲自登门，在王导家中饮酒作乐。王导见司马衍时，可以乘车直入殿中。司马衍对王导的敬重由此可窥见一斑。

石季龙侵扰历阳（今安徽和县）时，王导带兵出征，凯旋后进位太傅、拜丞相。

当时，庾亮坐镇在外，掌握兵权。南蛮校尉陶称在王导面前离间，说庾亮要对建康用兵。有的人劝王导秘密提防，王导义正词严地说：“我和元规（庾亮）休戚与共，悠悠之谈，当止于智者。即便真的如你所说，元规举兵而来，我便戴着头巾（庶人不冠）回家去，又有什么惧怕的！”为了平息流言，王导上疏，说庾亮是皇帝的舅舅，应该礼遇，于是人们再不敢诋毁庾亮。然而，庾亮并未体谅王导的良苦用心，拥兵自重，很多人都依附他。王导再三忍让，却见庾亮愈发强势，心中也很不平。当时，庾亮驻军建康城的上游，一次，西风大作，吹起尘土，王导用扇子遮挡，缓缓地说：“元规的尘土污了人。”

咸康五年（339），王导去世，终年 64 岁。司马衍在朝廷上举哀三天，丧葬礼仪极其隆重，所有中兴大臣都不能与之相比。

论赞

史臣曰：飞龙之所以能在天空翱翔，是借助了云雨之势；帝王之所以能兴业，必依仗股肱之臣。当时中原倾覆，晋室中兴于江左，世人不思北土，辅佐中兴帝王，何其之难。王导才智过人，复兴王业，先后经历了王敦、苏峻之乱，最终安邦定国，其忠贞之志，从未改变。开设学校，爰立章程，恢复制度。论及王导的功业，虽然不及萧曹、夷望，也应该与管仲、孔明同俦。辅政三朝忠心不移，“仲父”之称正适于王导。

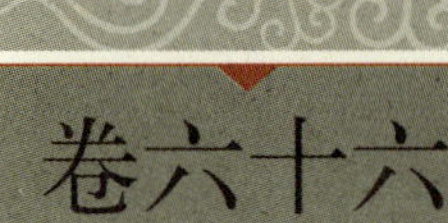

陶侃列传

自曹魏时期建立了九品中正制度以来，中国古代的士族政治开始攀上高峰，贵族门阀把持朝政的现象屡见不鲜，所谓上品无寒门，下品无士族。然而，在这个出身决定一切的时代，寒门出身的陶侃横空而出，以震慑天下的武功，折服天下士族。

【仕途维艰】

陶侃，字士行，本为鄱阳（今江西鄱阳）人，西晋统一后，举家迁徙到庐江的寻阳（今江西九江），父亲曾做过吴国的扬武将军。陶侃早年丧父，由母亲抚养长大。陶母高义，鄱阳孝廉范逵曾登门造访陶侃，因为仓促，陶侃家没有能款待客人的东西，陶母便剪下头发换了酒菜招待客人。范逵离开的时候，陶侃送了一百余里。临别时，范逵问陶侃有没有出仕的意图，陶侃说："当然想出仕，只是苦于没有出路。"于是范逵将陶侃推荐给庐江太守张夔，被征召为督邮。就这样，出身贫寒的陶侃开始了宦海生涯。

然而，陶侃的仕途之路走得并不顺畅，虽有升迁，但始终不能伸展志向。张夔的妻子生病，要到几百里地之外请医生。当时正是隆冬大雪，大家都不愿意去，只有陶侃说："要像侍奉父亲一样侍奉君主，小君就像母亲一样，哪有父母生病不尽心照顾的呢？"大家无不佩服陶侃。

张夔很看重陶侃，察其为孝廉。为了仕途之路，陶侃来到洛阳，拜访了权臣张华。最初，张华对陶侃很冷淡，而陶侃却毫无不悦的表情。张华与陶侃谈话后，发现他是个人才。陶侃的同乡豫章国郎中令杨晫很看重他，曾与之同车而行，却受到士人的嘲笑。吏部郎温雅说："你怎么能与小人同车呢？"杨晫回答说："他不是凡人。"武库令黄庆也曾对那些瞧不起陶侃的人说："他会有大作为的。"

虽然得到很多士人的认同，但陶侃始终得不到重用。然而，乱世却给了陶侃建功立业的机会。刘弘做荆州刺史的时候，召陶侃为南蛮长史。陶侃上任伊始便大破张昌，刘弘称叹陶侃可以继承他。

【扬威军旅】

从此，陶侃跟随刘弘扬威荆州，他风光地将母亲迎接到官舍，乡里都以此为荣耀。陶侃为江夏太守时，出兵抵御前来侵扰的陈敏。有人在刘弘

面前离间陶侃说："陶侃与陈敏是同乡，他现在为一大郡的太守，统率强兵，如果他有异志，则荆州失了东门。"刘弘回答说："我深知陶侃的忠贞和能力，他怎么可能有异心？"陶侃听说刘弘的话后，十分感动，派子侄去荆州协助刘弘，刘弘则以兵力支持陶侃。陶侃以运船为战舰，所向披靡，打败陈敏部下，其部队军容整齐。凡是有掳获，陶侃都分给士卒，自己从不留下半分。

身在军旅，陶侃屡有升迁。出任武昌太守期间，正逢天下饥荒，山夷寇盗为患，在长江上打劫商船百姓。陶侃让手下将领装成普通百姓上船诱敌，生擒了几名寇盗，经过审问，得知是西阳王司马羕的手下。陶侃立刻出兵攻打司马羕，司马羕惧怕，绑缚了二十多个手下的寇盗送到陶侃帐下，陶侃当即将他们斩首。从此，武昌水陆两道畅通无阻，寇盗绝迹。此外，陶侃还资助了很多避难武昌的流亡百姓，在郡东部设立了夷市，方便贸易，种种惠民政策也使军中大收其利。

杜弢攻袭荆州，晋元帝司马睿派陶侃统兵御敌，双方交兵之后，杜弢退守泠口。陶侃料定杜弢会转攻武昌，便不食不眠，昼夜不停，三日赶回武昌，大破敌兵，斩杀无数，掳获了敌人的粮草辎重。王敦得知后赞叹："要是没有陶侯，我们就失了荆州了。"参军王贡也说："荆州有危难，只有陶侃能够解救。"于是王敦上表举荐陶侃为使持节、宁远将军、南蛮校尉、荆州刺史，领西阳、江夏、武昌三郡。

青釉蛙纹渣斗·东晋

渣斗，又名唾壶，用于盛装唾吐物，宴席桌上也将盛放肉骨鱼刺等食物渣子的器具叫做渣斗。渣斗在晋代时开始使用，以瓷质最常见，口大，沿小。

之后，陶侃几次用兵，终于平定了杜弢起义，为司马睿巩固江南割据局面立下不可替代的功劳。

陶侃的赫赫战功却引起了王敦的提防。陶侃回江陵前想与王敦道别，手下将领劝他不要去，他却执意不听。结果，王敦真的扣留了陶侃，转任他为广州刺史、平越中郎将，而派自己的堂弟为荆州刺史。陶侃的部将不满王敦处事不公，不肯南下。王敦先入为主，认为他们受了陶侃的指使，便要杀了陶侃。陶侃正色说："使君雄烈果决，应该裁断天下，怎么连这都裁决不了呢？"说完起身如厕。这时，王敦的佐吏提醒他，陶侃的亲家周访驻兵豫章，如果杀了陶侃，周访一定不会善罢甘休。这样，王敦才打消了杀念，送走了陶侃。离开后，陶侃连夜赶回，途径豫章，来见周访，哭着说：

陶侃运砖

此图出自清末民初中国著名画家马骀的《古今人物画谱》。陶侃任广州刺史后，为了磨炼意志，每天搬砖于天井和书斋之间。

“若不是有你做外援，我早就死了。”

陶侃到广州赴任，正逢广州盗寇肆虐，杜弘、温邵、刘沈、王机谋反，陶侃率兵直扑广州，杜弘见势便退了兵。陶侃派部将斩杀王机，将其首级送往建康。这时，诸将劝陶侃乘胜攻击温邵，陶侃笑着说：“我在此地已然建立了威名，哪里还用得着派兵，一封信就足够了。”说着，便给温邵写了封信。温邵果然惧怕陶侃，随即撤兵，最终还是被陶侃擒获。

身在广州，陶侃无所事事，便准备了一百多块砖，早上搬到屋子外边，晚上再搬进来。人们问他原因，他回答说：“我将致力于收复中原，现在突然过分悠闲，恐怕懈怠了。”就这样，陶侃在边远的广州闲置数年。

【拥兵重臣】

太宁三年（325），朝廷平定王敦之乱，明帝重用陶侃，任命他为都督荆、雍、益、梁四州军事，荆州刺史。为此，荆州的百姓无不庆祝。

陶侃为人聪明机敏，勤勉政务，待人恭敬有礼，每天正襟危坐，事情虽然多而繁杂，却都能处理得有条不紊，毫无疏漏。无论什么人写的信，他都会亲自回信，文笔流畅，从无滞涩，每天忙忙碌碌地接待来客。他经常对人说：“大禹这样的圣人还珍惜光阴，我们这样的人应该更加珍惜，岂能因游玩享乐荒废光阴，生无益于时，死无闻于后，这是自暴自弃。”陶侃对下属很严格，若手下有玩物丧志的，便将酒器、赌具统统抛到江中，加以教训。

陶侃处事节俭，一次出游，看到有人拿了一把没熟的稻子，陶侃问他割不成熟的稻子有什么用，那人回答：“走在路边上看到了，就摘了一把。”陶侃大怒，说：“你既不耕田，还这样不尊重耕田的人！”说着便将这人鞭打了一顿。从此以后，百姓勤于农耕，家家自给自足。当时军队造船，陶侃命人将小的木屑和竹子头都收集起来，众人不解其意。待到大雪初霁

之时，地面上的积雪未化，陶侃将木屑洒在地上，地面很快就干爽了。后来，桓温伐蜀，打造战船时用的榫头，便是当年陶侃留下的竹子头。

陶侃功勋卓著，可明帝去世时，他却不在顾命大臣之列，因此愤愤不平，衔恨多年。后来苏峻叛乱，建康城失守，陶侃的儿子也在这次战役中去世。陶侃带甲一方，势力强大，平南将军温峤请陶侃来建康效命，陶侃却说："我只是镇守在外的武将，怎么敢进朝廷参与这些事呢！"温峤无奈，再三请求，并推举他为盟主，陶侃还是迟迟不肯出兵。温峤抬出苏峻杀他儿子的事情激陶侃，陶侃的妻子也不停地劝他，陶侃这才整肃军队，发兵建康，星夜兼程，最终还是没能赶上儿子的丧礼。

咸和三年（328）五月，陶侃与温峤、庾亮会师石头城，大战一触即发。陶侃认为敌人锋芒正锐，应该慢慢设计破敌。几次出战，也没有进展。陶侃采纳监军部将李根的建议，在查浦筑石垒。苏峻看到后大惊失色，立即攻打大业垒。陶侃用围魏救赵之法攻打石头城，苏峻果然放弃了大业垒，转救石头城。双方在陈陵之东展开一场恶战，陶侃的督护竟陵太守李阳的部将彭世出战，在阵前斩杀苏峻，叛军倾覆，叛乱平息。

平定苏峻之乱，陶侃居首功，被封为太尉，都督七州军事，仍然驻军荆州。咸和五年，后将军郭默矫诏杀江州刺史刘胤，陶侃要兴兵讨伐，众人认为这件事应该在朝廷下诏后再作定论。陶侃执意不从，上表讨伐郭默，并上书给王导，批评其纵容郭默。王导回信解释，陶侃不以为然，嘲笑王导说："这等姑息是养贼啊。"陶侃大兵来到，郭默手下大将绑了郭默父子五人及部将张丑投降陶侃，陶侃当即斩杀了郭默等人。郭默当年驰骋中原，匈奴人闻风丧胆，如今却被陶侃兵不血刃斩杀了，众人无不畏惧陶侃，其军威之盛、权势之隆，冠盖一时。

得势之后，陶侃对当年对他有恩的人无不报答，那些曾经在他微末时提携过他的人的子孙都得到了照拂。朝廷拜陶侃为大将军，并特赐入朝时不必趋行，上表赞拜时不写明姓名，上殿时携剑着履。对于这些殊荣，陶侃固辞不受。

咸和八年（333），陶侃病逝，终年76岁。

论赞

史臣曰：陶侃并非出身名门望族，家风也不同于中原，却在士大夫之间出类拔萃，与当世俊杰比肩，最后权势之隆，其位高居外相，其势雄踞上流。他惠泽边陲，匡扶君王，几度平息叛乱，使得几乎倾覆的政权再次安宁。庾亮贵为外戚还要对他下拜，王导执掌权衡，闻其笑言也有愧色。至于陶侃亦曾心怀异志而未敢发，也只能像夫子说的那样，人不能求万事皆备。

温峤列传

东晋草创之初，社稷飘摇，宗庙蒙难，权臣悍将总揽朝政，为争夺政权，纷纷兵戈相向。在王敦、苏峻两次叛乱中，有这样一位起到平定乾坤作用的大臣，以其运筹帷幄之谋略平息叛乱，最终功成身退，这就是东晋名臣温峤。

【劝进之功】

温峤，字太真，是司徒温羡的侄子，其父曾任河东太守。温峤聪慧机敏，有见识度量，博学，擅长写文章，少年时以孝悌闻名。他仪态秀美，长于清谈，见过他的人都很喜欢他。

温峤与平北大将军刘琨有姻亲关系，刘琨对他很是礼遇，拜为参军。随着刘琨的不断升迁，温峤也仕途得意，在讨伐石勒的战斗中屡立战功。当时北方多战乱，田地荒芜，盗贼横行，北面又有石勒、刘聪窥视。温峤善于谋划，刘琨对战石勒，多凭借温峤之谋。

永嘉之乱后，两京倾覆，温峤与刘琨推心置腹，愿辅佐刘琨匡扶社稷。刘琨、段匹磾等人上表请司马睿继承大统，委派温峤为使者。温峤到了建康后，慷慨陈词，深受司马睿赏识，王导、周顗、庾亮、桓彝等人也很赏识他。温峤想要北归，司马睿等人却极力挽留。此时，刘琨已为段匹磾所害，温峤的母亲也亡故了。温峤苦苦请求，大臣们再三劝止，说：“昔日伍员为了报仇，借吴王阖闾之力，身为上将，最后终于鞭尸楚王复仇。如果你为了母亲死在北方胡虏之地，不能归葬，那就更应该用你的智谋，凭借皇帝，北上灭寇，你这样悲哀岂不是弃宏图伟业于不顾？”就这样，温峤告别了战火纷飞的北方，留在建康，开启了他政治生涯中全新的一页。

【两番平乱】

温峤历任王导长史、太子中庶子，与太子司马绍私交很好，常常规谏太子。司马绍大兴土木，修建楼阁，温峤上疏说，朝廷初建，北方寇盗未灭，太子当为表率，勤俭为政，务农重兵。司马绍采纳了他的意见。王敦之乱时，王师节节退败，司马绍要亲自出战，温峤上前抓住太子马的笼头，阻谏道：“我听说善于打仗的人不轻易发怒，能够取胜的人往往不用武力，您是储君，怎么能轻易临敌？”就这样阻止了司马绍。

明帝司马绍即位后，拜温峤为侍中，凡有机要大事，都与他相商，对他十分倚重。王敦拥兵自重，表请温峤为自己的左司马。温峤曾劝谏王敦，王敦不听，温峤便知道这人已然执迷不悟，便佯装为其所用，取得王敦信任。当时丹阳尹一职空缺，王敦表温峤出任此职位，温峤趁机回到建康，向司马绍陈述王敦谋逆之事。

温峤

温峤从早年抗胡斗争、奉使劝进，到平定王敦、苏峻之乱，两次救晋室于危乱，一生功绩显赫，深受百姓爱戴。

王敦再次起兵作乱，温峤拜中垒将军、持节、都督东安北部诸军事。当王敦手下大将王含、钱凤兵临城下之时，温峤果断下令焚烧朱雀桁（南城市朱雀门外的浮桥），将敌军阻隔在秦淮河。温峤亲自率兵与敌人夹水而战，大败王含。在平叛战役中，温峤功不可没，受封为建宁县开国公，进前将军。

司马绍病重之时，温峤与王导、郗鉴、庾亮、陆晔、卞壶等人同受顾命。权臣庾亮疑惧手握重兵的陶侃和苏峻，便以温峤为都督江州诸军事、江州刺史出任在外，提防陶侃。又召苏峻回建康，从而削其兵权，结果引发了苏峻之乱。温峤屯兵寻阳，派督护王愆期、西阳太守邓岳、鄱阳内史纪瞻等率水师勤王。苏峻攻下建康城后，温峤闻讯号啕大哭，闻者无不悲戚。在这样危难的时刻，温峤始终支持庾亮，不仅分兵给庾亮，还派王愆期等人请陶侃出兵，又亲自写信给陶侃。最终，陶侃被推举为盟主，出兵对抗苏峻。在讨伐苏峻的过程中，温峤起到举足轻重的作用，他创建行庙，向皇天后土、祖宗之灵祷告，三军备受鼓舞，奋勇杀敌。当时，陶侃虽为盟主，但军事战略都出自温峤的谋划。终于，苏峻之乱平定。温峤因功被晋封为骠骑将军、开府仪同三司，加散骑常侍，封始安郡公，邑三千户。

温峤功勋卓著，却以大局为重，当时人们纷纷推举温峤继续辅政，温峤却因王导为先帝任命的辅政大臣而辞去辅政之位，回到封地。

咸和四年（329），温峤去世，年仅 42 岁。

论赞

史臣曰：温峤怀着忠贞之志、诚恳之心辅佐社稷，深谋远虑，平定王敦和苏峻之乱，其高尚的气节、高洁美好的名誉流传于世。

卷七十二

郭璞 葛洪列传

郭璞和葛洪，东晋的两位奇人异士，他们一个通天达命，知人间兴衰荣辱，一个坐隐山林，修道成仙。同在乱世，二人却有着截然不同的命运，郭璞横死，葛洪仙逝。

【郭璞知兴替】

郭璞，字景纯，河东闻喜（今山西闻喜）人，父亲官至尚书都令史。郭璞喜好经学，博学而才高，虽讷于言论，但辞赋却冠绝当世，精通古文字、阴阳历法，曾经师从一位精于卜筮的高人，学习五行、天文、卜筮之术，堪比昔日的京房、管辂。

晋惠帝、晋怀帝时，河东大乱，郭璞卜筮后说："百姓将沦落异族，家乡要成为匈奴之地了。"郭璞与亲戚朋友数十家悄悄南下避难。一行路过将军赵固家时，正逢赵固的良马死了，心情不佳，不肯见客。郭璞说："我能让马复活。"门吏大惊，回报赵固。赵固小跑着出迎，询问郭璞。郭璞说："找二三十个矫健的人，每人拿着长竿，向东30里有一个丘林社庙，让他们用长竿拍打，就会出现一件东西，赶快把那东西带回来，马就能复活。"赵固依计而行，得到一个像猴子一样的东西，并让他们用这个东西嘘吸马的鼻子，过了一会儿，那马真的活了过来。

郭璞路过庐江时，喜欢上了太守胡孟康家的婢女，却苦于求之不得，便用三斗小豆散在胡孟康家周围。第二天早晨，胡孟康依稀看到数千个穿着赤色衣服的人围在他家周围，可定睛一看，却一个人也没有了。胡孟康请郭璞占卜。郭璞说："这个婢女不适合再养在家中，可在城东南20里处把她卖了，千万不要讲价，如此就能驱除妖孽了。"胡孟康照做，郭璞暗中派人买了这个婢女。接着，郭璞在胡孟康家的井里投下符，那数千个穿赤色衣服的人便都自己跳入井中。事后，郭璞带着婢女扬长而去。

到了江南，郭璞被宣城太守召为参军。他开始为朝中显赫之人占卜，连王导、司马睿都请他卜筮。郭璞不仅精于占卜之术，还长于文赋，其所作《江赋》《南郊赋》辞藻伟丽，为世人称道，晋元帝司马睿因此征他为著作佐郎。

郭璞能知人间兴衰荣辱，却终不能改变自己的命运。王敦之乱时，郭璞为温峤、庾亮等人卜卦，结果是"大吉"，而为王敦卜筮结果是"无成"。

王敦疑心郭璞心向庾亮等人，便问："你能算一算我的寿数吗？"郭璞说："如果您起兵，祸就不远了。如果您留在武昌，寿不可测。"王敦大怒，问："那你的寿数如何？"郭璞说："只到今日日中。"就这样，王敦杀了郭璞。

作为东晋著名文学家，郭璞一生著作很多，数十万字流传于世。

葛稚川移居图（局部）·元·王蒙

为了炼丹，葛洪将家搬到罗浮山。此画描绘的正是搬家路上的情景，桥上站立的人就是葛洪。此画为纸本设色，纵 139 厘米，长 58 厘米，现藏于北京故宫博物院。

【葛洪求仙道】

葛洪，字稚川，丹阳句容（今江苏句容）人，祖父为吴国大鸿胪，父亲入晋为邵陵太守。葛洪自幼好学，家中贫寒，便亲自砍柴卖了钱换纸笔，夜间读书学习，渐渐地成为知名的儒士，他清心寡欲，没有什么特别的爱好，甚至不知道棋盘上有纵横几道，摴蒱（古代博戏）是何物。他性情木讷，不追名逐利，常常闭门自修，不与人交往，博览群书，喜好神仙导养之法，兼修医道。

太安年间，葛洪参与了平定石冰之乱。叛乱平定后不论功行赏，葛洪于是来到洛阳，一心只想搜寻奇书，广博学识。

天下大乱，葛洪来到南方避难，曾参广州刺使嵇含军事。嵇含死后，凡是朝廷征召，葛洪一概不就，年老之后，一心只想炼丹，延年益寿。他听说交阯产丹药，便请求出任句屚令。赴任行到广州时，刺史邓岳挽留，不肯让葛洪去交阯，葛洪便在罗浮山上炼丹，一住数年，悠然闲适，写了很多书籍文章。

葛洪自号抱朴子，便以此为书名。全书分为《内篇》和《外篇》，共 116 篇。葛洪的才华冠绝江左，其所作篇章多于班固、司马迁，且分析入微。

一日，葛洪突然给邓岳写信说："我要远行去寻找老师，马上就出发。"邓岳匆匆赶来道别，没等他到来，葛洪竟然在睡梦中溘然长逝，终年 81 岁。当时葛洪面容如活着时一样，及至入棺，身体轻盈，就好像只有衣服一样，当时的人都说葛洪是成仙而去。

论赞

赞曰：郭璞通达灵秀，颇有宏才，精通占卜之术，不能靖平国家的内乱，反倒因此而亡。葛洪安贫乐道，其文章流传千古。

庾亮列传

自古以来，外戚之家多为荣宠，往往把持朝政，为患一时。东汉百年积习，西晋亡国之鉴，至今历历在目，而东晋的庾亮却一生谦恭自持。虽然他一生波折，几度沉浮，志向高远而缺少谋略，导致壮志未酬，可他身赴国难的慷慨之情和北伐中原的忠诚之志却得到后世嘉许。

【太子布衣之交】

庾亮，字元规，是晋明帝穆皇后的兄长。庾亮姿容俊美，善于清谈时论，喜欢老子、庄子，为人处世风格严谨，讲究礼法。当时人们提到庾亮时，都说他可比当年的夏侯玄和陈群。庾亮跟随父亲在会稽，当时的人们都很忌惮他的正直、严肃，不敢在他面前造次。

司马睿为镇东将军时，听闻庾亮的贤德之名，便征召他为西曹掾。两人见面时，司马睿惊诧于庾亮的风情和雅致，从此愈发器重他，还为儿子娶了庾亮的妹妹。在讨伐华轶的战役中，庾亮因功被封为都亭侯。司马睿称帝之后，拜庾亮为中书郎，侍讲东宫，他的许多言论都为当时人所称道。庾亮、温峤与太子关系很好，可谓布衣之交。王敦与庾亮交谈时，不由自主地离开坐席，身体向前，靠近庾亮，并感叹说："庾元规比裴顾贤德多了。"

随着王敦野心的不断膨胀，他渐渐忌讳庾亮，但是表面却不动声色，反倒十分尊崇庾亮。对此，庾亮深感忧虑，以致因病辞官。王敦第一次起兵，朝廷加庾亮为左卫将军，与诸将一起抵御钱凤。平息这场兵戈后，庾亮被封为永昌县开国公，赐绢五千四百匹。庾亮再三辞让，不肯接受。

司马睿病笃之时，不想见人，大臣们都不得见。原本深受司马睿信任的南顿王司马宗、右卫将军虞胤与西阳王司马羕企图谋逆。庾亮径直来到司马睿的卧室，泪流不止，继而神色严肃地陈述司马羕、司马宗等人的阴谋，以及这件事的利害，社稷之安危便在今日之决策，言辞慷慨恳切。司马睿深受所感，托孤于司徒王导和庾亮，加封庾亮为给事中，徙中书令。司马睿去世后，继任的晋明帝司马绍年幼，于是太后临朝处理政务，政事皆由庾亮裁处决定。

【辅政多经丧乱】

庾亮辅政，可谓困难重重。原来，王导执政之时，以宽和著称，而庾亮

却严格依循法令，因此大失人心。另外，当时的权臣陶侃、祖约手握重兵，却不在遗诏褒奖晋升的大臣之列，他们甚至疑心是庾亮暗中篡改了元帝遗诏，不禁流露怨言。面对严峻的政治环境，庾亮深怀恐惧，派温峤镇守江州，声援自己，同时重修建康城外的石头城，加强京师的军事防备。就在这样一触即发的紧张局面下，南顿王司马宗谋废执政，庾亮杀了司马宗，废掉其兄司马羕。作为皇室近亲，国族元老，司马宗之死导致流言四起，天下人都以为庾亮要削弱宗室。

越窑青釉鸡首壶·东晋

鸡首壶是西晋至唐初流行的一种瓷壶，因壶嘴做鸡首状而得名。魏晋南北朝时社会经历大动荡，大批中原居民和士族地主为了避乱，纷纷南下，使得南方经济得到了发展，制瓷工艺大大提高，出现了许多著名的瓷窑。

当时，鹰扬将军苏峻拥兵自重，接纳了很多亡命之徒，专权放纵。庾亮知道苏峻早晚会谋反，便要削其兵权，举朝上下无不反对，温峤也多次上疏劝阻，庾亮一意孤行。结果，苏峻与祖约同时举兵反叛。镇守在外的温峤听说苏、祖二人谋反后，便要率兵进京勤王，庾亮却不同意，写信给温峤说：“我对西边的担忧超过历阳，你还是坚守在那里吧。”没多久，苏峻手下大将韩晃兵临宣城，庾亮与之对阵，不能克敌。苏峻长驱直入，攻入建康城。庾亮奉诏都督征讨诸军事，在建阳门外与敌军对垒。双方尚未开战，士卒们却弃甲而逃，庾亮只得乘一只小船向西溃败。撤退途中，乱兵互相掠夺，庾亮身边的人用箭射他们，却误伤舵手，船上之人无不大惊失色，纷纷要逃走。庾亮不为所动，徐徐地说：“此等射技怎么能射敌！”众人见他如此气定神闲，终于安心。

庾亮带着三个弟弟向南投奔温峤。温峤素来钦慕庾亮，即使在他兵败困窘之时，仍然尊奉他为都统，庾亮坚决推辞。为了借助陶侃的力量，庾亮和温峤拥戴陶侃为讨伐苏峻的盟主。昔日陶侃与庾亮颇有嫌隙，来到寻阳后，人们又都认为苏峻之乱祸起庾亮，纷纷建议杀了庾亮以谢天下。庾亮很害怕，见到陶侃后，十分有风度地引咎自责。目睹庾亮如此风姿，陶侃也顿时释怀长久以来的不满，便对庾亮说："君侯为了防备我修建了石头城，现在怎么反过来求我呀？"庾亮设宴招待陶侃，二人冰释前嫌。宴席上，庾亮吃薤（藠头）时留下根须，陶侃奇怪，便问他缘故。庾亮说："留下根可以再种。"陶侃不禁感叹道："庾亮不仅仅是有风度，他真的有执政的实力啊。"

大军回到石头城，庾亮派大将王彰出战张曜，却吃了败仗。庾亮派人到陶侃处谢罪。陶侃说："古人有三败，君侯现在只败了两次。只是如今事态紧急，不能再败了。"同时又宽慰庾亮说："朝廷中势力太多，致使生出很多祸端，自丧乱以来，造反作乱的也不只是苏峻。"庾亮以区区两千人守白石垒，抵御苏峻的一万步兵。敌人四面攻来，众将士无不恐惧，庾亮则激励将士，与战士们一起殊死作战，终于击退苏峻。

平定苏峻之乱后，晋明帝司马绍登上温峤的船，看到庾亮，庾亮跪拜，以首叩地，泣不成声，请求辞官以谢天下。司马绍传谕安慰他说："这是社稷的危难，不是舅舅的罪责。"但是庾亮去意已决，便要乘着小舟远走江湖。司马绍派人抢了他的船，阻止他离去。于是庾亮又请求离开建康，去外地镇守，司马绍加封他为持节、都督豫州扬州之江西宣城诸军事、平西将军、假节、豫州刺史，镇守芜湖。

庾亮上任不久，镇守溢口（今江西九江）。后将军郭默叛乱，庾亮上表请求出征，率领手下步骑兵两万人，与太尉陶侃共同破敌。功成之后，庾亮回到芜湖，拒绝接受朝廷所有的封赏。陶侃写信劝他接受，庾亮回信说："元帅指挥作战，将士奋勇杀敌，我有什么功劳呢？"后来陶侃去世，庾

陶侍女俑·东晋

亮升迁为都督江、荆、豫、益、梁、雍六州诸军事，领江、荆、豫三州刺史，进征西将军，开府。庾亮辞让了开府，镇守武昌。

【北伐壮志未酬】

掌控大权后，庾亮一度曾想废掉王导。原来陶侃在世时，便因王导用人不贤而欲起兵废王导，因为郗鉴不同意才作罢。庾亮再度以此咨询郗鉴时，又遭到反对。

庾亮为人坦率，当初他有一匹额头有白色斑点的马，殷浩认为这种马对主人不利，就劝他卖了这匹马。庾亮说："哪里有把自己的灾祸转嫁给他人的道理？"殷浩羞惭地离开了。庾亮在武昌时，一个秋天的夜晚，府内的佐吏们登上南楼，没想到过了一会儿，庾亮也来了，大家便要离开。庾亮慢慢地说："大家别走，我现在很有兴致。"说着便坐在胡床上，与殷浩等人高谈阔论起来。

咸和八年（333），后赵石勒去世，庾亮有了北伐中原的想法，于是开始在北方布置兵力。首先，庾亮辞去豫州刺史的职位，将之授予辅国将军毛宝，令他与西阳太守樊峻领精兵一万人，驻守邾城。拜陶称为南中郎将、江夏相，率领五千人驻扎沔中。又以庾翼为南蛮校尉、南郡太守，镇守江陵。加封武昌太守陈嚣为辅国将军、梁州刺史，驻兵子午。与此同时，庾亮别遣偏师伐蜀，一路生擒自立的荆州刺史和巴郡太守，送回建康。庾亮亲自率领十万大军，占据石城，为各路军队遥作支援。

一切准备就绪之后，庾亮上疏请求北伐。晋成帝司马衍命大臣们商议北伐事宜。王导与庾亮看法一致，支持北伐，郗鉴却认为准备仓促，供给资用不足，不应发动大规模战争。于是庾亮再次上疏，想更换驻地。就在此时，敌人攻陷了邾城，守将毛宝战死。庾亮为此上疏请罪，自贬三等为安西将军。后来官复原职，拜司空，庾亮又是一番推辞，最终没有接受。

邾城失陷，对庾亮造成严重打击，他既忧虑又愤慨，终于发病。病中，王导去世，朝廷便征庾亮为司徒、扬州刺史、录尚书事。同从前一样，庾亮坚决辞让，司马衍也没勉强他。咸康六年（340），庾亮去世，终年52岁。朝廷追赠太尉，谥号文康。丧礼那天，司马衍亲自前往悼念。下葬时，名士何充感慨道："将玉树埋在泥土中，教人情何以堪。"

论赞

史臣曰：庾亮作为外戚，深受皇帝宠幸，而他本人也通晓时务，在乱世中成就了事业。至于他下拜陶侃，只是表达了他对忠诚之士的敬意。

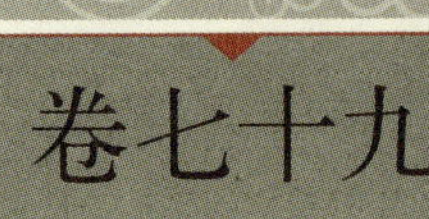

卷七十九

谢安列传

昔日王谢，百年望族，而乌衣巷中，最显魏晋风流的却只有一人，他就是一朝宰相谢安。他是真正的贵族，一生流连至雅；他是最后的名士，平生志愿唯有寄情山林江湖；他是乱世的君子，挽狂澜，扶危厦。

【是真名士自风流】

谢安，字安石，其父曾任太常。谢安四岁时，谯郡桓彝便赞叹说：“这个孩子风神秀彻，将来一定不输于王承。”稍大一些，谢安便因聪慧敏捷而愈发出众，连名臣王导都很器重他，因此他年纪虽小，却有很高的声望。

谢安之风流潇洒堪称古今无双，朝廷多次征召他，他都以生病为由推辞，寄居于会稽，常与王羲之、许询、支遁等人畅游山间，或歌咏辞赋，如神仙一般，毫无出仕之意。谢安名声太盛，扬州刺史庾冰多次到郡县催促，谢安不得已，只能上任，结果刚刚一个月，他便辞官回到山水之间。之后，不管何人征召，一概不就。他曾经游弋于临安山中，坐在石室里，对着山谷中的溪水悠然叹道：“这与伯夷差不多了吧。”一次，谢安与好友孙绰等人在海上泛舟，不想遇到海浪，当时波涛汹涌，人人恐惧，只有谢安依旧长啸吟唱，众人受他感染，也都安下心来。经历此事，人们无不佩服谢安的雅量。人们因为欣赏谢安而竞相效仿他。谢安因天生有疾，鼻音很重，可名流们却都喜欢他吟咏时的声音，为了模仿他，竟有人用手掩住鼻子说话。

谢安虽然洒脱，却也知道自己早晚不免出仕。谢氏一族是当时仅次于王氏的百年望族，简文帝司马昱做宰相的时候就曾经预言：“谢安既然能与人们同乐，就不能不与人们同忧，因此征召他，一定会来。”当时，谢安的弟弟谢万为西中郎将，大权在握，谢安虽然不出仕，名望却在谢万之上，自然有望成为首辅。谢安的夫人刘氏曾经指着富贵的族人说：“你怎么不像他们一样？”谢安掩着鼻子说：“恐怕我早晚也得这样。”后来，谢万失势被废，为了担负起家族的兴旺重任，谢安只得出仕，此时，他已经年过四十了。

谢安来到征西大将军桓温手下为司马，桓温十分高兴，两人终日畅谈。谢安先后历任吴兴太守、侍中、吏部尚书、中护军。司马昱病笃之时，桓温上疏推荐任命谢安为顾命大臣。司

马昱驾崩之后，桓温有了不臣之心，他率领大批将士来到山陵，叫谢安和王坦之出来，想伺机除掉他们。王坦之害怕，问计于谢安。谢安神色不变，说：“晋室的存亡便在此一行了。”见到桓温后，王坦之因紧张而汗水涔涔，竟将手板拿倒了。谢安则镇定自若，从容就席，并对桓温说：“我听说诸侯有道，当镇守边疆，您何必在墙后安排兵士？”桓温笑着说：“正因为不得已才这样啊。”说着，屏退了伏兵。就这样，谢安于淡定间压制住了桓温的嚣张气焰，也避免了一场政治冲突。

孝武帝司马曜即位时正值壮年，却要受制于桓温，幸亏谢安、王坦之尽忠辅佐。桓温病重之时，要求朝廷为他加九锡。自汉代以来，加九锡几乎成为权臣篡位的先兆，因此谢安看到诏书后便以修改为名，将之压下，如此反反复复几个月，直到桓温病死。

桓温死后，谢安出任尚书仆射，领吏部，加后将军。成为辅政大臣后，谢安秉承忠义，辅佐司马曜。当时的东晋政治局面紧张，危如累卵，外有强敌寇边，梁益失守，樊邓沦陷。谢安绥靖各处，以求长治久安，施行德政，文武官员无不尽心效命，四海咸服，人们都认为谢安为政堪比王导，而文雅尤过之。建康城战乱不断，宫室残破，谢安便要兴修宫殿，尚书令王彪以外寇为由劝阻，谢安仍旧我行我素，将建康城的宫室修建得颇具规模，而百姓们毫无劳役之怨。

司马曜亲政后，加封谢安为中书监、骠骑将军、录尚书事，后又加司徒、侍中、都督扬、豫、徐、兖、青五州及幽州燕国诸军事、假节。

东山携伎图·明·郭诩

此图是以东晋名士谢安栖隐东山的轶事为蓝本。谢安未入仕前已闻名于世，朝廷屡次征召，他都借病推辞，隐居在会稽之东山，放情山水，以声色自娱，每次出游必定携伎同行。画的右上方有郭诩题诗云：“西履东山踏软尘，中原事业在经纶。群姬逐伴相欢笑，犹胜桓温壁后人。”

【运筹帷幄　决胜千里】

自永嘉之乱后，晋室南迁，北方则连年战乱，少数民族相继崛起，形成五胡称雄的局面。司马曜时期，北方最强大的少数民族是以苻坚为首领的氐族，建立了前秦。东晋与前秦之间的战斗交锋，往往以东晋败北而告终。谢安派弟弟谢

石和侄子谢玄出兵对抗前秦，数战皆克。

太元八年（383），苻坚亲自率领大军，陈兵淝水（今安徽寿县东南方），号称百万，东晋举国震动。谢玄问谢安如何应对，谢安依旧是风度怡然，毫无惊惧之色，回答说：“已另有旨意。”继而不语。谢玄不敢多问，又派别人去问计。谢安则驾着马车来到山间的别墅，当时亲朋都来了，而谢安却和谢玄悠闲地下着棋。往日下棋，谢安的棋力低于谢玄，可是谢玄心中忧惧，这次竟然输给谢安。下完棋，谢安又游山玩水，直到深夜才返回，继而指挥将帅，各有所命。

淝水之战是我国古代著名的以少胜多的战役，八公山上，演绎了风声鹤唳、草木皆兵的精彩一幕，谢玄等人大败苻坚。当捷报送到谢安面前时，谢安正在与客人下棋，他拿起战报看了看，放在床上，之后又面无表情地继续与客人下棋。客人问是什么事，谢安这才淡淡地回答说：“孩子们大败了苻坚。”送走客人后，谢安匆匆回到内室，喜悦之情油然而生，过门槛时，磕掉了木屐齿竟然都不知道。

淝水之战的胜利，巩固了谢安及谢氏在东晋王朝的无上地位，他因运筹帷幄，晋封为太保。在军事方面，谢安都督扬、江、荆、司、豫、徐、兖、青、冀、幽、并、宁、益、雍、梁等

围棋报捷图 · 明 · 尤侗

画中右边弈棋者是谢安，此画描绘的正是淝水之战期间，谢安正在与客人对弈时，有人从前线送来捷报。

十五州军事，加黄钺，可谓总摄天下。

【一生钟情唯一丘】

谢安隐居山林时是风流名士，官居宰辅后也可谓风流宰相。他自幼喜好音乐，自从弟弟谢万去世后，十年不曾听音乐。他在做了台辅后，即便在丧期中，也是丝竹常鸣。王坦之曾写信劝谏，谢安却依然故我。这在士族中掀起一股热潮，人们竞相效仿，竟然成为一种习俗。谢玄在土山上修建别墅，楼台馆阁，掩映在竹林之间，他常常带领子侄们畅游山间，宴席之上也都是珍馐佳肴，时论以此诟病谢安，他也无动于衷。此时的谢安虽然位高权重，可他却仍怀东山之志，时时想着归隐山林。

如此盛极一时的功名，难免招来猜忌。当时，会稽王司马道子专权，经常在孝武帝司马曜面前进谗言，司马曜也渐渐生出提防之心。为了避其锋芒，谢安出外镇守广陵的步丘，在那里修建了一座名为“新城”的石垒，营造出海事宜，结果泛海之志未遂，谢安却生了重病。病中，谢安为家人及朝廷作了最后的规划，他召回官拜征虏将军的儿子，命其解甲而归，又命龙骧将军朱序进据洛阳，前锋都督谢玄出兵彭沛。将一切军事防备布置妥当后，谢安回到建康城。当车驾路过西州门的时候，谢安想起往事，念及自己最终未能实现归隐乐土的宿愿，怅然若失，对亲友们说：“当年桓温在时，我常常害怕难以保全。有一天忽然梦到我坐着桓温的车行了16里，看到一只白色的鸡而停下来。乘桓温的车，预示我将取代桓温；行了16里，从我做宰相至今正好16年。白鸡主酉，今年太岁在酉，看来我的病好不了了。”于是，谢安上疏辞官，不久便去世了，终年66岁，谥号文靖。

谢安年少时便有盛名，人们无不钦慕他，及至去世，世人深深追悼。太山名士羊昙在谢安去世后辍乐多年，行路时从不经由西州门。有一次，他大醉后，边唱边行，不知不觉便走到了州门，当听到身边人告诉他这就是西州门时，羊昙悲痛不已，感伤难以释怀，用马鞭扣着门，吟诵曹植的诗：“生存华屋处，零落归山丘。”吟罢，痛哭而去。

论赞

史臣曰：晋室南迁以来，时政不稳，奸佞横行，权臣当道。能够出将入相，兼领内外，系存亡于社稷，保土安民，使一方晏宁的，真的只有谢氏啊。谢尚言论公正，复弘已堕之丧礼，完备那些缺失的雅乐。所谓君子，就是这样的人。而谢安的志向只在啸吟山间，泛舟海上。然而，当此乱世，苻坚百万之众觊觎吴江，桓温九五之心窥视晋祚，而谢安却能从容面对，宴罢而肃清群寇，隐居而使太山稳固。谢安固然风流，却因一掷千金、极尽奢华而助长颓然之风，致使雅道沦丧，国家的威仪刑典岂是如此！

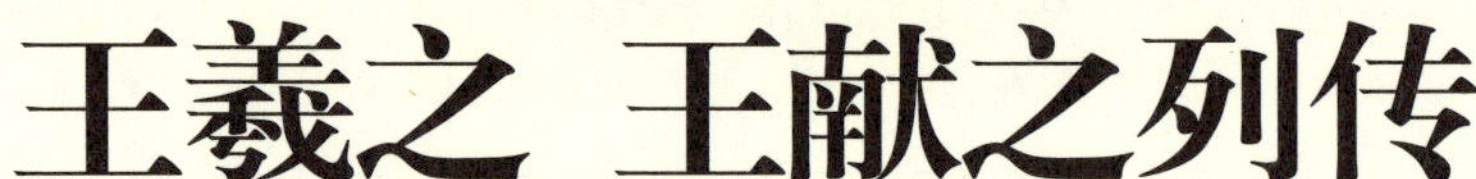

卷八十

王羲之 王献之列传

提起书法，便不能不说王羲之、王献之父子。号称“书圣”的王羲之，从古至今皆被人们推崇为天下第一，其章法如佳质天成，翩然传神，其千古名篇《兰亭序》更是境界深远，为后人留下扑朔迷离的传说。

【一代名士】

王羲之，字逸少，琅玡临沂（今山东临沂北）人，是司徒王导的侄子，祖父官至尚书郎，父亲曾任淮南太守。少年王羲之言语木讷，毫无出奇之处，直到13岁那年，荆州刺史周颉才发现他的奇异之处。年长后的王羲之竟然言辞犀利，长于辩论，且以耿直坦率著称。王羲之的好友丹阳尹刘惔以华屋美食招待王羲之和许询。许询说：“如果这样终老的话，当胜似隐居。”刘惔说：“吉凶祸福不由人，不知道我能不能如此。”王羲之则尖刻地说：“巢父、许由就不会和稷、契说这样的话。”说得刘、许二人面有愧色。

王羲之擅长隶书，其书法堪称古今之冠，笔势飘逸若浮云，矫健如惊龙。王敦和王导都很器重他，称赞他说：“你是我家最优秀的子弟，堪比阮主簿（阮裕）。”而阮裕本人也很欣赏王羲之，将他和王承、王悦并称为“王氏三少”。

关于王羲之，还有一段东床快婿的佳话。太尉郗鉴曾派门生到王导家求一子弟为女婿，王导便让这个门生到东厢遍观王氏子弟。门生回去后，向郗鉴回报说：“王家的子弟们各个出众，但听他们说话，都有些矜持。只有一个人在东床上躺着，坦腹而食，好像没听到大家说话一样。”郗鉴说：“这就是我的女婿啊。”郗鉴询问之后，才知道这个坦腹东床的人就是王羲之，于是就将女儿嫁给了他。

王羲之出仕时为秘书郎，后来被征西将军庾亮召为参军，累迁长史。庾亮很赏识王羲之，去世前上疏推荐他，称赞他清贵而有见识。王羲之年少时便有美誉，朝廷中的王公贵胄都欣赏他的才气，频频征召他，他皆不就任。扬州刺史殷浩素来敬重王羲之，亲笔写信，劝他出仕。

再次出仕，王羲之被拜为护军、右军将军、会稽内史。当时，殷浩与桓温不睦，王羲之认为一个国家的安危在于内外和睦，上下一心，便写信劝殷浩，殷浩却不纳良言。及至殷浩北伐时，王羲之持反对意见，写信阻谏，言辞恳切，却仍不被采纳。

【千古书圣】

王羲之生性恬淡，喜好养生，他并不喜欢建康城仕宦生活，刚刚渡江到浙江时，便钟情于这里，竟然有在此地终老的念头。会稽山水秀丽，吸引了很多名士徜徉其中，谢安出仕前便隐居此处。名士孙绰、李充、许询、支遁等人都在此处修筑府邸，常常携游其间。就是在这里，王羲之写下了“天下第一行书”《兰亭序》。

王羲之喜欢鹅，会稽有一个孤居的老妇人养了一只叫声高亢的鹅，王羲之便带着亲友们兴致勃勃地亲往观看。可不想那老妇人听说王羲之要来，竟然把那只鹅煮了待客。为此，王羲之叹息了好几天。山阴有一个道士也喜欢鹅，王羲之知道后前去观看，求道士将鹅卖给他。那道士说：“请您写一篇《道德经》吧，我便把这群鹅都送给你。”王羲之欣然提笔，写完后带着鹅回家，十分喜乐。还有一次，王羲之在山里遇到一个卖六角竹扇的老太太，他拿起扇子在上面各题了五个字。卖扇子的老太太不高兴了，王羲之说：“你就说是王右军写的字，卖一百钱好了。”老太太果然将扇子卖到一百钱，结果人们竞相购买。在书法造诣方面，王羲之可谓大器晚成，他早年的书法不及庾翼、郗愔，将近晚年才登峰造极。

王羲之最终实现归隐的宿愿，但其过程却是无可奈何的。这件事源自王羲之和骠骑将军王述之间的嫌隙。王述少年有才名，与王羲之齐名，可王羲之却总是轻慢王述，两个人的关系日渐紧张。王述先为会稽内史，丁母忧去职，王羲之便顶替了他。

兰亭序（唐摹本）

这幅作品是王羲之在东晋穆帝永和九年（353）所书，是一部书法史上具有划时代意义的作品，有“天下第一行书”的美誉。历代学书法者几乎无人不临摹学习，企望从中悟出书法的真谛。

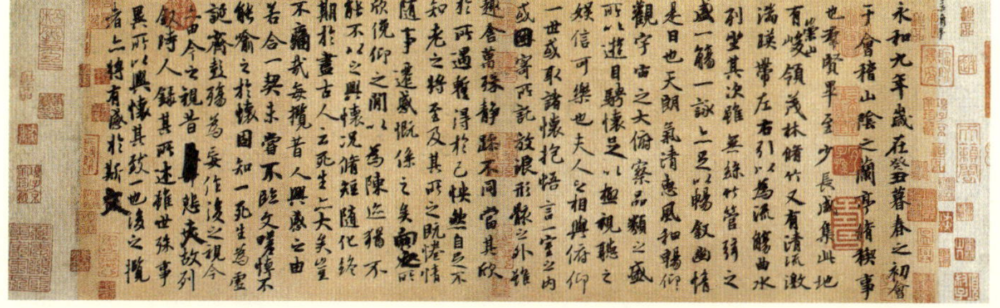

王述居丧住在郡内，王羲之只前去吊唁其母一次。后来每次听闻号角之声，王述以为王羲之会来，都要打扫一番恭候，可王羲之一直也没去。如此几年，王述深以为恨。王述复职后，升为扬州刺史，上任前遍行各郡，唯独不到王羲之处。王羲之先前以为王述当作尚书，到老可官至仆射，没想到他现今即如此显赫，更成为自己的上司，因此感到莫大的耻辱，便请求朝廷将其所在的会稽郡分出。朝廷未予理会，一时间，这件事竟然成为笑柄。其后，王述又费尽心思地寻找王羲之的把柄，郡中主管行政的官吏都应对不暇。王羲之又惭愧又懊恼，连自己的儿子也不如王述的儿子，王述之子王坦之当时官至侍中。羞愤之余，王羲之称病辞官，不仅如此，他还到父母墓前发誓，永生不仕。

辞官之后，王羲之每日与士人游山玩水，逍遥自在，又与道士一起炼丹服药。为了采药石，他常常不辞奔走千里，历尽名山大川，时而也泛舟沧海，每每叹道："我一定是安乐致死的。"

王羲之 59 岁去世，儿子们遵从他生前的嘱托，坚决辞去了朝廷给予的金紫光禄大夫的追赠。

【风流才子】

王献之，字子敬，是王羲之的第七个儿子。他少年时便声名远播，为人脱俗不羁，即使每日闲居，形容举止也毫不懈怠，堪称当世的风流翘楚。王献之曾与兄长王徽之、王操之一同拜谒谢安，王献之少言寡语。后来，有人问谢安这兄弟三人的优劣，谢安说："小的最优秀。"那人问缘故，谢安回答说："吉人都是寡于言辞的，他的话少，所以最优秀。"王献之性格沉稳，一次，他和王徽之一起在房间里，忽然房间起火，王徽之急忙奔逃，连鞋子都顾不上穿，王献之却神色如常，叫左右人将自己扶出。曾有小偷潜入王献之卧室盗走所有财物，刚要离开，却听见主人徐徐地说："偷

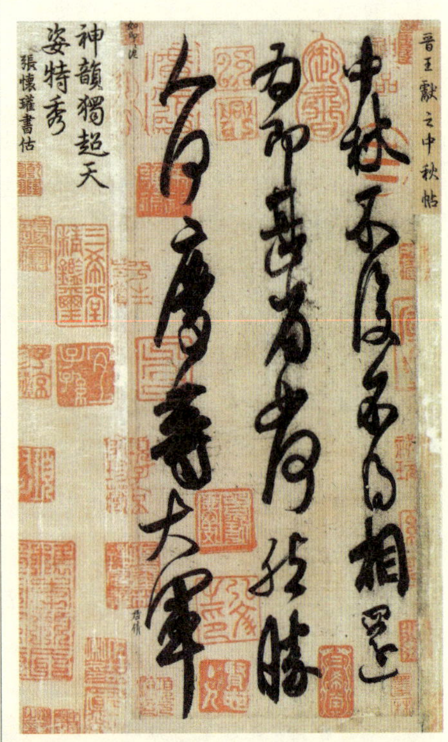

中秋帖 · 王献之

这幅作品堪称东晋书坛最大气的书法作品，书帖原为 5 行 32 字，后被割去 2 行 10 字，现余 3 行 22 字。此帖墨迹绵延不绝，势如滔滔江水，一泻千里，层层波浪相逐不断，在不大的尺寸间展现了一种大气象。

儿，氈青是我家旧物，麻烦你把它留下来吧。”吓得小偷仓皇逃窜。

王献之雅擅丹青，长于草书和隶书。七八岁刚刚学习书法的时候，父亲王羲之偷偷在背后抽他手中的笔而不得，不禁赞叹：“这个孩子将来一定成大名。”长大之后，其书法成就得到父亲的赞赏。

刚刚出仕时，王献之先后担任过主簿、秘书郎，迎娶新安公主后又有升迁。一次，王献之路经吴郡，听说名士顾辟彊有一座名园，便想去观看。他之前并不认识顾辟彊，却乘坐肩舆，大摇大摆地进了园子。当时，顾辟彊正与朋友集会，而王献之却旁若无人地自顾自游览。顾辟彊大怒，说：“你这样辱慢主人，不合礼数，小视世人，不符合道理。”说着便要将他逐出。王献之却傲慢如故，丝毫不以为意。

谢安十分欣赏王献之，召其为长史。太元年间，建康城新建太极殿，谢安想让王献之题写匾额，作为万世之宝，却又不好意思开口，便试着说：“曹魏时修陵云殿，匾额未题，就被工匠们粗心地钉了上去，结果取不下来，只好让韦仲将登着梯子题写。写完之后，韦仲将竟然须发皆白，回去之后对子弟们说：‘以后再也不能这么做了。’”王献之知道谢安的弦外之音，正色说道：“韦仲将是曹魏大臣，怎么会有这种事呢？如果是真的，那我知道为什么曹魏不能长久了。”于是谢安便不再提及此事。

谢安去世后，就其追赠之事，引起一场风波。王献之与徐邈素来敬重谢安忠诚和功勋，上疏固请，终于使孝武帝以殊礼安葬了谢安。

王献之一生风流，只有一件事令他耿耿于怀，至死也不能释然。原来，王献之在娶新安公主前曾有一个妻子，是郗昙的女儿，两人感情深厚，举案齐眉，却不想孝武帝强迫他休妻，另娶新安公主。王献之晚年生病时，曾凄凉地说：“这一生我没什么遗憾的，只是常常想起与郗氏离婚之事。”不久，王献之病逝，追赠侍中、特进、光禄大夫、太宰，谥号宪。

论赞

赞曰：书法兴起于中古，但在那个遥远的年代，书法拙朴，一直到近世才开始趋于华美，但先人却没能留下什么真迹，直到钟繇、王羲之，书法才开始真正兴盛。钟繇的书法虽然独具一格，但不能称为完美。至于其他为后人称道的书法家，也都未免名过其实，就连颇有乃父之风的王献之，也没能有所创新，字体过于疏瘦。纵观古今，能尽善尽美者，只有王羲之一人，其笔画的起落，就像裁成一般，笔断意连，若斜而直。反复赏玩，令人心慕手追，不知疲倦。与王羲之相比，其他人何足挂齿。

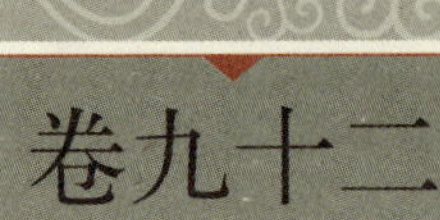

卷九十二

顾恺之列传

魏晋南北朝是中国古代绘画史上一个非常重要的历史时期，在这个漫长的战乱年代，中国绘画形成了独具一格的艺术特征，各种美术形式逐渐形成、完备，技艺臻于成熟，产生了最早的绘画理论。在这个时期，最著名，也是对后世影响最大的画家、绘画理论家，就是被后世称为“画祖”的顾恺之。

【点睛妙笔】

顾恺之，字长康，晋陵无锡（今江苏无锡）人，父亲官至尚书左丞。顾恺之博学而有才气，曾言：“我的赋好比嵇康的琴，不能欣赏的人弃如敝屣，欣赏的人必然认为高奇，视为珍宝。”顾恺之与桓温私交很好，关系亲密，桓温征他为大司马参军。桓温死后，顾恺之拜祭，赋诗云：“山崩溟海竭，鱼鸟将何依！”有人问他：“你这样哭桓公，他能看得到吗？”顾恺之回答道：“我声如震雷可以破山，泪水如注可以灌海。”

顾恺之为人谐谑，所以人们都很喜欢他。他吃甘蔗的时候总是从尾部开始，最后吃根，人们奇怪，顾恺之则说：“这叫渐入佳境。”顾恺之雅善丹青，深得谢安器重，认为他是亘古以来从未有过的人才。关于顾恺之作画，自古以来，便有很多美丽的传奇故事。他画人物，往往画好了几年，也不画眼睛。人们不解，顾恺之说：“人身体的美丑对画作影响不大，只有眼睛才能传神。”传说顾恺之爱慕邻家的一个女子，结果却是落花有意流水无情，他便画了这女子的像挂在墙上，用钉子钉画中女子的心，结果邻家女便得了心痛的病。然后顾恺之向女子表白，终于得到回应，于是拔去钉子，那女子的病便好了。

顾恺之的人物画冠绝古今，他常常吟诵嵇康的四言诗，并为之配图，并说：“画他弹琴的姿态容易，画他目送归鸿的眼神难。”他为裴楷画像

时，在裴楷的脸颊上加了三缕须发，人们立刻便觉得这人物传神了。为谢鲲画像，先画了山石，又在山石间勾勒出人形，并说："此人适合置身丘壑之间。"顾恺之曾想为好友殷仲堪作画，可殷仲堪担心自己有眼病，影响作画效果，因而拒绝了。顾恺之再三向他保证能够画好，最后，他用飞白（书法中的一种特殊笔法）的画法，巧妙地处理了画像的眼部。一次，顾恺之将一橱柜他最珍爱的画作寄放在桓玄处，请他代为保管。桓玄乘顾恺之不在，偷偷拿走了那些画，然后又把柜子封好，就像从来没开启过一样。顾恺之回来后，看到封题完好，但里边的画却都没了，便说："这些画通神，因此画中的人物也都化作仙人，登临仙境了。"对桓玄竟毫无责怪之意。

【"三绝"之美】

顾恺之素有"三绝"之称——才绝、画绝、痴绝。他虽然惊才绝艳，却偏信一些小伎俩。一次，桓玄与他开玩笑，拿了一片柳叶说："这是蝉用来藏身的叶子，用它挡住自己，别人就看不到你了。"顾恺之非常高兴，拿叶子挡住自己，桓玄便佯装看不到他。顾恺之居然信以为真，把那片叶子当做宝贝一样珍藏起来。

不仅如此，顾恺之的痴还很有情趣。有一次，顾恺之与桓玄、殷仲堪等人聚会，大家先作了语，顾恺之说："火烧平原无遗燎。"桓玄说："白布缠根树旒旐。"殷仲堪说："投鱼深泉放飞鸟。"之后又作危语。在座的一个参军说："盲人骑瞎马临深池。"此话一出，举座皆惊，在座的人都认为这个太危险了。这就是成语"盲人瞎马"的来历。

后来，顾恺之官至散骑常侍，62岁时死在任上。其所著收录在文集《启蒙记》中。

顾恺之的绘画理论对中国古代绘画产生了深远影响，他一生画作颇多，相传有《桂阳王美人图》《荡舟图》等，可惜到了今天却没有他的传世真迹，流传至今的《女史箴图》《洛神赋图》《烈女仁智图》等都是唐宋时期的摹本，但其写意传神的风采，也可多少窥见当年顾恺之的风范。

洛神赋图（局部，宋摹本）
顾恺之根据曹植所写的名篇《洛神赋》绘画而成，表现了曹植与"翩若惊鸿，婉若游龙"的洛神在洛水相遇、分离的景象。

论赞

史臣曰：顾恺之矜持而有实学，其绘画，人物六神兼备，才气纵横，故有"三绝"之美誉。

卷九十六

王凝之妻谢氏列传

魏晋风流多名士，也不乏才高八斗、志节高雅的女子，清扬婉约，犹如畅游林下的名流隐士，她们中的杰出代表，就是“堪怜咏絮才”的著名才女谢道韫。这位出身名门的奇女子，不仅才华出众，更兼举止从容，颇有叔父谢安之风。

【咏絮之才】

王凝之妻谢氏，字道韫，是安西将军谢奕的女儿。谢道韫出身魏晋最显赫的家族——谢家，她的叔父就是大名鼎鼎的风流宰相谢安。

少年谢道韫聪明而才华横溢，辩才出众，谢安曾问：“《毛诗》中哪一句最佳？”谢道韫回答：“吉甫作颂，穆如清风。仲山甫永怀，以慰其心。”谢安深以为然，从而深知谢道韫性情高远，且有雅量。一次，谢家人聚会，正逢天降大雪，谢安便考子侄们，让他们形容这大雪。侄子谢朗答道：“散盐空中差可拟。”谢道韫则说道：“未若柳絮因风起。”谢安大喜，赞赏不已，从此，人们便用“咏絮”形容女子有才华。

成年后，谢道韫嫁给了王凝之。王凝之是王羲之的次子，擅长草书和隶书，历任江州刺史、左将军、会稽内史。最初，谢道韫对这段婚姻并不满意，新婚归宁回到家后，她闷闷不乐。谢安问：“王郎是王逸少的儿子，配得上你，你还有什么遗憾的？”她回答说：“我们谢家，叔父一辈自不必提，堂兄弟中也有谢韶、谢朗、谢玄、谢川等人，没想到天底下还有王凝之这样平庸的人，真是有天壤之别。”谢道韫也曾讥讽兄弟谢玄学业进展缓慢，说：“是为了俗事分了神，还是因为天分有限啊？”

谢道韬才思敏捷，长于思辨。一次，王凝之的弟弟王献之与宾客高谈阔论，说到后来有些词穷，谢道韫便让侍女转告王献之说：“我愿意为你解围。”她命人用青色绫做的步障挡住自己，隔着步障与宾客辩论，最后把宾客说得哑口无言，不能应对。

【安身乱世】

隆安二年（398），王恭之乱爆发，司马道子诱杀五斗米道道士孙泰和他的儿子。孙泰的侄子孙恩发誓报仇，聚结了几百人起义，从海上出发，一度逼近建康城，攻入会稽。

王氏一家人都信奉张氏的五斗米教，尤其是王凝之，十分虔诚。因此当孙恩攻打会稽时，下属请身为会稽内史的王凝之准备御敌，王凝之却不为所动，而是到静室中祈求神明保佑，毫不设防，结果自己和儿子都死于这场劫难。也许是继承了叔父的临危不乱之风，听到丈夫和儿子去世的消息，谢道韫并未惊慌失措，仍旧镇定自若，她乘着肩舆抽刃出门。乱军之中，身为女子的她竟然也杀了数人，但最后还是被掳获。谢道韬年幼的外孙刘涛被送到孙恩面前，孙恩竟然连小孩子也不放过，谢道韬便大义凛然地说："这件事与王家有关，跟其他家族有什么关系？如果你一定要杀这个孩子，就先杀了我吧。"孙恩虽然狠毒暴虐，却也为之动容，加上他很佩服谢道韫，便放了这个孩子。

谢道韫咏絮·清

从此以后，谢道韫寡居会稽。会稽太守刘柳久闻谢道韫才名，便请她来清谈。谢道韫素知刘柳声望，所以也不避讳，便梳着髻戴着簪穿着素衣坐在帐中，刘柳则着装严整地坐在旁边的榻上。谢道韫风度翩翩，韵味悠远，卓尔不群，而其言论清新至雅。谈到家事时，她慷慨悲痛，但言辞流畅，不失逻辑。一席谈罢，刘柳不禁赞叹："这实在是前所未见之人，听她说话，让人发自内心地佩服。"谢道韫也将刘柳引为知己，说："自从我家道凋零，我一直没见过什么人，直到遇到此人。听他的问话，让人胸襟开阔。"

同郡的张玄有一个很有才华的妹妹，后来嫁给了士族顾家，张玄常常夸耀自己的妹妹能与谢道韫齐名。有个叫做济尼的人曾拜访过王、顾两家，于是便有人问这两位才女的优劣。济尼回答说："王夫人神情清朗高致，因此很有隐士的风范。而顾家妇纯情如玉，一看便是大家闺秀。"

论赞

史臣曰：有晋一代多经磨难，北方沦陷，戎狄四起，人们举家南迁，在此危难之中，往往有女子伸大义，全气节，就像谢道韫对孙恩一样。

赞曰：作为女子，她的道德仪容高雅，温婉柔和，节操如风霜，美名传于邦国。

卷九十八

王敦 桓温列传

自古权臣多以功勋论著，或有辅政之劳，或有勤王之勋，然而人们往往为权力所惑，迷失在权柄的争夺中，浮浮沉沉。王敦、桓温，两代秉均衡之将，一者中兴晋室，一者恒定江山，却最终落得身败名裂，祸及子孙。

【王与马，共天下】

王敦，字处仲，是司徒王导的堂兄，他的父亲王基是治书侍御史。

王敦娶了晋武帝司马炎的女儿襄城公主，拜驸马都尉，除太子舍人。当时正逢王恺、石崇斗富，一次，王敦和王导造访王恺，王恺命府上的美人劝酒，如果客人不饮，便杀了劝酒的美人。王导平时并不喝酒，但他怕祸及他人，便勉强喝了。而王敦却故意持杯不饮，在座者人人悲惧失色，可王敦却视而不见。事后，王导感叹说:“处仲若当政，心中刚毅不为所动，恐怕不会有好结果。”洗马潘滔见到王敦后也说 :“处仲已经显示出枭雄的气魄，只是还没什么声威，将来他若不噬人，也会为人所噬。”

赵王司马伦篡位时，王敦劝叔父王彦起兵响应诸王共同勤王。晋惠帝司马衷复位后，王敦升为散骑常侍、左卫将军、大鸿胪、侍中，出除广武将军、青州刺史。永嘉之乱后，晋室倾颓，天下大乱，王敦将公主身边的百余名婢女配给将士们，又散尽千金财物，自己一个人回到洛阳，后来又跟随时为晋王的司马睿南镇江东。当时的司马睿名望不著，王敦和王导两个人同心同德地辅佐他，期盼晋室中兴，司马睿也十分信任王氏兄弟，时人都说“王与马，共天下”。

东晋初期，朝廷政局不稳，西蜀的杜弢作乱，王敦出任主帅迎敌。他指挥陶侃大破杜弢，进镇东大将军、开府仪同三司，加都督江、扬、荆、湘、交、广六州诸军事，江州刺史，封汉安侯。一时之间，王敦势力如日中天，统辖州县，甚至可以独立任免官员将领，渐渐有了专权的迹象。

随着琅邪王氏一族的势力日渐强大，晋元帝司马睿也开始暗自提防，就连对曾经的至交好友王导，也有了猜忌之心。司马睿任用刘隗制衡王氏的权力，并慢慢地疏远王导。王敦上疏，为王导鸣不平。结果这道奏疏并未送到司马睿面前，就被王导原封不动地退回，王敦便再次上奏。

王敦为人雅善清谈，不言财色，颇有威名，在晋室南迁和拥立司马睿的过程中立了大功，拥兵在外，掌控了东晋的军事命脉，拥有至高无上的权力，于是独断专行，甚至有了不臣之心。这自然引起司马睿的不满，司马睿便重用刘隗、刁协等人。王敦自然心生怨恨，他常常在酒后咏唱曹操的《龟虽寿》。王敦想让从事中郎陈颁为湘州刺史，司马睿却另派他人。王敦与司马睿之间的嫌隙日深，便上表陈述自古以来忠臣往往因小人之故见疑于君主，结果这道奏表非但没能消除君臣之间的隔阂，反倒令司马睿更加忌惮他。为了牵制王敦，司马睿任命刘隗为镇北将军，戴若思为征西将军，表面上是为了对抗北方少数民族。

【两度兵变】

永昌元年（322），面对司马睿的种种猜忌，王敦为了保住自己的地位，以清君侧为名，大举进兵建康城，矛头直指刘隗。王敦兵至芜湖，又上表陈述刁协罪状。司马睿大怒，下诏说："王敦恃宠叛逆，是可忍孰不可忍。如今我要亲率大军迎敌，凡有杀王敦者，封五千户侯。"并立刻召集戴若思、刘隗入京，抵御王敦。

王敦兵至石头城，便想直接攻打刘隗所部，其部将杜弘劝谏说："刘隗手下有很多死士，未必能轻易攻克，不如先攻取石头城，一旦得到石头城，刘隗不战自败。"王敦采纳了这个建议，果然大败王师。进入石头城后，他并不去朝见天子，反而放任手下兵士抢掠，结果建康的官员四散奔走，最后，司马睿身边只剩下两名侍中。司马睿脱了铠甲，穿上朝服，对着王敦说道："想得到我的位置，就早点说，我自己回琅邪去，何苦连累了百姓！"

王敦进了建康城，再次掌控了朝廷，杀了周𫖮、戴若思等人。司马睿无奈，只得委曲求全，封王敦为丞相、江州牧，晋爵武昌郡公，邑万户。王敦乘势剪除异己，培植亲党，以兄长王含为卫将军、都督沔南军事、领南蛮校尉、荆州刺史，以义阳太守任愔督河北诸军事、南中郎将，王敦亲自督宁、益二州，将军事权力牢牢控制在掌中。

司马睿去世后，对于王敦的不臣之心，继位的晋明帝司马绍只得隐忍，又对王敦大加封赏。王敦位高权重，日渐暴虐骄慢，任用心腹钱凤等人，在朝堂上不断排除异己，凡有忤逆者，一定除之而后快。

后来，王敦的侄子王允之得知了王敦的夺权计划，王允之的父亲王舒与王导一同将这件事告诉了司马绍，提醒朝廷早日防备王敦。

太宁二年（324），王敦患病，其手下大将钱凤等人商议王敦死后便起兵作乱。在病中，王敦铲除了异己周札，终于将自己推向了斗争的风口浪尖。司马绍暗中准备讨伐王敦。

王敦任命温峤为丹阳尹，本来是想收为己用，没想到温峤回到建康后，却向司马绍告发了王敦谋反之事。司马绍下令征讨王敦，并谎称王敦已经病逝。这无疑削除了战士们的恐惧心

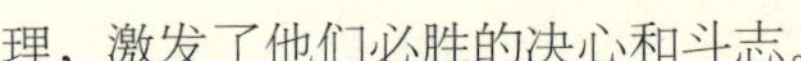

理，激发了他们必胜的决心和斗志。

钱凤率兵来到建康城，屯兵秦淮河之南。司马绍亲率六军抵御钱凤，几经大战，终于打败叛军。病重的王敦对部将羊鉴、养子王应说：“我死之后，王应便可即位，先建立百官制度，然后再办理我的丧事。”不久，王敦去世，终年 59 岁。王应秘不发丧，用席子裹住尸体，外边涂蜡。

王敦一死，叛军大势已去，不久，朝廷就平息了叛乱，钱凤、沈充等人俱被斩首。有官员上奏说王敦罪恶滔天，应该将其开棺戮尸。司马绍准奏。就这样，王敦被从墓中挖出，焚烧了衣冠，斩下头颅，悬于城门，观者莫不称快。

【桓温伐蜀】

桓温，字元子，父亲是宣城太守桓彝。桓温出生不久，温峤就曾说：“这个小儿有奇骨，是个英才胚子。”因为得到温峤赏识，所以父亲便给他起名为“温”。桓彝为韩晃所害，泾令江播也参与了此事。当时桓温只有 15 岁，他枕戈泣血，志在复仇。三年后，江播去世，他的儿子江彪等三人居丧。桓温以吊丧为名，进入灵堂，拔刀手刃江彪。当时的人们谈论起这件事时，无不称赞桓温。

桓温为人豪爽，颇有气度，姿容伟岸，其好友沛国刘

东晋风流图 · 元 · 方从义

画中，王羲之坐在岸边水榭之上，溪山环抱，景色宜人。王羲之的家族是东晋的望族，他的两个伯父是拥立司马睿建立东晋的功臣，一位是宰相王导，另一位是大将军王敦。王马共天下是西晋八王之乱和永嘉之乱的结果，也是晋朝名门大族势力发展，直到超越皇权的产物。

惔称赞他说："桓温紫眸虬髯，就像当年的孙仲谋和晋宣王。"后来，桓温尚南康长公主，拜驸马都尉，除琅邪太守，累迁徐州刺史。桓温与庾翼关系要好，庾翼曾向晋明帝司马绍推荐桓温说："桓温少年而有雄才大略，愿陛下不要把他当做常人看待，对他委以重任，使他为国家出力。"庾翼死后，司马绍以桓温都督荆梁四州诸军事、安西将军、荆州刺史、领护南蛮校尉、假节。

当时，李氏建立的成汉政权势力渐趋微弱，桓温便常想在蜀地建功立业。永和二年（346），桓温率兵伐蜀。起初，朝廷官员都认为蜀地地势险要，而桓温兵少，不宜深入。桓温率军而行，兵锋直指成都。坐守蜀地，自以为高枕无虞的李势此时才恍然惊醒，急忙派叔父李福、堂兄李权等人出兵御敌。桓温亲自对阵李权，三战三捷，敌军大败而归。此时的李势只能做垂死挣扎，他领兵出城，在笮桥（今成都西南）迎敌。此役，双方决战。战斗之初，成汉军占了上风，晋军参军龚护战死，众人无不惊恐，军心动摇，便要退兵。就在这关键之时，晋军的鼓吏误敲了进军鼓，晋军听到鼓声，一鼓作气发起攻杀，李势大败。

桓温乘胜追击，趋兵长驱直入成都，焚烧了成都小城，逼得李势连夜遁逃90里。眼见大势已去，大将邓嵩、昝坚劝李势投降。李势无奈，只能绑缚了自己请降。桓温亲自为其解开绑缚，将他送回建康城。至此，经历六世，维持了46年的成汉政权灭亡，东晋统一了南方。

灭成汉后，桓温在蜀地停留了三个月，任用贤能，广施德政，百姓都很拥戴他。正当桓温要班师时，降臣王誓、邓定、隗文等人反叛，桓温再次荡平叛逆。等到蜀地太平后，桓温回军江陵，以伐蜀之功进位征西大将军、开府，封临贺郡公。

【北伐中原】

当时，北方政局混乱，后赵国主石季龙死后，后赵内部大乱，大将冉闵篡权称帝，建立了冉魏，慕容鲜卑、

氏族相继崛起。面对这一历史机遇，桓温上表朝廷，决定出师北伐。然而，此时的桓温已然功高震主，晋穆帝司马聃对他颇为猜忌，因此并未同意他的请求，反倒派殷浩率兵北伐。知道朝廷用殷浩牵制自己后，桓温愤愤不平，但考虑到殷浩此人不过是碌碌庸才，也没什么忌惮的，所以两人共处多年，桓温也以臣礼侍奉司马聃。

然而殷浩北伐数年，屡战屡败，耗费了大量物资钱粮，朝野上下都有怨言，于是桓温上表，请求罢免殷浩。司马聃无奈，只得依从。就这样，朝廷内外大权落到桓温手中。永和十年（354），桓温率领步兵、骑兵 4 万从江陵出发，直指长安，挥师北伐。水军从襄阳出发，入均口，至南乡，步兵自淅川以征关中，命梁州刺史司马勋出子午道。别遣一支军队进攻上洛，大破前秦的荆州刺史郭敬。前秦国主苻健亲身陷阵，斩杀了两员东晋大将。桓温驱兵力战，杀退苻健的儿子苻生，桓温的弟弟桓冲也在白鹿原一役中大破敌军。前秦军队一路溃败，桓温追至霸上，苻健身边只剩下五千人，他挖了深沟自我防御。长安的百姓听说东晋的军队杀到，无不欢庆，百姓十之八九都带着酒肉迎接桓温，老人们甚至感怀流泪说："没想到今日还能看到晋军。"桓温驻军霸上，本想等麦子成熟的时候收作军粮，与苻健打持久战，可没曾想苻健坚壁清野。桓温没了军粮，只得退兵。

永和十二年（356），桓温第二次

简文帝司马昱

北伐之梦破灭后，桓温废海西公司马奕的帝位，立会稽王司马昱为帝，是为简文帝。随后，桓温就要求朝廷赐予他九锡。

出兵北伐。这一次，他北伐的对象是西北的羌族。桓温自江陵出发，途径金城时，看到他年轻时种的柳树已然粗壮，不禁慨然长叹道："木犹如此，人何以堪！"他折下一根柳枝，泫然落泪。他越过淮水、泗水，跃马北方。与群僚登临高楼，极目远眺，桓温慷慨而言："神州陆沉，致使百年基业沦为废墟，王衍难辞其咎。"桓温军队到达伊水时，羌族首领姚襄屯兵北岸，双方隔水相距。对阵之时，桓温亲自披挂上阵，其弟桓冲身先士卒，打败姚襄。羌族士兵自相践踏，死者数千。姚襄败走，桓温收复洛阳，拜谒先帝诸陵，并将毁于战火的西晋历代帝王陵修缮一新。此次北伐前夕，桓温曾上表十余次请求迁都，重回昔日故土，却遭到偏安一隅的东晋朝廷的拒绝。

太和四年（369），桓温再次上疏北伐，攻打前燕。晋军来到湖陆，一战克敌，进军金乡。时逢天气大旱，水路不通，桓温便下令开凿300里运河。前燕派慕容垂、傅末波等率军8万抵御桓温，双方在林渚展开大战，晋军取得首战的胜利，进抵枋头。桓温派袁真攻伐谯梁，打通粮道。然而，拿下谯梁后，晋军仍不能解决运粮问题，桓温只好烧了战船，徒步撤退，一路上凿井饮水。乘晋军撤退之机，慕容垂指挥八千骑兵追赶，桓温所部被打得七零八落，死亡3万人。第三次北伐以失败告终。

【志在周鼎】

桓温为人自恃才华过人，志向远大，本打算在北伐中有所建树，凭借功劳受九锡之封。第三次北伐的失败导致他先前盛极一时的声望大大减弱，他最终竟然通过废立皇帝确立自己的威信。他废掉司马奕，改立简文帝司马昱，并像当年诸葛亮一样，带甲仪仗百人入殿。朝堂之上，桓温也大肆铲除异己。时为侍中的谢安看到桓温后，竟然倒身下拜。桓温大惊，问他何故如此。谢安说："没听说过君王拜于前，而臣子作揖于后的。"毫不留情地讥讽了桓温的不臣之心。

慑于桓温之威，司马昱常常惊恐不安，病重时竟然遗诏让桓温辅政，一切如当年的诸葛亮、王导一样。桓温本以为司马昱会禅位给自己，不想却是这样的结果。

孝武帝司马曜即位后，桓温带兵入朝，直入山陵。司马曜派尚书谢安在新亭迎接，当时，百官皆拜于道路两侧，无不惊恐失措，甚至有人说桓温会杀了王坦之和谢安。危难之际，谢安镇定自若地化解了这件事情。桓温回到姑熟后，廷议要为他加九锡，此时他已然病入膏肓。听说这个消息后，谢安和王坦之便故意拖延这件事，直到桓温病死，终于平息了这场篡位风波。

论赞

史臣曰：王敦靠对外征伐树立权威，倚仗兵权而对内压主，最终落得枭首戮尸的下场，祸及身后。桓温文韬武略，雄迈才高，当时的东晋王朝北有戎狄肆虐，西有李氏之患，他以恢弘气略平定西蜀，功高可叹。其后，桓温用兵洛阳，修复五陵，又挥军西向，威怀三辅，虽然未能剪除敌人，但也足以扬威，抚慰先王之灵。然而，此后的桓温大权在握，挟威震主，觊觎神器，废主立威，诛杀忠良。这实在是罪大恶极，斧钺宜加，人神同弃！

卷一百一

刘元海载记

匈奴曾是北方最强大的少数民族，跨越欧亚草原，滨及流沙。自西汉冒顿单于，盛极一时，汉室不得已，每每求和，直到汉武帝时期，一举大破匈奴。进入东汉，匈奴势力渐弱，战争、天灾不断地侵蚀着曾经强大不可一世的马背民族。最后，匈奴内讧，分裂为南北两庭。随着北匈奴的西迁，南匈奴的依附，匈奴逐渐没落。然而，随着中原王朝的衰落、北方民族的兴起，匈奴迎来了历史上的第二次辉煌。

【委质中原】

刘元海，名刘渊，这里称其表字为刘元海，因《晋书》成书于唐代，为避高祖李渊讳，不称刘渊。他是新兴匈奴人，自称冒顿单于的后代。汉初，汉高祖刘邦将宗亲的女儿封为公主，嫁给单于为妻，所以其后代以刘为姓。东汉建武初年，匈奴分裂为南北两部分。中平年间，南匈奴单于羌渠派其子於扶罗率兵协助东汉王朝讨平黄巾叛乱。当时恰逢羌渠为国人所杀，於扶罗便带着手下留在中原，自立为单于。之后，他参与了董卓之乱，寇掠太原、河东等地，最后屯兵河内。於扶罗死后，其弟呼厨泉继任为单于，封於扶罗之子刘豹为左贤王。曹操将匈奴分为五部，刘豹为左部帅，其余部帅都为刘氏。太康年间，朝廷将匈奴五部改为都尉，分守东南西北中五方，刘氏都居于晋阳汾涧之滨。

曹魏嘉平中期，刘豹的妻子呼延氏到龙门求子，居然有一条头上长了两个角的大鱼游到呼延氏祭祀的地方，徘徊很久才离开。夜晚，呼延氏梦到白天看到的那条鱼变成人形，左手拿了一件鸡蛋大小且闪闪发光的东西交给自己，说：“这是日精，吃了它你就能得贵子。”醒来之后，呼延氏把这个梦告诉刘豹。刘豹说：“这是吉兆，当年我跟随司徒氏学相术的时候，他就说我将来会有富贵的子孙，刘氏三代之后必定昌盛，这与你的梦正好相符。”13 个月后，呼延氏生下了刘元海，出生时左手中便有一个“渊”字，因而以此为名。

儿时的刘元海十分聪慧，七岁时母亲去世，他哀号痛哭，感动了很多人，宗族部落都很欣赏他的孝心。刘元海很好学，师从上党崔游，学习《毛诗》《京氏易》《马氏尚书》，尤其喜欢《春秋左氏传》《孙吴兵法》，几乎能够背诵，至于《史记》《汉书》、诸子等，无不涉猎。

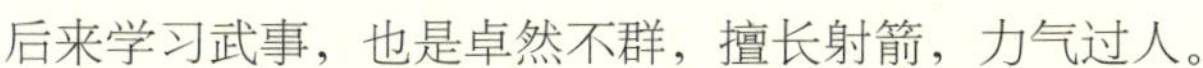

后来学习武事，也是卓然不群，擅长射箭，力气过人。

刘元海形貌魁伟，身高八尺四寸，胡须长三尺多，中间有三根红色的须髯，长三尺六寸。当时有善于相面的人见到他后大惊，说："此人容貌非常，实在是我生平所未见。"于是对他十分崇敬。

曹魏咸熙年间，刘元海作为质子留在洛阳，司马昭对他很好。司马炎代魏称帝后，刘元海的好友王浑多次向司马炎推荐刘元海。司马炎召见刘元海，长谈之后，司马炎大悦，对王济说："刘元海的容貌和见识，就算是当年的由余、金日磾也不过如此啊。"王济则回答说："若论容貌见识，诚如陛下所言。可要说起文武才能，刘元海可胜过那两人。陛下如果派他伐吴，一定能平定江南。"司马炎称善，孔恂、杨珧却阻谏说："我看刘元海的才能，当今无人能及，如果陛下不给他重兵，恐怕不足以成事，如果赋予他的权力过重，平吴之后，怕是会一去不复返。非我族类，其心必异。"司马炎听罢默然不语。

后来，秦川雍凉叛乱，上党李憙保举刘元海，再次被人以同样的理由拒绝。后来，刘元海哭着对好友王弥说："王浑、李憙与我是同乡，他们了解我，才会保举我。可是朝廷上谗言四起，足以为害。只有你知道，我本无心仕途。恐怕我早晚死在洛阳，现在就与你诀别吧。"说罢，他情绪激动，歔欷不已，纵酒长啸，声调清亮，闻者莫不流泪。

【继任左贤王】

刘豹死后，刘元海继任为左部帅。太康末年，拜北部都尉。刘元海明确刑法，消除官员奸佞行为，轻财好施，诚意待人，匈奴各个部落的豪杰都来归顺投靠，就连幽州、冀州的名儒、士人，也都不远千里前来交好。

八王之乱后，天下大乱，寇盗四起，刘元海的堂祖父故北部都尉、左贤王刘宣等人秘密商议："我

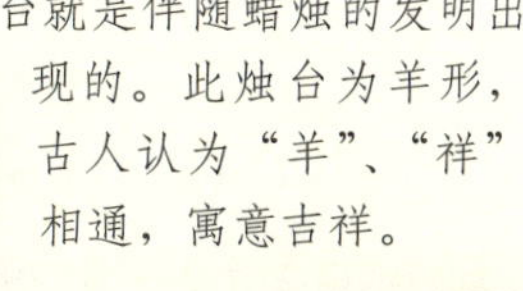

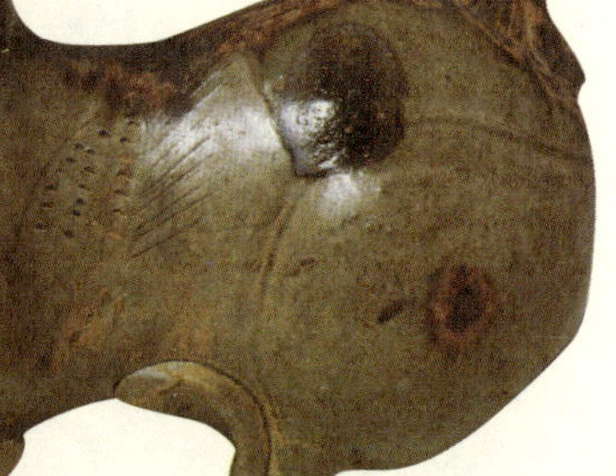

青瓷羊形烛台·东晋

魏晋南北朝时期青瓷兴盛，这种瓷器光泽淡雅，很符合魏晋时期飘逸风流的风格。蜡烛约出现于东汉前后，烛台就是伴随蜡烛的发明出现的。此烛台为羊形，古人认为"羊"、"祥"相通，寓意吉祥。

们先祖与汉人约为兄弟，甘苦与共，自从魏晋以来，我们单于虚有其名，却无寸土。如今司马氏祸起萧墙，我们匈奴兴邦复业，就在今日。左贤王元海才智过人，上天正是为了复兴匈奴才生了此人。”就这样，大家推举刘元海为大单于。

司马颖为皇太弟的时候，任命刘元海为冠军将军，封为卢奴伯。东嬴公司马腾、王濬起兵讨伐司马颖时，刘元海对司马颖说：“如今两镇跋扈，聚众十几万人，恐怕朝廷这些人抵御不了，请让我回去为您说服五部匈奴共赴国难。”可司马颖却担心五胡发难，想迁都洛阳以避锋芒。刘元海说：“您是武帝之子，有殊勋于王室，四海之内无不钦佩，谁不愿为您赴汤蹈火呢？谁又会反抗您呢？王濬不过是竖子，岂能与您争锋？您现在迁都就是示弱。况且东胡之彪悍不如匈奴，如果您能勉抚士众，镇守京师，我会以两部匈奴伐东嬴，三部伐王濬，平叛指日可待。”司马颖大悦，拜刘元海为北单于、参丞相军事。就这样，刘元海回到北庭，当上大单于，半年之内，便聚众五万人，建都离石。

司马颖兵败后，挟持天子迁都洛阳。刘元海虽然鄙视司马颖，却碍于约定，终于还是出兵相救，讨伐鲜卑。

【称帝建国】

永兴元年（304），刘元海在左国城（今山西离石东北）南郊修建祭坛，称汉王，大赦境内，改年号为元熙，自称继

锁谏图（局部）·唐·阎立本

刘元海死后，太子刘和继位。之后，一向以悍勇闻名的刘渊第四子刘聪杀死兄长刘和，自立为大单于、大司徒。刘聪荒淫奢侈，性情残暴，此图表现的是匈奴汉国的廷尉陈元达向刘聪冒死进谏的情景。

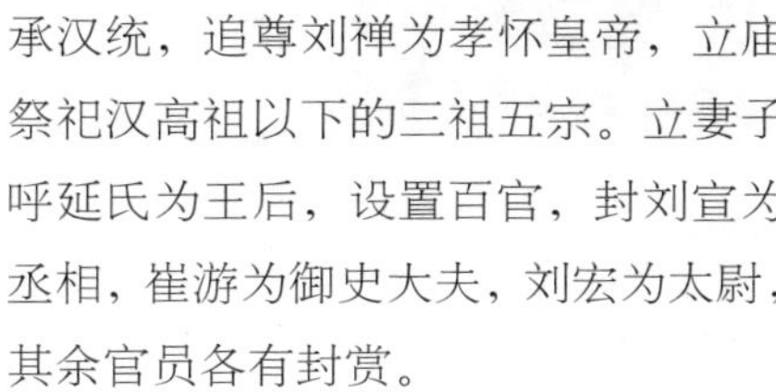

承汉统，追尊刘禅为孝怀皇帝，立庙祭祀汉高祖以下的三祖五宗。立妻子呼延氏为王后，设置百官，封刘宣为丞相，崔游为御史大夫，刘宏为太尉，其余官员各有封赏。

司马腾派部将聂玄讨伐刘元海，双方在大陵开战，结果聂玄兵败。司马腾害怕，率领并州的两万户南下山东。刘元海又派建武将军刘曜出兵太原、泫氏、屯留、长子、中都，尽皆攻克。

翌年，司马腾再次出兵，双方战于离石汾城。刘元海的部将再度连战连捷。这一年，刘元海以前将军刘景为使持节、征讨大都督、大将军，在版桥攻伐刘琨，结果被刘琨所败，还被刘琨占领了晋阳。刘元海的侍中刘殷、王育进谏说：“殿下您起兵以来，已有数年，但是却偏安一方，威名未震。如果能派将而出，与晋室一决胜负，杀刘琨，定河东，成帝业，再挥师南下，克定长安，以之为都，再凭借关中之势席卷洛阳，就不难了。这便是高皇帝（汉高祖刘邦）当年的鸿基伟业。”刘元海说：“我也是这样想的。”于是出兵进据洛阳，然后攻袭蒲坂、平阳，蒲子，河东、平阳属县望风而降，威震北方，上郡四部鲜卑陆逐延、氐酋大单于征、东莱王弥及石勒等也相继归附。刘元海盛极一时，称雄朔北。

永嘉二年（308），刘元海称帝，大赦境内，改元永凤。以大将军刘和为大司马，封梁王，尚书令刘欢乐为大司徒，封陈留王，御史大夫呼延翼为大司空，封雁州郡公。宗室以亲疏为等，悉封郡县王，异姓以勋谋为差，皆封郡县公侯，迁都平阳（今山西临汾西南金殿）。

称帝后的刘元海雄心万丈，命儿子刘聪与王弥进攻洛阳，令刘曜、赵固为后援。此时，西晋执政的是东海王司马越，他派遣平北将军曹武、将军宋抽、彭默等迎敌，交锋之后，大败而归。刘聪等人长驱直入，兵进宜阳，平昌公司马模派将军淳于定、吕毅等自长安出兵，增援宜阳，结果还是战败。然而，面对节节胜利，刘聪等人日渐大意，不设防备，中了弘农太守垣延的诈降之计，大败而回，刘元海则素服迎接班师的将士。

刘元海并不甘于兵败，这年冬天，他再次发兵，以刘聪、王弥、刘曜、刘景等人率骑兵五万人进攻洛阳，在黄河之南大败晋军。而面对晋军的一次又一次反攻，刘聪再次失利。王弥对刘聪说：“如今失利，说明洛阳守备坚固，您不如回师，以后再作长远打算。”刘元海也派人召回刘聪。

刘元海以刘欢乐为太傅，刘聪为大司徒，刘延年为大司空，刘洋为大司马，在境内实行大赦。立其妻单氏为皇后，立子刘和为皇太子，封子刘乂为北海王。

刘元海病笃之时，将身后之事托付给太宰刘欢乐和太傅刘洋。永嘉四年（310），刘元海病逝，其在位六年，谥号光文皇帝，庙号高祖，葬永光陵。

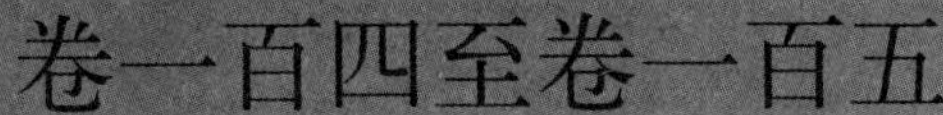

石勒载记

后赵，这个由羯人建立的少数民族政权，在永嘉之乱后第一次统一北方，尽收中原。后赵的建立者石勒，用他戎马倥偬的一生，演绎了中国历史上绝无仅有的从奴隶到皇帝的传奇。

【出身微末】

石勒，字世龙，初名㔨，是五胡中的羯人，祖籍上党武乡，其先祖是匈奴别部羌渠的后裔。石勒出身卑微，14岁的时候随人行贩来到洛阳，名士王衍首先发现了他的出众之处。他长大之后，强壮而有胆识，邑中父老断言其前途不可限量，当时的人不以为然，只有邬人郭敬、阳曲宁驱对他很好。

太安年间，并州饥荒，石勒等胡人离开雁门投奔宁驱。当时北方贩卖胡人的现象很普遍，北泽都尉刘监就曾想卖了石勒，幸得宁驱保护才得以幸免。石勒偷偷投奔纳降都尉李川，路上遇到郭敬，石勒哭着诉说自己饥饿的窘境。郭敬心酸不已，给了他食物和衣服。在此天灾人祸之时，并州刺史、东嬴公司马腾抓捕胡人卖到山东充军，当时的石勒二十余岁，也被抓去贩卖。负责押送的将军张隆常常虐待这些胡人，将他们两人锁在一个枷上，石勒也几度为他所辱。一路颠沛流离，石勒生了急病，后来又被卖给茌平人师欢为奴。师欢发现石勒相貌奇伟，便免去了他奴隶的身份。

此时的晋王朝正沦陷在八王之乱的危境中，当政的成都王司马颖兵败后，逼迫晋惠帝司马衷迁都。河间王司马颙上奏朝廷，要求废黜司马颖。这一年，刘元海称汉王。石勒与魏郡汲桑率领牧民前去投奔，也就是在这个时候，汲桑给石勒取了这个名字。

最初，石勒跟随公师藩攻打平昌公司马模，兵败后公师藩被杀。石勒和汲桑逃往苑中，聚集了很多流民和囚犯，重整旗鼓。

汲桑便自称为大将军，矛头直指东海王司马越、东嬴公司马腾。石勒作为汲桑的先锋屡立战功，最后终于斩杀司马腾，杀敌万余人。汲桑和石勒乘胜渡河，向南进攻兖州。司马越派苟晞、王赞等人应战。汲桑、石勒败于苟晞，死伤惨重，最后带着残部准备投奔刘元海，结果在半路上遭到冀州刺史丁绍的截杀，溃败而逃。石勒逃往乐平，而汲桑却死于此役。

【臣事前赵】

逃出的石勒依附了屯兵上党的胡人张訇督、冯莫突，备受信任，石勒趁机对他们说："刘单于举兵讨伐晋室，你们拒不归从，难道就能在乱世中独立吗？如果不能的话，就应该找个依靠归属。"张訇督等人向来缺乏智谋策略，便归附了刘元海。石勒也与张訇督引为知己，以兄弟相称。刘元海封石勒为辅汉将军、平晋王。

石勒令儒生读史

319年，石勒建后赵，选权贵子弟入学，授以儒学经典。

乌丸张伏利度拥兵两千，屯守在乐平，刘元海几次招揽都不曾归附。石勒诈称得罪了刘元海，投奔张伏利度。张伏利度非常高兴，二人约为兄弟。张伏利度派石勒率领诸胡部队外出劫掠，无往不利，诸胡对他无不敬畏顺服。

随着人心归附，石勒趁机抓了张伏利度，并对胡人说："现在我们举兵起事，我与张伏利度谁能担任首领？"就这样，大家推举石勒为首领，石勒便带着所部归附了刘元海。

从此，刘元海对石勒更加信任，封他为督山东征讨诸军事，还把张伏利度的士众分配给他。

刘聪攻打壶关时，以石勒为前锋，大败敌军。接着，石勒领兵3万攻掠魏郡、顿丘等地。石勒约束军队，秋毫无犯，百姓安居乐业。

刘元海称汉王后，封石勒为持节、平东大将军、校尉、都督。石勒出兵冀州各处，所向披靡，归附的士众达十余万。这时的石勒渐渐形成了自己的势力，以张宾为谋主，刁膺、张敬为佐臣，夔安、孔苌为爪牙之士，支雄、呼延莫、王阳、桃豹、逯明、吴豫等人为将帅。周边的胡人慑于石勒声威，大多归附。

车骑将军王堪、北中郎将裴宪从洛阳出兵，率众征讨石勒。石勒焚烧军营回军抵挡，在黄牛垒暂驻下来。他一路攻城略地，最终拥兵数万，再渡黄河。

刘元海去世后，刘聪加封石勒为征东大将军、并州刺史、汲郡公。

石勒从流民手中攻下宛城，势力更加强大，向南攻掠襄阳，攻陷江西三十余座壁垒。他不听从谋士张宾的劝阻，率兵南下。晋元帝司马睿派王导率众抵挡，结果孤军深入的石勒不仅粮草供应不上，北方士卒到了南方又遭遇疫病，死亡大半。石勒最终只好焚烧了辎重，渡过沔河，进攻江夏，之后挥军北上，进攻新蔡，斩杀新蔡王司马确，其余公侯大将望风归降。

东海王司马越死后，太尉王衍暂时代理朝政。石勒率兵来袭，生擒王衍等人，杀尽西晋旧臣，然后会同刘曜和王弥攻陷了洛阳。石勒将功绩归于这两人，自己带着兵进驻许昌，进军谷阳，斩杀了冠军将军王兹。

【剪除王弥】

石勒和王弥两人都拥兵自重，渐渐形成水火不容之势。首先是王弥想除掉石勒，于是他采纳了刘暾的建议，联合刘暾部将曹嶷。结果石勒的巡游骑抓获了刘暾，看到了王弥写给曹嶷的信。石勒杀了刘暾，然后秘密谋划对付王弥的计划。

在进攻蒙城的时候，石勒俘获了大将军苟晞，任他为左司马。王弥知道后有些忌惮，言辞谦卑地对石勒说："你赦免了苟晞是何等的英明！如果让苟晞和我做您的左右手，则不愁不能平定天下。"石勒也因此认定王弥的野心，他与谋士张宾商议，决定先下手为强。恰逢石勒与陈午大战蓬关，王弥则与刘瑞相持。王弥向石勒求救，张宾献计说："您常担心找不到对付王公的机会，现在就有上天赐予我们的机会。陈午不过是个小人，不足为虑，王弥却是人杰，将会成为我们的祸患。"于是石勒不顾自

后赵材官将军印

材官将军为武官名，始见于西汉，掌兵事。魏晋时，材官为中级武吏，晋时位列六品。

己的敌人，反而帮助王弥击退刘瑞。这样一来，王弥以为石勒对他没有异心，便也不再提防石勒。石勒派人邀请王弥去赴宴会，王弥的长史劝他不要轻易犯险，王弥不从，结果酒席之上，畅饮正酣的王弥被石勒亲手斩杀。石勒收编了王弥所部，并向刘聪告发王弥谋反。石勒后来又杀了谋叛的苟晞等人。

铲除强敌后，石勒在葛陂修建房屋，劝课农耕，打造战船，准备出兵东晋国都建邺，却赶上雨势连绵，石勒军中因饥饿、瘟疫死了大半的人，而东晋的檄文却接踵而至。在这种内忧外患的情况下，右长史刁膺劝石勒先归顺东晋，等他们撤军后再另作打算。石勒又问计于张宾，张宾说："将军如果想攻克建邺，囚禁天子，杀了王后，那就是十恶不赦的大罪，这样如何才能让晋室的大臣臣服于您！去年诛杀王弥后，就不该出兵来这里。现在方圆数百里内连月降雨，预示将军不宜再留在这里。邺城有三台之固（铜雀台、金虎台、冰井台），西接平阳，四周有山河为障，我们只要挥军向北，讨伐叛逆，平定河朔，中原地区便没人能与将军您争锋。晋室守寿春，只是惧怕将军的攻击，如果他们知道将军回军，一定也会退军，不会乘胜追击。我们的辎重向北行进，大军进发寿春，只要辎重一过，大军慢慢撤退，还怕进退无路吗？"

于是，石勒的军队从葛陂出发，结果所过之处，晋军坚壁清野。石勒军中断了粮草，士卒们竟然互相残食。途径东燕时，石勒所部截获了向冰的军资，终于再度丰足，长驱直入，进攻邺城三台。三台易守难攻，张宾劝说石勒暂时放弃攻打邺城，转而占据北方的邯郸、襄国。

石勒攻陷襄国，终于在北方站稳了脚跟。刘聪封石勒为使持节、散骑常侍、都督冀幽并营四州杂夷、征讨诸军事、冀州牧，进封本国上党郡公，邑五万户，开府、幽州牧、东夷校尉如故。

【称霸北方】

石勒的强大，严重地威胁到了幽州的王濬，王濬遣都护王昌、鲜卑段就六眷等人兴兵五万征讨石勒。石勒派大将孔苌出战，大败鲜卑军队，段就六眷遣使求和。石勒同意了他们的请和，与鲜卑人结盟为兄弟。

建兴元年（313），石季龙再度攻打邺城三台，守将刘演溃逃，其他将军尽皆投降。鲜卑段氏一心一意跟随石勒，王濬的势力就此衰弱。

王濬常年坐镇北方，设置百官，骄奢淫逸，石勒早就想吞并他。按照张宾的谋划，石勒派舍人王子春、董肇等带着礼物奉表，推王濬为天子。王濬说："石公英雄豪杰，占据赵国故都，与我成鼎足之势，为什么会向我称藩呢？"王子春回答说："石将军英才，兵马强盛，但他却很仰慕您，四海也无不宾服，我们占据一隅，怎么敢不跟随您呢？石将军是无法与您

相提并论的，请您不要疑惑。”王濬大悦。这时，王濬手下的司马游统阴谋背叛王濬，投奔石勒。为了取得王濬的信任，石勒杀了游统的使者，送到王濬面前。至此，王濬对石勒的忠心深信不疑。

石勒图谋消灭王濬，却担心刘琨和鲜卑、乌丸成为后患，所以迟迟不敢发兵。张宾进言道：“出袭敌国，贵在出其不意，怎么能有这么多的顾虑？”接着，张宾分析了北方各个割据势力间的利害关系，提出刘琨和鲜卑未必会援助王濬。就这样，石勒下定决心，除掉王濬。

石勒先派人送信给刘琨，陈说自己的罪过。刘琨素来忌惮王濬，于是昭告各州郡，不救王濬。石勒兵至易水（今河北雄县），王濬仍然毫无防备，石勒所部顺利抵达蓟城。当王濬手下的大将们都请求出击的时候，王濬仍然执迷不悟，竟然说：“石公此次前来是为了奉我称帝，再敢有言迎战的斩首！”他打开城门迎接石勒。石勒却是小心谨慎，唯恐有伏兵，先驱牛羊入城，塞满街道，令幽州兵不能出战，然后率众入城，杀敌万人，俘获了王濬，送回襄国斩首。

【成就帝业】

刘聪病笃之时，召石勒为大将军、录尚书事，受诏辅政，石勒没有接受。刘聪死后，汉国内乱，最后刘曜称帝，石勒晋爵赵公。从此，石勒的势力日渐壮大，礼节、仪仗都有僭越之处。

太兴二年（319），石勒称赵王，大赦境内，减轻赋税，改元，建社稷，立宗庙。加张宾为大执法，专总朝政，为百官之首。署石季龙为单于元辅、都督禁卫诸军事。在官员的选拔和任用方面，沿用曹魏的九品中正制。

为了巩固北方的统治，石勒对幽州的鲜卑段氏用兵，派石季龙出兵厌次（今山东惠民）攻打段匹磾，段匹磾势穷难敌，只得率领臣下出降。

与此同时，东晋征北将军祖逖屯兵于谯（今安徽亳州），志在中原。祖逖长于抚纳人心，因此黄河以南的很多士庶都叛离石勒而归附祖逖。石勒忌惮祖逖，不敢用兵河南，并下诏书：“祖逖屡次犯我边境，他出身于北方士族，也许有故土之思。下告幽州，修缮祖氏祖坟，并设置两户人家守墓。希望祖逖能如汉代赵他一样感恩，停止寇盗行为。”祖逖听说后很高兴，便派人与石勒缔结盟约。从此以后，兖、豫两州太平，百姓得以休养生息。

这时，石勒的势力日渐强盛，平定周边。先有东晋镇北将军刘隗来投石勒，之后石季龙擒获徐龛，兖州刺史郗鉴畏惧，从邹山退守到下邳。琅邪内史孙默举琅邪投降，很多自守于兖州、徐州之间的人也纷纷送人质归附石勒。

祖逖死后，石勒再次为南下作准备，开始侵扰边戍。石勒的征虏将军石他打败晋军于酂西，生擒将军卫荣。东晋征北将军祖约害怕，退守寿春。石勒派遣石季龙率各路步骑兵共四万人讨伐曹嶷，曹嶷投降。青州诸郡县的堡垒或被攻克，或投降。

石勒平素喜爱文学，虽然身在军旅，却常令儒生给他读书听，他常常谈论古代帝王的善恶，颇有见地，朝贤儒士莫不称赞。石勒曾令人为他读《汉书》，听到郦食其劝刘邦立六国的时候，他大惊，说道："这个方法不妥，怎么能成就天下大业呢？"待听到张良的进谏后又说："幸好有这样的建议啊。"

随着石勒的强大，他与前赵不可避免地产生了正面冲突。刘曜在高候大败石季龙，包围了洛阳。石勒亲征，率领四万将士赶往金镛城。刘曜在此地竟无守军，石勒非常高兴，称之为天意。石季龙带领 3 万步卒攻打刘曜的中军，石堪等攻刘曜前锋，石勒亲冒矢石参加了这场战斗，大败刘曜。

咸和五年（330），石勒登基称帝，大赦天下，改元建平，迁都临漳。石勒重视人才培养，在郡国设置学官，并首创考试制度，在太学生中选拔官员。

石勒称帝后不久便生病了，且日益沉重。咸和七年(332)，石勒病逝，时年 60 岁，谥号明皇帝，庙号高祖。

后赵关内侯印

关内侯是爵位名，秦汉时设置，一般是对立有军功的将士的奖励，封有食邑，可世袭。

石季龙载记

后赵君王石季龙是中国古代著名的暴君。他篡权夺位，自立称王，凭恃武力，横征暴敛，极度骄奢淫逸。不止如此，他不仅杀光了他的叔叔石勒的后人，还让中原几十万汉人死于非命，连自己的儿子和孙子也死在他的屠刀之下。

【僭位称王】

石季龙是石勒的侄子，原名石虎，为了避讳，这里只称他的表字。

石季龙年幼的时候，石勒的父亲收他为养子，故而也有人说他是石勒的弟弟。石季龙到六七岁的时候，就有善于看相的人说他贵不可言。西晋永兴年间，石季龙与石勒失散。后来，刘琨将石勒的母亲和年仅17岁的石季龙送还至葛陂。石季龙生性残忍，终日游荡，擅长弹弓，经常以此伤人，军中都以他为毒患。石勒恼怒，竟向母亲提议杀了石季龙。其母说："矫健的牛年幼时拉车总是能把车子弄坏，你还是多包容他一下吧。"石季龙18岁时不再如先前那样恣睢放任，他矫健而弓马娴熟，勇冠当时，将领和亲贵们对他都是又敬重又忌惮，石勒也很喜欢他，拜他为征虏将军。然而石季龙残暴的性格却没有改变，他宠幸优伶郑樱桃，便杀了妻子郭氏，后来再娶崔氏，又因郑樱桃而杀了她。军中若是有武艺和谋略与自己相当的人，石季龙就要乘机加害，前前后后杀了很多人。他带兵在外，每攻陷一座城池，便将城中男女一律坑杀或斩首。为此石勒多次谴责他，他依旧故我。只是他治军有方，作战英勇，石勒很宠幸他，最后便对他的暴行听之任之。

石勒称赵王时，封石季龙为单于元辅、都督禁卫诸军事，迁侍中、开府，进封中山公。石勒称帝后，授石季龙太尉、守尚书令，进封为王，邑万户。石季龙自命功高一时，认为石勒登基后会封自己为大单于，没想到石勒却将此位授予石弘。石季龙深以为恨，私下对儿子石邃说："自从主上建都襄国以来，每有战事我都亲冒矢石。20年来，我南擒刘岳，北走索头，东平齐、鲁，西定秦、雍，平定13州。成就后赵大业的人是我。本来大单于之位应该是我的，现在却落在石弘之手，每当想到这件事，我都不能安心寝食，等到主上晏驾，我一定不会饶过石弘。"

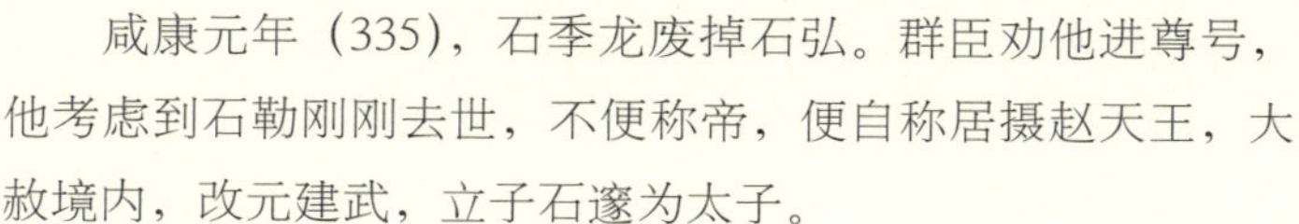

咸康元年（335），石季龙废掉石弘。群臣劝他进尊号，他考虑到石勒刚刚去世，不便称帝，便自称居摄赵天王，大赦境内，改元建武，立子石邃为太子。

【穷奢极欲】

石季龙权倾朝野，独断专行，奢侈无度，他要迁都邺城，便派牙门将张弥将洛阳的钟虡、九龙、翁仲、铜驼、飞廉徙至邺城。途中，一口钟落到河里，石季龙便派了300人潜入水中搜寻，再用100头牛将之拉出，然后用船将这些东西运到邺城。为此，石季龙非常高兴，下令囚犯减轻两年的刑罚。他在襄国修建太武殿，在邺城建造东西宫。太武殿的基台高二丈八尺，下有密室，其中安置了500名士兵。太武殿巍峨恢弘，富丽堂皇，东西75步，南北65步，漆瓦、金铛、银楹、金柱、珠帘、玉璧都是巧夺天工。他又在阳殿后修建灵风台九殿，广择天下美女充实其中，这些美女衣服华丽，竟有一万余人，内置女官十八等，教宫人们星占、马步骑射等技艺。还在于灵台设置女太史，仰观吉凶灾变的征兆，来考察外太史。此外，宫中还配备女鼓吹羽仪，杂技工巧，一切都与外廷相同。

咸康三年（337），石勒称大赵天王，立儿子石邃为天王

重装甲马画像砖·西晋

给战马罩上重装铠甲是为了使它得到保护，但沉重的铠甲也减慢了战马的奔跑速度，削弱了骑兵的冲杀力。此画像砖出土于河南省邓州市，表现了东晋十六国时期北方重甲骑兵出征的场面。

皇太子，并将原来的亲王都贬为郡公，藩王为县侯。

石邃被立为太子后，荒淫无度，沉湎酒色，骄恣无道，四处游荡，甚至夜间出没官宦之家，奸淫其妻妾。更令人发指的是他生性暴虐，不下其父。他看到装扮美丽的宫人，便会将其斩首，将头盛在盘子上传给大家看。看到有姿色的尼姑，他便与之交亵，然后再杀了尼姑，将其肉与牛羊肉放在一起煮了吃，还分给左右的人。

石季龙荒淫，耽于游玩，渐渐失了威信。石邃将那些可以呈给他看的文件呈上，石季龙生气地说："这种小事，何足呈报？"但石邃不呈报而又被他知道时，他也生气："为什么不呈报给我看？"然后杖责石邃。这种事情一个月会发生两三次。石邃深以为很，便悄悄对常从无穷、长生、中庶子李颜等说："无论做什么总是触怒大王，我想效法当年的冒顿杀了父亲，你们愿意跟随我吗？"李颜等人拜伏于地，都不敢答话。于是石邃称病不理事，暗中带了宫中五百余人来到李颜的别院，说："我要去冀州杀了石宣，不跟我去的人立即斩首。"人马行了几里地，大家便纷纷逃散。李颜叩头阻止他，石邃便昏昏醉醉地回去了。石邃的母亲郑氏听说这件事后，暗中派人责备石邃。石邃大怒，杀了来人。石季龙听说石邃生病，便派心腹的女尚书前去探察，石邃竟然拔剑刺这个女尚书。石季龙知道后大怒，叫来李颜等人诘问，李颜据实相告。石季龙诛杀李颜等三十多人，将石邃幽禁在东宫。不久，石季龙又放了石邃。石邃临朝时并不谢罪，过了一会儿就出来了。石季龙派使者问石邃说："太子应该回去，怎么现在就离开了？"石邃毫不理睬，径直而出。石季龙大怒，将石邃废为庶人，当天晚上就派人杀了石邃和他的妻儿共 26 人，埋到

四兽纹金饰·东晋

四兽（或称四鸟）分布在四角，中间骑坐一个人形纹。饰牌的左右两侧与下边又各有一个兽面纹。

同一口棺中，并改立石宣为太子。

【穷兵黩武】

称王后的石季龙志在天下，他征伐的第一个目标就是占据辽西的鲜卑段辽。石季龙招募了3万孔武有力的人，拜为龙腾中郎，以桃豹为横海将军，王华为渡辽将军，统舟师10万出漂渝津；支雄为龙骧大将军，姚弋仲为冠军将军，统步骑10万为前锋，两路大军向辽西进发。其步兵、骑兵长驱直入，来到蓟，段辽的渔阳太守马鲍、代相张牧、北平相阳裕、上谷相侯龛等四十余城守将率众投降。支雄攻安次，斩其部大夫那楼奇。段辽大惊，弃令支，逃入密云山，其左右长史也都投降石季龙。石季龙派遣将军郭太、麻秋等轻骑2万乘胜追击，擒获段辽的母亲和妻子，斩首3000人。段辽单骑出逃，派儿子上表请降。石季龙将辽西段部两千余户迁徙到雍、司、兖、豫四州，从中选拔了一些有才能的人为己所用。

此前，前燕慕容皝为对抗段辽而称藩于石季龙，而当石季龙伐段辽大军经过令支时，慕容皝却未能出师。石季龙大怒，出兵进攻前燕都城棘城，十余日也未能攻克。慕容皝之子慕容恪率领胡骑两千人出城挑战，各个城门纷纷拥出人马，四面如云。石季龙大惊，丢盔弃甲，狼狈逃回到邺城。

逃到密云山的段辽遣使诈降，石季龙信以为真，派征东将军麻秋出城百里迎接使者。同时，段辽又派使者向慕容皝请降说：“胡人贪婪而少谋略，我现在已经向他请求投降，他并没怀疑我。如果趁机设重兵，一定可以得手。”于是慕容皝派慕容恪率兵埋伏在密云山。麻秋统众3万前来，遭到慕容恪的伏击，死者十有六七。石季龙得知后又惊又怒，刚刚吃下的东西都吐了出来，当即削了麻秋的官爵。

石季龙将矛头指向慕容皝，为了讨伐前燕，石季龙令司、冀、青、徐、幽、兖、并、雍各州人家每五丁抽三人，每四丁抽两人，另有邺城原本的人马，共50万人，船只1万艘，自黄河入海，向安乐城运送1100万斛谷豆作为军粮，又将辽西、北平、渔阳三郡居民1万户徙往兖、豫、雍、洛四州之地。

前凉文王张骏忌惮势力日盛的石季龙，便派人前去朝拜。开始时，石季龙很高兴，可一看到张骏的表章，便被那倨傲的言辞激怒，竟想斩杀使者，在侍中石璞的劝说下才放回使者。

石季龙志在穷尽兵马，后赵国内马匹少，石季龙便下令禁止私人养马，违令者腰斩，就这样从百姓那里搜罗了四万多匹马充公。而他为修建邺城宫室、台观四十余所，长安、洛阳两处宫殿，征徭役四十多万人。同时，石季龙命令河南四州做好南征的准备，并、朔、秦、雍各州准备西讨的军资，青、冀、幽三州中五丁抽三，各个州最后集结士兵50万人。繁重的兵役徭役令百姓困苦不堪，非但如

此，后赵的权贵大肆经营私业，导致十分之七的百姓丧失土地、营生。17万船夫中，有三分之一的人或溺水而死，或为猛兽所害。石季龙本人游猎无度，常常晨出夜归，微服出行，亲自检查劳役情况。

石季龙虽然昏虐无道，却很仰慕汉人的经学，命人撰写石经，又令国子监祭酒为《春秋谷梁传》作注。

【苛政盘剥】

太子石宣淫虐无道，大家却不敢告知石季龙。领军王朗则直言不讳地告发石宣，石宣衔恨在心，便寻找机会加害王朗。

石季龙喜欢打猎，但是后来身体发胖，不能跨鞍，便打造了1000辆猎车，40辆格兽车。为了方便自己打猎，石季龙下令从灵昌津南至荥阳，东至阳都，凡是有打猎的，都要处以大辟之刑，并命令御史监察此事。御史趁此机会作威作福，强行霸占百姓家的美女和牛马，如果不给，御史便会诬陷他们“犯兽”，因此获罪而死的百姓竟有一百余家，海岱、河济间百姓不得安宁。

石季龙的骄奢可谓变本加厉，他发各州百姓26万人修建洛阳的宫室，又发两万头百姓家的牛来配朔州官养的牛。此外又大肆采纳美女，充实后宫，在原有的后宫女官设置基础上，又增设二十四等，东宫设十二等，诸公侯国内设女官九等。为此选了13至20岁的百姓家女子3万余人。各郡县采择美女务求美貌，因此出现抢夺已婚妇女的现象，百姓家有美貌妻子的，豪强都要抢夺，导致百姓惨死者众多。

石季龙是中国历史上著名的强盗皇帝，他和石勒都是贪心不足且不懂礼仪的人，坐拥十州之地，金帛珠玉、外国珍奇异货不可胜数，尚不知足，竟然发掘前代帝王的陵墓，盗取其中珍宝。他先是发掘了邯郸城西的春秋赵简子墓，因墓内积水太多，汲了月余而不尽，最后只得作罢。后来，他又派人去挖秦始皇陵，取了陵园内的铜柱。

【祸起萧墙】

石季龙儿子之间争夺储位，祸起萧墙。最受宠的石韬在太尉府修建宣光殿，梁长九丈。太子石宣看到后大怒，杀了工匠，然后把梁截断。石韬也很生气，又重新修了个十丈长的房梁。石宣听说后愤然不已，对心腹杨杯、牟成说：“石韬悖逆，竟敢这样违逆我！你们要是能杀了他，我便将石韬的封国食邑分封给你们。石韬一死，主上一定亲自前来吊丧，我们便就此行大事，一定能成功。”杨杯等人称是。石韬观天相，对身边的人说：“当有刺客起于京师，不知道遇刺的会是谁。”这一天，石韬在东明观大宴其僚属，酒酣，愀然长叹说：“世事无常，离别容易相聚难，今日大家一醉方休，不知下次相聚又是何时。”说着便泫然泪下，左右之人

无不唏嘘。当晚，石韬醉卧观中精舍，石宣派杨柸、牟皮、牟成、赵生等人爬着梯子偷偷潜入屋中，杀了石韬。第二天早晨，石宣向石季龙启奏石韬被杀之事，石季龙又悲又惊，进而昏厥，良久方才苏醒。石季龙要亲临吊丧，司空李农阻止说："杀害秦公的凶手恐怕不是外边的人，可能发生意外，您还是不要去了。"石季龙派兵在太武殿发丧，石宣乘着素车，带了一千随从来吊祭，却不哭反笑，命人掀开尸衾，看到尸体后大笑而去，却抓捕了大将军记室参军郑靖、尹武等人替罪。

事后，石季龙怀疑石宣害死石韬，便秘密谋划逮捕他，怕他不肯来，便谎称其母因哀伤过度而病危。石宣没想到自己已经被怀疑，不设防地入宫，结果被拘。建兴人史科告发了行刺之事，石季龙派人抓捕赵生，赵生承认了这件事情。石季龙更加悲痛愤怒，幽禁了石宣，用铁环穿过他的下颌骨锁了起来，把羹饭放在一个能盛装数斗米的木槽里，石宣只能像猪狗一样吃饭。石季龙取来伤害石韬的刀箭，舔着上边的血迹哀号，其声音震动整个宫殿。石季龙用非常残忍的方式杀死了石宣，他在邺城北积柴，让石韬的亲信宦官拽着石宣的头发，抽出他的舌头，登上柴草堆，再用绳子穿过他的下颌吊起来，砍断他的手足，刺瞎他的眼睛，就像石韬所受之伤一样，最后放火烧死石宣。不仅如此，石季龙还让后宫昭仪以下数千人登台观看行刑，最后还杀了石宣的妻子、儿子以及他身边的宦官。之后，石季龙立石世为皇太子。

经历了儿子之间的萧墙之祸，石季龙病情加重，病重之时，以石遵、石斌、张豺辅政。石世的母亲刘氏怕石斌威胁到石世，便与张豺合谋废了石斌。石季龙回光返照时，不见石斌，也不知道石斌被废的事情，身边的人只推说石斌酒醉，不能入见。石季龙命人去接石斌，也没人前往，最后昏然睡去。于是张豺派人杀了石斌，不久，石季龙病逝。

论赞

史臣曰：石季龙无德无义，幼时就轻佻残忍，篡夺帝位。做了皇帝后穷奢极欲，干戈不息，严刑峻法，大兴土木，使百姓徭役繁重。不久，父子生隙，兄弟失和，自相残杀，被天下取笑。

赞曰：晋室衰微，各少数民族争衡。石氏狡诈，穷兵黩武，祸乱中原，掠县屠城。原本都是强盗行径，最终却成就功名。若不论其凶残，也可被称作一时英杰。石季龙篡位淫虐，恶贯满盈，最终身死国亡。

卷一百八

慕容廆载记

鲜卑族世代居住在北方，被人们称作东胡。后来鲜卑人和匈奴一并强盛，渐渐发展壮大，其风俗习惯也大致与匈奴相同。秦汉之际，鲜卑为匈奴所败，退居鲜卑山，因此以鲜卑为号。慕容氏则是十六国早期最强大的一支鲜卑后裔，先后建立四个政权。慕容廆是其中第一个政权即前燕的建立者。

【起兵辽西】

慕容廆，字弈洛瓌，鲜卑人，祖籍昌黎棘城（今辽宁北票）。少年时的慕容廆身材魁伟，容貌英俊，身长八尺，雄才大略，颇有度量。安北将军张华素来有知人之名，少年慕容廆曾去拜访他，张华很惊异地说："你长大后一定会成为匡扶社稷的人才。"慕容廆的父亲去世后，慕容廆的弟弟慕容耐篡位为王，并想谋杀慕容廆，慕容廆出逃流亡。后来，国人杀了慕容耐，迎立慕容廆。

慕容廆继位之初，为了报父仇，向朝廷提出出兵攻打宇文鲜卑。晋武帝司马炎不同意，慕容廆大怒，直接出兵辽西，杀掠甚众。于是司马炎派幽州诸军讨伐慕容廆，慕容廆大败。此后，慕容廆出兵寇略昌黎，连年征战，后来又率众东伐扶余，逼得扶余王依虑自杀。慕容廆荡平扶余国都，驱赶一万余扶余人而回。在西晋的帮助下，依虑的儿子复国。慕容廆对众人说："我的先祖一直以来都尊奉中原国家，况且中华和我们边陲之地区别很大，势力强弱也很明显，我们怎么能和晋室抗衡？为什么还要连累百姓呢？"于是遣使降晋。

西晋元康四年（294），慕容廆迁都大棘城，同时带领国中百姓学习中原地区的农桑，法制也同于西晋。

太安初年，宇文莫圭派弟弟宇文屈云骚扰慕容氏的边城，宇文屈云的别帅大素延进攻慕容氏的其他诸部，慕容廆亲自率兵抵御。大素延率10万大军围攻棘城，人们无不畏惧，丧失斗志。慕容廆说："敌军虽然人多，但军中缺少法制约束，已经落入我的计谋之中。你们只要力战就可以，其他的不要担心。"在慕容廆的动员下，大家全力以赴，大败大素延，慕容军追出百里，俘虏、斩杀一万余名敌人。

【扫平东北】

永嘉元年（307），慕容廆称鲜卑大单于。建兴年间，晋愍帝派使者拜慕容廆为镇军将军，昌黎、辽东二国

公。永嘉之乱后，晋室南迁，琅邪王司马睿称制。征虏将军鲁昌劝慕容廆说："现在两京倾覆，天子蒙难，琅邪王在江东称制。明公您雄踞海朔，称霸一方。现在很多人倚仗人多，不遵教化，自以为强。您应该派人去琅邪王那儿劝他称帝，然后就可以以皇帝的命令去讨伐那些有罪的人，到时谁敢不从！"慕容廆听从了鲁昌的建议。

慕容恪

慕容恪（321 ~ 367），字玄恭，慕容廆的孙子，前燕杰出的政治家、军事家、统帅，十六国时期的第一名将。

当时北方二京倾覆，幽州、冀州沦陷，慕容廆则修明政治，虚怀引纳。中原很多流亡士庶都来归附，慕容廆专门设置郡来安排这些人，冀州人为冀阳郡，豫州人为成周郡，青州人为营丘郡，并州人为唐国郡。慕容廆大力提拔这些汉族人才，以河东裴嶷、代郡鲁昌、北平阳耽为谋主，对北海逄羡、广平游邃、北平西方虔、渤海封抽等人均委以重任。在慕容廆的倡导下，鲜卑人开始学习中原的礼仪。

平州刺史、东夷校尉崔毖秘密结交高句丽和宇文、段两部鲜卑，图谋联合灭掉慕容廆，瓜分其地。太兴初年，三方果然出兵伐慕容廆。慕容廆说："他们相信了崔毖的话，只为了一时的利益，聚集了一群乌合之众，既不统一，又不能互相归服，我一定能打败他们。"于是，高句丽、宇文部、段部攻打棘城的时候，慕容廆闭门不战，派遣使者送牛酒犒劳宇文部，在众人面前说："昨天崔毖有使者到了。"果然，高句丽和段部开始怀疑宇文部勾结慕容廆，引兵而归。宇文部统帅宇文悉独官说："那两国虽然撤兵，我当独自兼并慕容氏，何用别人帮忙？"继而率众兵临城下，联营三十里。慕容廆派儿子慕容皝率精锐向前，慕容翰带领精骑为奇兵，从旁道出兵，直接冲陷敌营，自己则率众而进。宇文悉独官自恃兵多，并不设防，见慕容廆的军队到了，才率兵出击。前锋刚刚交战，慕容翰已经进入其后营，纵火焚烧，宇文氏众人无不震惊，不知所措，宇文悉独官独身逃脱，其余部曲尽皆被俘。

晋元帝司马睿派使者加封慕容廆监平州诸军事、安北将军、平州刺史，增邑二千户。后加使持节、都督幽州东夷诸军事、车骑将军、平州牧，进封辽东郡公，邑一万户，常侍、单于并如故；丹书铁券，承制海东。

咸和八年（333），慕容廆去世，时年 65 岁，在位 49 年，谥襄。慕容儁称帝后，追谥他为武宣皇帝。

卷一百十三至卷一百十四

苻坚载记

永嘉之乱，结束了西晋王朝短暂的统一，北方再度陷入战火之中。北方少数民族的兴起，将华夏历史带入一个新的时代——五胡十六国时期。在这些政权分立的少数民族中，一统五胡的，就是氐人建立的前秦。实现统一的苻坚，是中国古代杰出的政治家、军事家。他的文治武功足以光耀后世，却在淝水之战兵败后一蹶不振，最终英雄末路，凄然去世。

【励精图治】

苻坚，字永固，其祖父是前秦的建立者苻洪。苻坚出生时，庭院中笼起一道奇异的光芒，他背上隐隐可见文字：草付臣又土王咸阳。他相貌奇伟，长臂过膝，眼睛是紫色的，幼时便卓尔不群，七岁聪明好施，行为举止中规中矩，常常陪在苻洪身边，为祖父出谋划策。高平人徐统会看相，有一次他在途中邂逅苻坚，大感惊讶，拉着苻坚的手说："苻郎，这是官家的御街，你一个小孩子怎么能在这里玩耍，不怕司隶校尉抓你吗？"苻坚说："司隶校尉抓的是罪人，不抓玩耍的小孩。"徐统对身边的人说："这个孩子有霸王之相。"事后，徐统又悄悄对苻坚说："你的骨骼不俗，日后一定大贵。"苻坚回答："如果真如您所说，我不敢忘记您的大德。"八岁时，苻坚自己请求找老师教授学问。苻洪非常高兴，说："戎狄之人只知道饮酒，难得你居然能想到学习。"

苻洪去世后，苻坚的伯父苻健继承王位，拜苻坚为龙骧将军。此时的苻坚威信日著，他为人孝顺，博学多才，志向远大，结交了很多豪杰，王猛、吕婆楼、强汪、梁平老等王佐之才聚集在他麾下。

苻健死后，其子苻生继位。苻生是历史上著名的暴君，性嗜杀人，凡有规谏的人，他都残忍地将其杀害。太原薛赞、略阳权翼等人对苻坚说："今上昏庸暴虐，尽失人心。自古以来，有德者昌，无德者殃。皇位重任，不能被他人窃取，愿您像汤武那样诛杀暴君，顺应天意民心。"苻坚深以为然，结纳心腹，杀了苻生。在众人的推举下，苻坚登上大秦王位，诛杀奸佞，大赦境内，改元永兴。甫登大位，苻坚便显示出非凡的政治才华，他励精图治，劝课农桑，设立学校，凡是那些鳏寡孤独年高不能自理的人，皆赐予粮食布帛。一时之间，苻坚的才华、品格、功业为人们传颂。

苻坚迁都长安，治国兢兢业业。时逢大旱，苻坚命令裁减王室膳食，金玉罗绮等财物都分给战士们，后宫不得穿着罗纨，衣裙不可垂地。同时，他实行休养生息的政策，与民休整，开垦山泽，所获之利也分与百姓。

在用人方面，苻坚破格提拔了王猛，对之亲厚无比，信任有加。当王猛遭到亲贵排挤甚至侮辱时，苻坚毫不犹豫地站在王猛这一边，惩治权贵，为王猛树立了威信。终于，在王猛的治理下，前秦上下秩序井然，路不拾遗，夜不闭户。

【平灭前燕】

兴宁三年（365），前燕少帝慕容暐派太宰慕容恪进攻洛阳，攻占崤、渑。这严重地威胁了前秦，苻坚亲自率兵屯于陕城以拒前燕。这时，匈奴、乌延等也纷纷起兵叛乱，苻坚派兵出击，将其一一平叛，又派王猛、杨安率众两万人出兵荆州、北边诸郡。

太和四年（369），权臣桓温第三次北伐，攻打前燕，大败慕容暐，慕容暐以割地为条件向苻坚求救。苻坚就势与之联合，派大将苟池率兵两万救援，击退桓温。结果，桓温退兵后，慕容暐不守信用，不想割让先前许诺的武牢之地。苻坚大怒，派王猛等人率步兵、骑兵3万人，以投降的前燕贵族慕容垂为向导，出兵讨伐前燕。在王猛的指挥下，前秦军队在荥阳大败前燕。

宣文君授经图·明·陈洪绶

宣文君是前秦女经学家，苻坚赐号宣文君。宣文君出身于儒学世家，是中国古代历史上第一位女博士，苻坚曾令120名学生从她受业，使周官学得以保存流传。画中，苻坚请宣文君传授礼乐。

翌年，苻坚再次以王

猛为帅，率领杨安、张蚝、邓羌等十位大将，以步兵、骑兵6万人讨伐前燕。出征前，苻坚亲自将王猛送到霸东，对他说:“我将精兵重任授予你，你可以带兵从壶关、上党出潞川，这是一举破敌的良机，正所谓迅雷不及掩耳。我当亲自率领大军支援你，你我在邺城（前燕国都）相会。我已经派漕运督办物资了，你不必有后顾之忧。”王猛说：“臣才智平庸，又无德行，蒙陛下隆恩，侍奉驾前，统领兵马，仰仗祖先的庇佑和陛下的神机妙算，区区残虏不足为虑。但愿不劳动陛下的大驾，臣虽然没什么本事，但也会不日攻克前燕。”就这样，大军出发，杨安进攻晋阳，生擒并州刺史慕容庄，王猛亲自攻壶关，活捉上党太守慕容越，所过之处，敌军望风投降。前燕前来增援的慕容评也因忌惮王猛而不敢进兵，只能屯兵潞川。王猛派游击将军郭庆率领精锐五千人，趁着夜色绕到慕容评军营之后，在山上放火，烧毁了前燕的粮草辎重。火势之猛，连远在邺城的慕容暐都能看到。慕容暐害怕，遣使责备慕容评，并催促他出兵。王猛知道慕容评在卖水鬻薪，封山禁泉，把潞城的马鞍山和辛庄泉封住卖水，发国难财，使得民心尽失，军无斗志。王猛知道这是可乘之机，加上慕容评又求战，于是在十月二十三日于阵前誓师，之后，前秦将士破釜沉舟，勇不可当，大败慕容评，斩获敌军5万人。王猛乘胜追击，围困邺城。捷报传到长安，苻坚留太子坐镇长安，苻融守洛阳，他亲率大军十万赶赴邺城。大军所至，如摧枯拉朽，不日攻陷邺城。慕容暐逃跑，被大将郭庆捉回。自此，苻坚平灭了北方最强的前燕。

大秦龙兴化牟古圣瓦当·前秦

瓦当是屋檐最前端的一片瓦，瓦面上带有花纹，垂挂圆形的挡片，起保护木制飞檐和美化屋面轮廓的作用。这块陶瓦当上的文字内容是称颂前秦功业，应当是官府用瓦，直径17.5厘米，现藏于陕西历史博物馆。

【统一北方】

灭掉前燕后，前秦再一次休养生息。之后，苻坚的兵锋指向其西方的前凉。东晋太元元年（376），苻坚以凉王张天锡表面臣服，却派兵进犯河西而出兵讨伐前凉。前凉上下同仇敌忾。苻坚派大将梁熙、王统从清石津渡河，大败前凉骁将梁粲。张天锡又派征东将军掌据和马建率军3万驻扎洪池，他自己亲自率中军3万驻守金昌城。苟苌命姚苌率3000人为前锋，袭击掌据、马建，不久，马建率所部投降，掌据被害。张天锡又派司兵赵充哲为前锋，率众5万，与姚苌展开大战，结果大败而归。张天锡惧怕前秦势力，上表请降。姚苌兵至姑臧，张天锡自缚出降。继前燕之后，前秦再次剿灭前凉。

前凉覆灭后，苻坚马不停蹄，又派安北将军、幽州刺史苻洛为北讨大都督，率领10万幽州兵，出兵征讨北方代国的什翼犍。又派后将军俱难与邓羌等率步兵、骑兵20万东出和龙，西出上郡，直取代国国都。什翼犍战败，顺水路逃跑，苻坚一路追赶，将什翼犍赶入阴山。在走投无路的情况下，什翼犍的儿子绑缚了父亲，出降苻坚。代国为鲜卑人所立，风俗落后，苻坚平灭其土后，在那里建立了衙署、官员，令当地百姓都从事营生，征调徭役，还特别免除了百姓三年的税租。不仅如此，苻坚还将什翼犍带到长安，令他进入太学学习礼仪。

随着前秦的不断壮大，苻坚逐渐平定了北方的各个少数民族政权，在永嘉之乱后，北方第一次统一。这时的前秦，国力殷实，苻坚也日渐骄奢起来。上朝时，苻坚在正殿前悬挂珠帘，宫殿、车马、衣服饰物都以珠玑、宝石、珍玩装扮。尚书郎裴元略进谏道："臣听说尧舜住的都是茅草屋子而鄙夷雕栏画栋的宫殿，轻贱金玉珍宝金帛而体恤民力，劝课农桑，抛弃那些华而不实的器皿，修身德政以怀纳天下，终于九州一统，天下归心。百姓安居乐业、天下一统，这是臣的心愿。"苻坚听罢十分高兴，从谏如流。

【淝水兵败】

就这样，前秦国力强大，周边四夷小国纷纷来朝，无形中助长了苻坚的野心。于是，苻坚召集群臣，商议南征平灭东晋。朝堂上下，只有秘书监朱彤支持他。左仆射权翼谏阻说："以商纣王的无道，武王才兴兵讨伐。如今晋室虽然衰微，但还没听说他们有什么丧德的行径，反而他们君臣和睦，上下一心，而且谢安、桓冲等人都是江表的人才。他们内外和睦，不可以图谋。"太子左卫率石越也说："晋室有长江之险，皇帝又没有昏聩之处，难以撼动，我们应该内修德政，不可轻易出兵。"虽然反对的人很多，苻坚还是坚持伐晋，他说："我听说武王伐纣时也是天象有逆，夫差丧国，最终为勾践所灭，孙权据有江左，孙皓还是

一朝亡国，就算有长江之险，又有什么用！我率大军，投鞭江中，便能阻断江流。”大家众说纷纭，苻坚只好留下苻融单独商议。苻融说：“第一，如今岁镇在斗牛，这是吴越之福；第二，晋主休明，朝臣用命；第三，我们连年征战，兵士疲敝，已经有了惧怕之心。如果出兵，必然为社稷之忧。”说着，苻融哭了，接着又说：“陛下善待鲜卑、羌、羯等人，而我族的旧人却被赶到边远的地方。如果我们倾国出兵，一旦这些异族人反叛该怎么办？他们才是我们的仇人啊。我智术短浅，说的话不足采纳，可王景略（王猛）临终前也是这么说的。”然而，此时的苻坚已然听不进这些相左的意见，他一意孤行，于前秦建元十八年（382）出兵南征。

苻坚征调壮丁，派征南将军苻融、骠骑将军张蚝、抚军将军苻方、卫军将军梁成、平南将军慕容暐、冠军将军慕容垂率步骑 25 万为前锋。苻坚亲率戎卒 60 余万，骑兵 27 万，从长安出发，队伍前后千里，旗鼓遮天蔽日。战事之初，前秦势如破竹，苻融攻陷了寿春，活捉东晋平虏将军徐元喜、安丰太守王先；慕容垂攻陷了郧城，斩杀东晋将军王太丘。其他诸将也各有斩获。东晋派都督谢石、徐州刺史谢玄、豫州刺史桓伊、辅国将军谢琰等率领水陆军 7 万人，与前秦大军隔水相望。

苻坚与苻融登临高处，观望东晋军容，只见阵列整齐，将士精锐，抬头望向八公山，草木高而密，仿佛人形。苻坚草木皆兵，惊讶地说：“那边也有劲敌，怎么能说他们兵少呢。”这个戎马半生、无往不利的前秦帝王竟然隐隐生出惧意。

苻坚派原襄阳守将朱序劝降谢石。朱序见到谢石后，非但没有劝降，反而将前秦的军情透露给晋军，并建议趁着前秦的大军尚未集结之时，速战速决，只要挫败他们的前锋，就能取得胜利。这时，前秦的张蚝陈兵逼近淝水，阻断晋军去路，使得晋军不能渡河。谢玄便派使者对苻融说：“您带兵深入，在水边布阵，这是打持久战的方式，如果您能率部稍稍退后一点，让我们的队伍渡河，再一决胜负，这样不是很好吗？”苻融中计，下令全军后退。没想到刚刚撤退，朱序便在后军大喊：“秦军失败了。”秦军士卒无不惊恐，后退一下子变成溃败，任凭苻融如何遏制，都不能阻止士卒的溃逃，苻融本人也死在乱军之中。晋军乘胜追击，一直追到青冈，秦军伤亡惨重，死者相枕。在这场战斗中，苻坚为流矢射中，单骑逃回淮北，狼狈不堪。他对夫人张氏说：“朕若是听大臣们的劝说，怎么会有今日之事，如今教我有何颜面对天下？”说罢，苻坚潸然泪下，忽闻风声鹤唳，以为又是晋军杀到。

【英雄末路】

正史中，还有这样一个关于苻坚的爱情故事。当年苻坚兵克邺城，

灭掉前燕的时候，前燕皇帝慕容暐之弟中山王、大司马慕容冲年仅 12 岁，相貌清秀，他 14 岁的姐姐清河公主也是美貌异常，苻坚竟然将两人同时收入后宫。姐弟专宠，其他的宫人不能与之相争。当时长安曾有这样的民谣："一雌复一雄，双飞入紫宫。"王猛担心这早晚会成为祸乱，便力劝苻坚将慕容冲遣出宫。慕容冲小字凤皇，他离开皇宫后，苻坚很思念他，传说中的凤皇（即凤凰）非梧桐不栖，非竹子不食，苻坚便在阿房城中种了 10 万株桐竹，以寄托对慕容冲的思念之情。

淝水之战后，前秦元气大伤，先前收服的鲜卑、羌等少数民族纷纷反叛。首先是慕容垂逃回前燕故地，羌族首领姚苌也起兵崛起，北方再度陷入四分五裂的局面。最后，苻坚陷入困守孤城的境地，而那个兵临城下的人就是慕容冲。十年未见，苻坚犹忆当年的情意，派使者送慕容冲一领锦袍，说："你远路而来，应该很劳顿吧，如今送你锦袍一领，表明我的心意。朕与你是何等情分，怎么一朝之间便至如此。"慕容冲则遣使回复说："现在我志在天下，怎么会稀罕你这一领袍子的小恩惠。你要是知道天命的话，就束手投降，我也会善待你们，以报你当年的照顾。"苻坚大怒，说："当年我不听王猛、苻融的劝说，才会使鲜卑人有今天。"

苻坚困守城中，终于粮草断绝，城中百姓死亡无数。慕容冲登临长安城，苻坚身着甲胄亲自督战，最后留下太子守城，自己奔出长安。

苻坚逃到五将山，被姚苌包围。最后，苻坚身边只剩下十余个侍卫，被姚苌缢死在一座寺庙中，时年 48 岁。

淝水之战

卷一百十四

王猛传

在东晋十六国这个风雨飘摇的乱世中，起于微末的王猛，以其经天纬地的才能，辅佐少数民族首领苻坚荡平北方，经世济民，于乱世中缔造一个升平天下，出将入相，功高震国，被誉为千古名相。苻坚更是将他比作诸葛亮，君臣二人在这样一个动荡的年代，续写了当年刘备与孔明的鱼水君臣佳话。

【择主出山】

王猛，字景略，北海剧（今山东寿光）人，家住魏郡。王猛出身微贱，家境贫寒，以卖畚箕为生。王猛在洛阳卖畚箕的时候，碰到一个愿出高价的买主，但这人却没带钱，请王猛随他回家取钱。王猛随他而去，进入一座深山，看到一位须发皆白的老人，踞坐在胡床上，左右有十几个人，其中一人引王猛进拜。老人说：“王公怎么能拜我呢？”王猛离开后才发现，这原来是嵩山。

王猛姿容伟岸英俊，博学，喜好兵法，性格谨慎严肃，气度恢弘，从不关注细枝末节的小事，也不与志趣相异的人交往。年少时，王猛曾游学于邺城，人们都没看出他的特别之处，只有徐统认为他是人才，召为功曹。王猛却未应召，而是隐于山间。王猛有王佐之志，希望能得到一位明主，所以深深蛰伏，等待时机。桓温入关后，召王猛谈话，王猛一面口若悬河地谈论天下大事，一面旁若无人地捉虱子。桓温知道他非同寻常，便问：“我奉天子之命，率领精锐之师10万，秉承大义而讨贼，为百姓清除残贼，但是三秦的豪杰却不归附我，这是为什么？”王猛说：“您不远数千里来到敌人的府邸，长安近在咫尺，可您却不渡过灞水攻取长安，百姓们看不穿您的心思，所以不敢轻易前来。”听了王猛暗含玄机的话，桓温默然，不知道该说什么好。桓温离开之前，赐给王猛车马，拜他为高官督护，请他一道南下。王猛回到山中咨询师父，他的师父说：“你与桓温怎么可能同列？这里自然有富贵，何必远行。”就这样，王猛没有跟随桓温。

前秦苻坚素有远大志向，听说王猛的才名后，派吕婆楼前去招他。结果，苻坚对王猛一见如故。谈话中提到国家兴废大事的时候，两人十分契合，就好像当年刘备遇到诸葛亮一样。苻坚称帝后，以王猛为中书侍郎。当时前秦境内有很多西归的人，盗贼肆虐横行，苻坚转王猛为始平令。甫一上任，王猛雷厉风行，以严刑峻法严惩豪强。为了警示豪强，王猛鞭杀了一名官吏，结果下边有人联名上书，有官吏便弹劾了王猛，王猛被投入监狱。

苻坚亲自审理这件事情，他对王猛说："为政之体，德化为先，你到任不久却杀了那么多人，何其残酷啊！"王猛说："臣听说宰相用礼制来维持国家安宁，用法制来治理乱邦。陛下不嫌弃我没有才能，而让我管理地方，我只想为明君剪除凶残狡猾的恶徒。现在刚刚杀了一个奸佞之人，剩下数以万计，陛下若认为臣不能将这些残暴的人尽皆铲除，肃清法度，那我甘愿受死，以此谢罪。但是酷政这个罪名，臣实在不敢接受。"听了王猛的话，苻坚大为感动，他对群臣说："王景略就好像昔日的管仲、子产。"于是赦免了王猛。

王猛

"关中良相惟王猛，天下苍生望谢安。"王猛是一代奇才，有人甚至认为他超过了诸葛亮。

【出将入相】

再次起用王猛后，苻坚加封王猛为尚书左丞、咸阳内史、京兆尹，没过多久，再次加封吏部尚书、太子詹事，之后又迁尚书左仆射、辅国将军、司隶校尉，加骑都尉，居中宿卫。这一年，王猛只有 36 岁。一年之间五次升迁，王猛权倾内外。那些宗亲贵戚、老臣旧部无不震惊妒忌，对苻坚过度宠信王猛表示不满。尚书仇腾、丞相长史席宝多次在苻坚面前诋毁王猛，苻坚大怒，罢黜仇腾为甘松护军，席宝以白衣的身份领长史。氐族豪强姑臧侯樊世自恃功劳，当众侮辱王猛说："我们这些人随着先帝共创大业，尚无大权，你无汗马之劳，怎敢专管大任？难道是我种好庄稼，让你来吃吗？"王猛针锋相对地说："还要你当屠户，岂止只是种地的。"樊世大怒说："我一定让你的头颅悬在长安城的城门上，如果做不到，我就枉活于世。"王猛将这话告诉了苻坚，苻坚怒道："我一定杀了这个老氐，这样百官才能整肃。"后来，樊世入朝奏事时，苻坚对王猛说："我想把公主嫁给杨璧，不知道杨璧这个人怎么样？"樊世勃然大怒，说："杨璧是我的女婿，婚姻已定，陛下怎么能把公主嫁给他！"王猛责备樊世说："陛下富有四海，你竟然敢与陛下争这场婚姻，真是不分上下尊卑。"樊世气得一跃而起，就要打王猛，左右的人连忙止住。樊世骂了王猛很多难听的话，苻坚怒不可遏，便斩了樊世。那些氐族权贵纷纷抗议，争说王猛的不是，苻坚更加生气，便大骂这些人，甚至在大殿上鞭打诋毁王猛的人。大臣权翼进谏说："陛下宽宏大度，善于驾驭英豪，应该记住他们的功劳，忽视他们的过失，这才有汉高祖的风范。"苻坚笑道："这是我的过失。"此后，朝廷上下没有人敢不服从，谁也不敢再说什么，都很忌惮王猛。不久，苻坚再次升王猛为尚书令、太子太傅，加散骑常侍。王猛多次上表辞让，苻坚坚持不许。而后又转司徒、录尚书事，其他官职如故。王猛以无功劳，坚持不肯接受。

讨伐辽西慕容鲜卑的时候，苻坚以王猛统率诸军。王猛军纪严明，对百姓秋毫无犯。王猛的队伍未到邺城前，那里盗贼横行无忌，王猛大军一到，远近无不服从，前燕百姓也因此过上安宁的日子。凯旋之后，苻坚进封王猛为清河郡侯，赐以美妾 5 人，上等女妓 12 人，中等女妓 38 人，马 100 匹，车 10 乘。王猛上疏固辞不受。

王猛见桓温·清·马殆

桓温北伐入关，王猛着破衫拜见，一面扪捉虱子，一面与桓温纵论天下大事。

灭掉前燕后，苻坚留镇冀州，派遣王猛在六州境内见机行事，于各地召集人才，出任关东地方官吏。

回朝后，王猛被任命为丞相、中书监、尚书令、太子太傅、司隶校尉，持节、常侍、将军。王猛上表辞让了很久，苻坚说："卿早年为布衣的时候，就有经天纬地之才，朕那时刚刚弱冠，时值乱世，朕第一次见到卿，就看到卿的过人之处，认为你就是卧龙。卿辅政以来，已经二十多年了，在内将国家治理得升平安定，在外荡平群凶，平定天下。朕从容地看着卿发挥才能，济世建功，舍你其谁？"几年之后，苻坚又授予王猛司徒之位。王猛再次上疏谦让辞谢，苻坚坚决不从，王猛受命。此时，前秦内外一切军机国务，事无巨细，都由王猛一人统领。

【权倾一朝】

王猛身为宰相，执政期间免去那些工作不尽职尽责的人，选举贤才，对外整顿军务，对内推行儒学，劝课农桑，教化百姓知廉明耻。没有罪过的人，不会加以刑罚，没有才能的人，不会予以任用，人才都能加以任用。前秦兵强国富，安定太平，都是王猛治国的结果。苻坚曾对王猛说："你这样勤政，日理万机，我得到你，就好像文王得到太公一样，我将安然悠闲地度过余年。"王猛说："想不到陛下竟然这样作比，太言过了，臣怎么能跟古人相比？"苻坚说："在我看来，将你比作太公，不足为过。"他还常常对太子苻宏、儿子长乐公苻丕等人说："你们对王公，就要像对我一样。"

王猛做事严谨，事无留滞，性格刚明清肃，善分善恶。然而，早年对他有恩或是有过的人，无论大小，他都要报复，当时的人常常以此批评他。

王猛生病时，苻坚亲自在南北郊坛、宗庙、社稷祭祀，还派侍臣祭祀山河，一应礼仪，无不周全。而王猛的病情不见好转，苻坚便大赦境内。王猛的病情愈来愈重，他上疏谢恩，却不忘谈及时政，许多言论都裨益政务。苻坚看后感动得流眼泪，见此情景，苻坚身边的人也为之动容。到王猛病危时，苻坚亲自探病，询问他的身后事。王猛说："晋室虽然偏安在吴越之地，但他们毕竟是天命正朔，而且君主仁慈，对周边友善，这是为政最重要的。臣死之后，希望陛下不要图谋晋室。鲜卑、羌虏才是我们真正的敌人，早晚会成为祸患，应该尽早剪除，以安社稷。"说完这些，王猛病逝，时年51岁。苻坚痛哭不已，装殓下葬之时，三次亲临，对太子苻宏说："难道是上天不想让我平定天下扫平六合吗？为什么这么早就夺取我的景略啊！"接着，苻坚赐下葬具。王猛的葬礼规格依照汉朝大将军霍光的旧例，谥号武侯，朝野人士在里巷中聚哭三日。

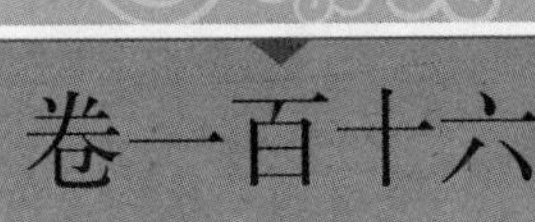

卷一百十六

姚苌载记

西晋末年，北方的少数民族纷纷驰骋中原，竞相逐鹿，他们或封疆裂土，或驱除异族，相继在北方建立了自己的政权。羌族人姚苌以前秦部将起家，占据前秦故地，建立了后秦。虽然他受恩于苻坚，后来却反噬其主，为后人所诟病，可他运筹帷幄的智谋也使他留名青史。

【占据秦川】

姚苌，字景茂，羌族人，是姚弋仲的第二十四个儿子，少年时便很聪慧，多权谋策略，率性不羁，但却不务正业，兄弟们都觉得他很特别。姚苌曾跟随姚襄征战，经常参与作战策划。姚襄死后，姚苌带着弟弟们投降了苻生，苻坚封姚苌为扬武将军，镇守各地。作为苻坚手下的将领，姚苌屡立战功。

淝水之战后，苻坚兵败回到长安，元气大伤。鲜卑慕容氏首先起来反叛，姚苌奉命拒敌，吃了败仗。苻坚大怒，杀了姚苌的使者。姚苌害怕，叛逃到渭北，在西州豪族的推举下当了盟主。

这时，慕容冲率众攻打前秦，与苻坚对峙城下。姚苌想西进，又怕慕容冲阻止，便派使者与之通和。慕容冲兵临长安城的时候，姚苌便开始计划如何进兵。部下建议先占据咸阳。姚苌却说："燕军为了复国而起兵，一旦成功，一定会东归故土，怎么可能长久地留在秦川？我想移兵岭北，充实军备物资，等到前秦疲敝，燕军东回，则秦川唾手可得，兵不血刃，就能坐定天下。"

慕容冲大败苻坚，苻坚被逼得弃城而逃，遁入五将山。慕容冲进入长安，苻坚手下的司隶校尉权翼、尚书赵迁、大鸿胪皇甫覆、光禄大夫薛赞、扶风太守段铿等数百名文武官员投奔姚苌。姚苌派骁骑将军吴忠率领骑兵围困苻坚，自己则兵至新平。吴忠活捉了苻坚，将他送到姚苌面前。

后来，慕容冲果然挥师向东，长安城空虚，卢水郝奴便在长安称帝。姚苌率军攻取长安，郝奴投降。

【开元称帝】

太元十一年（386），姚苌在长安称帝，建立政权，大赦境内，改元建初，国号大秦，史称后秦，改长安为常安。姚苌来到安定，修德政，在百姓中广施恩惠，休养生息，回到秦州后与前秦君主苻登交战，大败。后来，姚苌俘虏了前秦的雍州刺史徐嵩。姚苌手下大将姚方成劝徐嵩投降，徐嵩大骂姚苌。姚苌知道这件事后竟然掘开苻坚墓，将其拖出鞭尸，又扒掉衣服，用荆棘裹起来，随便找了地方埋起来。

苻登逼近安定，诸将劝姚苌决战，姚苌说："与穷寇争胜是兵家的大忌，我要用计破敌。"他率兵连夜赶往大界，劫掠了苻登的辎重。诸将领想趁着苻登阵脚大乱的时候偷袭，姚苌却说："苻登所部虽然乱了，但怒气很盛，不可轻敌。"于是作罢。

氐族人魏褐飞自称大将军、冲天王，率众万人进攻安北。将军姚当城于杏城，雷恶地响应，攻镇东将军姚汉得于李润。姚苌与众人商议退敌，大家说："陛下不担心近在六十里的苻登，怎么反而忧虑远在六百里以外的魏褐飞？"姚苌说："苻登不是一时之间可以剿灭的，我的城池也不是苻登能攻破的，但雷恶地南引褐飞，东结董成，如果得到杏城，则长安东北之地必然沦丧。"结果，姚苌用骄兵之计，出其不意攻打魏褐飞后方，以少胜多，大败敌军，斩褐飞，恶地请降。

姚苌与苻登多次交战，屡战屡胜，最后终于在安定东大败苻登。

在回长安途中，姚苌生了重病，梦到苻坚带领数百名天官使者、鬼兵冲入他的营中，姚苌又惊又惧，慌忙逃入宫中，宫中守卫持矛要去刺鬼，却误中姚苌阴部，鬼兵说："正好刺中要害。"说完拔出矛，姚苌血流如注，整整流了一石血。姚苌惊醒，阴部肿胀，医生用针刺，流出脓血，就如梦中一样。姚苌开始胡言乱语，说："臣是姚苌，杀陛下的是我兄长姚襄，不是我的罪过，您不要冤枉臣啊。"

姚苌病重，自知命在旦夕，回到长安后，便召来太尉姚旻、尚书左仆射尹纬、右仆射姚晃、尚书狄伯支等人，遗命辅政。死前，他对儿子姚兴说："如果有说这些人坏话的，你不要轻易相信。用仁德对待子嗣，用礼遇对待大臣，对事情要以诚信为本，对百姓要施以恩惠，如果你能做到这四点，我就没什么担心的了。"太元十八年（393），姚苌病逝，时年 64 岁，谥号武昭皇帝，庙号太祖，葬于原陵。

前秦雁门太守印、后秦朔方护军印

卷一百二十

李特载记

西晋永嘉之乱后，北方少数民族大举南下，晋室内忧外患，被迫南迁，各个少数民族纷纷建立自己的政权。从4世纪初到北魏统一北方，与东晋对峙的一共有16个政权，他们浮沉于乱世，留名于青史。成汉是十六国中唯一一个南方割据政权，李特虽然不是成汉的开国君王，却是这个政权真正的缔造者。

【统率流民】

李特，字玄休，賨人，祖籍巴西宕渠（今四川渠县东北）。少年李特在州郡做官，身高八尺，雄武而擅长骑射，性格沉稳弘毅，很有度量，当时的人都觉得他与众不同。西晋元康年间，氐族人齐万年反叛，又逢饥荒，百姓流离失所。李特随着流民入蜀，来到剑阁，看着气象万千的险要地势，他感慨地说："刘禅有这样的险关，居然投降于人，真是庸才。"

李特的弟弟李庠通晓兵法，治军有方，遭到益州刺史赵廞的猜忌，赵廞借口李庠劝其称帝自立，将李庠杀害。李特衔恨在心，率兵回到绵竹。赵廞害怕朝廷因此责怪他，便派长史费远等人沿途阻截。李特带领七千余人夜袭费远，杀敌无数，继而李特兵进成都。听闻这个消息，赵廞惊慌失措，其手下部将斩关出走，各自逃散。赵廞带着妻子儿女乘小船逃往广都，路上被下人朱竺所杀。李特进入成都，纵兵大肆抢掠，杀害赵廞旧部。

晋惠帝司马衷派梁州刺史罗尚、督牙门将王敦、广汉太守辛冉等七千余人入蜀，李特十分害怕，派弟弟李骧奉迎，并上贡宝物。李特亲自在绵竹劳军。王敦、辛冉劝罗尚在宴会上杀了李特，可罗尚没有接受这个建议。

罗尚下令遣送流民返乡，限期七月。辛冉性情贪婪暴虐，想杀了流民的首领，抢夺其财物。李特为流民请命，请求过了秋收再上路。这些流民在梁州、益州做佣工，听说州郡强制迁徙，人人愁怨，又听说李特兄弟为他们请命，无不感激。当时正值雨季，庄稼没有成熟，流民没有盘资上路，便相携投奔李特。为了安置流民，李特在绵竹结营。辛冉大怒，发布榜文，重金悬赏捉拿李特兄弟。李特收回这些榜文，与弟弟李骧修改了内容："凡是能斩杀六郡豪强李氏、任氏、阎氏、赵氏、杨氏、上官氏及氐、叟首领的，赏布百匹。"流民不愿迁徙，都来归顺李特，转眼之间便聚集了两万余人。

【纵横蜀中】

六郡的流民推举李特为首领，李特委派六郡豪强为地方长官，进兵讨伐辛冉，在广汉大破冉军。占据广汉后，李特以李超为太守，进兵攻打成都，多次大败罗尚。

河间王司马颙派兵增援罗尚，讨伐李特。李特命李荡、李雄迎战，他亲自领兵抗击罗尚的都护张龟，三人都克敌大胜。李荡进攻葭萌关，司马颙的督护衙博落荒而逃，其所部全部投降。

太安元年（302），李特自称益州牧、都督梁益二州诸军事、大将军、大都督，改年号为建初，大赦境内。然后出兵攻打张征。张征依仗地势险要，与李特相持多日。部下劝李特退兵，李特估计李荡会来增援，因此坚守不退。蜀中地势险峻，山道狭窄，只能通过一两个人，李荡大军行军困难，但想到父亲受困于敌，他愤然而起，身着重甲，手持长矛，大声呼喊，直冲向前，凡当其锋芒者必死，杀得张征兵败溃逃。李特想放过张征，李荡与王辛劝阻说："张征连年征战，士卒伤亡很重，智勇俱竭，现在正是擒拿他的好时机，一旦放过他，给他休整的机会，便再难打败他了。"于是李特再次征伐张征，生擒其子。

在李特大战张征的同时，李骧等人与罗尚之间也展开战斗，李骧大胜。罗尚派人诈降，见李骧兵少，连夜袭营，结果被杀得大败。

罗尚听从益州从事任明的计策，派任明诈降。李特向任明询问成都城中虚实，任明说："城中粮食已尽，只有买卖的布帛。"任明回到成都后，劝降诸屯，回报罗尚，相约共同出兵。

翌年，司马衷派荆州刺史宋岱、建平太守孙阜增援罗尚，罗尚派军偷袭李特大营，连续两天，双方展开一场恶战。李特兵少败阵，收拾余部退军。罗尚回师，李特引兵追赶，转战三十余里，罗尚派出大队人马迎战，李特终于寡不敌众，战败而死。

后来，李特的儿子李雄称帝，建立成汉政权，追谥李特为景皇帝，庙号始祖。

桓温妾李氏

李氏是成汉末帝李势之女，李势在位五年，成汉被桓温所灭。据南朝虞通之的《妒记》记载，桓温纳李氏为妾，桓温的妻子南康长公主妒火中烧，欲杀李氏。公主冲入房中，见李氏正在窗前梳头，黑发如丝垂地，姿容绝美，竟扔下刀说："我见犹怜，何况老奴（桓温）！"

卷一百二十三

慕容垂载记

五胡十六国时代涌现出许多杰出的少数民族将领，他们不仅勇武有力，弓马娴熟，而且通晓军事，长于用兵，后燕开国君主慕容垂便是其中的佼佼者。慕容垂以其天才般的军事才能完成慕容鲜卑的中兴大业，开疆拓土，傲视关中。

【中兴复国】

慕容垂，字道明，前燕慕容皝的第五个儿子，年幼时便聪慧异常，气度宏大，身高七尺七寸，长臂过膝。慕容皝对他很是宠爱，甚至超过世子慕容儁。

慕容皝去世后，慕容儁继位为燕王，时值后赵石季龙去世，后赵大乱，慕容垂劝慕容儁趁机出兵攻打后赵，慕容儁任命慕容垂为前锋都督，平定幽州。

慕容儁称帝后，封慕容垂为吴王。十六国时期最著名的将领慕容恪很推崇慕容垂，他曾对慕容儁说："吴王的将相之才高我十倍，先帝按照长幼之序才把我排在前边。我死之后，愿陛下委政于吴王。"后来，慕容垂在枋头大败桓温，威名大振，可这却惹来辅臣之一慕容评的嫌恶和妒忌。慕容垂担心灾祸降临，便带着世子投奔前秦苻坚。苻坚非常高兴，丞相王猛却劝苻坚杀了慕容垂以绝后患。苻坚没有听从，加封他高官，委以重任。

淝水之战，慕容垂随苻坚出征。苻坚兵败，只有慕容垂所部没有损失，苻坚便带着一千余骑投奔慕容垂。慕容垂的世子慕容宝劝父亲趁机杀了苻坚，中兴大燕。慕容垂深以为然，但却感念当年苻坚在他最危难的时刻收留他的恩情，非但不忍加害，还以自己的兵马资助苻坚。

但此时的慕容垂已经有了中兴复辟的念头，他杀了苻飞龙和许多氐族人，招募兵马，很快便扩充了3万人，进兵前燕故都邺城，招纳安抚周边，很快聚众10万。太元八年（383），慕容垂引兵荥阳，自称大将军、大都督、燕王，建元燕元。

为了复兴大燕，慕容垂攻下邺郭城，昔日旧臣听说前燕末帝慕容儁已为苻坚所杀，便劝慕容垂继承皇位，但是当时慕容冲已经在关中称帝，所以慕容垂不肯再称帝。

太和十一年，慕容垂定都在中山。在群僚的劝进下，慕容垂称帝，大赦境内，改元建兴，修缮宗庙社稷，历史上称这个政权为后燕。

【赫赫战功】

慕容垂留太子慕容宝坐镇中山，统领内外军政，事无巨细尽皆委之。他则对外用兵，巩固政权。

翟魏的君主翟钊出兵邺城，被慕容垂之子慕容农击退后，慕容垂亲自引兵讨伐翟钊，相持在黎阳渡口。后燕诸将见翟钊兵马精良，都建议不要渡河，慕容垂却不以为然，他将营寨迁徙到西渡口，打造了一百余艘牛皮船，用作疑兵，溯流而上。翟钊的大队人马都在黎阳，见慕容垂兵进西津，便弃了营寨向西追赶。慕容垂派桂林王慕容镇、骠骑将军慕容国夜奔黎阳，翟钊知道后马上回军黎阳。如此往返奔波，士卒疲惫，慕容垂派兵追击，尽擒其众，翟钊单骑投奔慕容永。

接下来，后燕开始讨论征伐慕容永。诸将认为连年征战，士卒疲乏，而慕容永也没有主动挑衅，因此不该当下讨伐。慕容垂在慕容德的建议下，决定当即发兵，讨伐慕容永。慕容垂派慕容楷兵出滏口，慕容农从壶关进入，他亲自屯兵邺城西南，一个多月也不进兵。慕容永知道慕容垂善于用计，便率军回到太行轵关。慕容垂自带兵入天井关，双方对峙，慕容垂佯作退兵，诱慕容永追击，而派慕容国断其后，慕容楷、慕容农两面夹击，大败慕容永。

为了荡平北方，慕容垂派慕容宝和慕容麟率兵 8 万讨伐拓跋魏。慕容宝兵至参合陂，忽有大风黑气，仿佛洪水决堤一般涌来。沙门支昙猛对慕容宝说："大风暴起，魏军将至。"慕容宝笑了笑，却没有放在心上。结果当夜魏军果然大兵杀来，燕军没有防备，三军溃败，慕容宝、慕容德只带着数千人逃脱，生还的将士只有十分之一二。

参合陂之败，对于慕容宝是个耻辱，他常常劝慕容垂出兵伐魏。慕容垂留下慕容宝守中山，亲自率领大军出参合，兵袭魏都城平城，俘虏 3 万人而还。

慕容垂来到参合，看到以前战争留下的累累尸骸，堆积如山，便为之吊祭，告慰亡灵。当时军中有死者的父兄，见此情景不禁哭号，全军上下为之动容。慕容垂既惭愧又悲愤，进而呕血，就此一病不起。车马过平城 30 里，慕容垂病情加重，兵至上谷沮阳（今河北怀来）时病逝军中，终年 71 岁。慕容垂遗命丧事从简。谥号成武皇帝，庙号世祖，葬宣平陵。

慕容垂并燕提秦

淝水之战后，前秦皇帝苻坚带领残军投前燕故将慕容垂，慕容垂盛情款待并交出自己的士兵。

卷一百三十

赫连勃勃载记

淝水之战后，随着强大的前秦逐渐解体，北方再度陷入无休止的战乱之中，少数民族的崛起，为这个时代的动荡推波助澜，然而，他们一个个在瞬间强盛，又一个个如昙花般凋零。匈奴人赫连勃勃建立的大夏政权，就是十六国时期最具代表性的少数民族政权。它凭借一个首领的才智勇武而强大，也因这个君主的暴虐而消亡。

【反噬其主】

赫连勃勃，字屈孑，是匈奴右贤王去卑的后代，与刘元海同族。他的曾祖父是刘聪一朝的楼烦公，前赵为代王所败后，赫连勃勃的先人离开中原，远遁塞外，直到赫连勃勃的父亲刘卫辰时，才回到塞内。苻坚拜刘卫辰为西单于，督摄河西诸虏，屯于代来城。淝水之战后，前秦势力一落千丈，其他少数民族纷纷崛起，这时，刘卫辰手下已有三万八千名将士。后来，刘氏败于北魏，北魏乘胜渡河，斩杀了刘卫辰。赫连勃勃投奔匈奴叱干部，叱干部首领却将他送到魏国，幸好首领的侄子在途中救了赫连勃勃，将他送到姚兴处。

赫连勃勃身高八尺五寸，腰带十围，善于言辩，聪慧过人，相貌俊美。姚兴看到赫连勃勃后，对他礼敬有加，拜为骁骑将军，加奉车都尉。赫连勃勃常常参与军国机要，其荣宠恩遇甚至超过后秦的旧臣。姚兴的弟弟姚邕曾劝姚兴说：“赫连勃勃生性不仁，难以亲近，您对他恩遇太过，我很不理解。”姚兴说：“赫连勃勃有济世之才，我想利用他的才能，与他共同平定天下，有什么不可？”于是以赫连勃勃为安远将军，封阳川侯，令他协助没奕于镇守高平，以待将来伐魏之用。姚邕几次劝谏，姚兴便问：“你怎么知道他的性情？”姚邕说：“赫连勃勃对待尊者长辈轻慢，对待百姓残忍，贪婪暴虐，轻易去留，对他过分恩宠，早晚成为祸害。”听了这话，姚兴才对赫连勃勃有所保留。结果，赫连勃勃杀了没奕于，自己聚众数万人，拥兵自重。

义熙三年（407），赫连勃勃称天王、大单于，大赦境内，建元龙昇。赫连勃勃自认是匈奴夏后氏的后代，因此国号称大夏。同年，赫连勃勃出兵讨伐鲜卑薛干等三部，收降了一万多人。紧接着出兵讨伐姚兴，斩杀其大将杨丕、姚石生等人。诸将领都劝

赫连勃勃坚守城池，赫连勃勃却说：“我大业草创，兵力不足，姚兴是一时之雄，关中不是那么容易得到的。况且他的大将个个英勇，奋不顾身，我若固守一个城池，他一定会集中全力对付我，我兵力没他多，只能坐以待毙。而我这样出其不意地用奇兵攻击他，他救前军，我就攻击他后军，他救后军，我就攻击他前军，使他疲于奔命，我却一切如故，不用十年，岭北、河东便可尽归于我。等到姚兴死后，我再慢慢图取长安，姚泓资质平庸，早在我的掌控之中。当年轩辕氏迁徙 20 年，居无定所，怎么我就不能呢？”于是，赫连勃勃采取这种游击的战术，侵扰后秦。姚兴懊悔不已，感叹道：“我不听黄儿（姚邕小字）之言，以至于此啊。”

【百战不殆】

赫连勃勃称王之初，曾向秃发傉檀求婚，被对方拒绝了。赫连勃勃大怒，率领骑兵两万人讨伐秃发傉檀，劫掠了大批人口、牲畜。秃发傉檀率众追赶，中了赫连勃勃的埋伏，死伤无数。赫连勃勃斩杀秃发傉檀大将十余人，场面十分残酷，此处也被称为“髑髅台”。

统万城遗址

统万城位于陕西省榆林市靖边县东北约 80 千米，是赫连勃勃建立的大夏国的都城，俗称白城子。此城建造于 413 年，是目前唯一遗存的匈奴都城。它依地势而筑，虽然是土城，但有着石城一样的抗毁性。到唐朝后期，统万城被沙漠掩埋，直到清朝后期才被人们发现。

赫连勃勃不断地用游勇侵略后秦边境，劫掠人口。姚兴忍无可忍，亲自出兵讨伐。赫连勃勃乘姚兴大兵刚到，还未集结，率骑兵突袭。姚兴大惧，派大将姚文宗拒敌。赫连勃勃佯败撤退，诱敌深入，设置埋伏，将之一举擒获。姚兴的部将王奚在敕奇堡聚集了 3000 户，赫连勃勃攻克了这里。王奚骁勇有膂力，双方交战时，赫连勃勃手下将士很多都为他所伤，只好切断王奚的水源，堡中的人困窘难当，便捉了王奚投降。赫连勃勃敬重王奚是忠臣，愿意招降他，王奚却与数十名亲信自刎而死。

此后，在多次短兵相接中，赫连勃勃屡屡挫败姚兴。

413 年，赫连勃勃大赦境内，改元凤翔，封叱干阿利为将作大匠，动用岭北 10 万人，在朔方水北、黑水之南（在今陕西靖边东北约 80 千米处）营建国都。赫连勃勃说："朕要统一天下，君临万邦，这座城就叫统万城吧。"叱干阿利其人虽然善于建筑，但为人残忍，他命令工人用蒸过的土筑城，然后用利器刺城墙，如果能刺入一寸，就杀了工人，并将他的尸体筑入城墙。面对此种暴行，赫连勃勃反倒认为是叱干阿利忠心，还将修缮的重任交给他。同时，赫连勃勃制造了一批精良锐利的武器，可一旦武器制成，就一定会有工匠死于非命：他用弓箭射铠甲，如果射不穿，就杀了制造弓箭的人；如果射穿了，就杀了制造铠甲的人。大夏一国的武器皆是宝刃，可为了制造这些武器，赫连勃勃杀了数千名工匠。

大夏石马

这匹石马造于大夏国真兴六年（424），高 200 厘米，长 255 厘米，原立于陕西省西安市长安县查家寨，今藏于西安碑林博物馆。

姚泓继承王位后，其手下大将姚嵩与氐王杨盛交战，听到这个消息后，赫连勃勃率兵 4 万急攻上邽，20 天便大破敌军，斩杀 5000 名敌人，毁城而去。进攻阴密，又杀了后秦 1 万余名将士。姚泓手下大将姚恢弃安定，逃往长安，安定人胡俨、华韬率户 5 万，举安定投降赫连勃勃。于是，赫连勃勃厉兵秣马，修养士卒。不久进据安定，后秦岭北诸城望风归降，赫连勃勃据有岭北之地。

这时，东晋刘裕灭掉后秦，率军进入长安，派使者送信给赫连勃勃，希望与之修好，约为兄弟。赫连勃勃先背诵其中节侍郎写好的信稿，然后当着刘裕使面前口授，令舍人代笔回信。看到回信后，刘裕感叹不已，自愧不如。没过多久，赫连勃勃回到统

万城，刘裕也只留下儿子镇守长安。赫连勃勃知道后非常高兴，向谋臣王买德询问对策。王买德说："刘裕灭掉后秦，只是以乱平乱，对关中百姓没有任何恩德。关中地形险要，留下一个才智平庸的小孩子守城，怎么能是长远之计呢？他现在这么急着回去，只是为了篡夺皇位，并无意于中原。陛下以顺伐逆，百姓心中所向，都盼您的义旗到来。陛下进讨长安，百姓都会支持，一定会兵不血刃，不战而定。"赫连勃勃深以为然，率军两万攻打长安。前锋赫连璝刚到渭阳，关中降者如云，赫连勃勃进踞咸阳，长安百姓纷纷响应。当赫连勃勃终于进驻长安城时，他举杯对王买德说："你往日说过的话，现在一一应验，真可谓算无遗策。克定长安虽然仰仗祖先保佑，你的谋划也是不可或缺的。"

占领长安后，赫连勃勃在大臣的劝进下称帝，大赦境内，改元昌武。

群臣劝赫连勃勃迁都长安，他说："我怎么会不知道长安自古以来就是帝都，又有山河之险。而荆州、吴越又很偏远，不足为虑。但魏却离我们很近，如果我定都长安，那统万城就很难守住。如果我在统万城，那魏人终究还是不敢进来的。"

于是赫连勃勃又回到统万城，并大赦境内，改元真兴。

【凶残暴虐】

赫连勃勃生性凶暴好杀，从不遵守常规。

赫连勃勃在长安时曾征召隐士韦祖思。见到赫连勃勃的韦祖思恭敬畏惧，礼数颇多。赫连勃勃怒道："我以国士征你做官，你怎么对我像对待异类一样？你从前不拜姚兴，为什么现在又来拜我？我现在没死，你们就不拿我当皇帝，一旦我死了，你们这些舞文弄墨的一定会贬低我。"说完就杀了韦祖思。

他还常常拿着弓箭在城上巡视，一旦看到嫌隙或不喜欢的人，就亲手杀之，大臣中如果有忤逆者，便弄瞎这人的眼睛，有嘲笑他的人，便割伤那人的嘴唇，凡是劝谏的，他就称之为毁谤，先割了那人的舌头再斩首，无论是汉人还是少数民族人无不恐慌。刘宋元嘉二年(425)，赫连勃勃去世。

论赞

史臣曰：赫连勃勃入居边境，乘中原分崩之机拥兵耀武，占有朔方。于是他僭越称帝，建立宗庙社稷，并驱使英贤，窥视天下。赫连勃勃无论度量还是见识都很深远，加之风骨魁伟，姚兴看到他心醉向往，刘裕听闻为之动容。虽然他勇武过人，却凶狠残忍，掩过饰非，残害朝臣，结果其部内奸人罢张跋扈，忠良之臣谁也不敢说话。其最终灭亡，都是自作自受，还累及子嗣。

白话精编二十四史

第三卷

三国志·晋书

【特邀编审】
童超

【特邀校对】
文慧校对 慧眼文化

【文图编辑】
樊文龙

【文字撰写】
王宇

【装帧设计】
罗雷

【美术编辑】
刘晓东

【图片提供】
Fotoe.com 中国图片库